Klaus Sasse

Bilder aus russischer Kriegsgefangenschaft

RÜCKBLICK

Autobiographische Materialien

Herausgegeben im Auftrag der
Volkskundlichen Kommission für Westfalen
Landschaftsverband Westfalen-Lippe
von
Ruth-E. Mohrmann und Dietmar Sauermann

LWL
Für die Menschen.
Für Westfalen-Lippe.

Band 2

Schriften des Kulturgeschichtlichen Museums Osnabrück

Herausgegeben von
Ernst Helmut Segschneider

Heft 9

Klaus Sasse

Bilder aus russischer Kriegsgefangenschaft

Erinnerungen und Fotos aus Jelabuga und anderen sowjetischen Lagern 1945-1949

mit Beiträgen von
Ernst Helmut Segschneider,
Friedrich Korte,
Hubert E. Heckmann

2. überarb. Auflage

Waxmann 2007
Münster / New York / München / Berlin

Bibliografische Informationen der Deutschen Nationalbibliothek
Die Deutsche Nationalbibliothek verzeichnet diese Publikation in der Deutschen Nationalbibliografie; detaillierte bibliografische Daten sind im Internet über http://dnb.d-nb.de abrufbar.

ISSN 1435-2664
ISBN 978-3-8309-1802-8

Postfach 8603, D-48046 Münster

2. überarb. Auflage 2007

www.waxmann.com
E-Mail: info@waxmann.com

Umschlag: Pleßmann Kommunikationsdesign, Ascheberg
Titelbild: Kriegsgefangene bringen Holz ans Ufer der Kama, Herbst 1945
Foto: Klaus Sasse
Fotoarbeiten: Nikola Hotfilter, Bad Iburg
Satz: Stoddart Satz- und Layoutservice, Münster
Druck: Buschmann GmbH, Münster

Inhalt

Bildteil

Vorwort zur zweiten Auflage

Seit dem Erscheinen dieses Buches sind acht Jahre vergangen und es hat sich gezeigt, dass sein Anliegen bis zum heutigen Tag brandaktuell geblieben ist. Kriegerische Auseinandersetzungen, Terror und Gegenterror sind uns täglich vor Augen geführte Beweise menschlichen Versagens, der Unfähigkeit, Konflikte zu lösen. Nicht zuletzt sind es die Tragödien im Irak und zunehmend auch in Afghanistan, die immer drängender die Frage nach dem Sinn und der Rechtfertigung des Krieges und seiner Folgen stellen. Auslöschung menschlichen Lebens, Zerstörung des Lebensraums, Vertreibung und Gefangenschaft sind schließlich keine Plagen, die man als naturgewollt hinnehmen muss.

Das Buch war und ist nach wie vor der Begleitband zur Sonderausstellung des Kulturgeschichtlichen Museums/Felix-Nussbaum-Hauses Osnabrück „Kennst Du Jelabuga? Kriegsgefangenenleben in sowjetischen Lagern 1945-1947 vor verborgenem Objektiv“. Nachdem sie am 29. August 1999 mit sehr beachtlichem Erfolg beendet war, begab sie sich auf Wanderschaft und war in weiteren sechzehn Städten zu sehen, u.a. in Berlin, München, Dortmund, Bielefeld, Hannover und Bremen. Weitere Stationen wie Münster, Hamburg und Dresden sind geplant. Die bisher registrierte Besucherzahl liegt bei 45.000. So trägt auch diese Ausstellung mit ihren Mitteln direkter Ansprache dazu bei, dass die Fragen nach Sinn und Sinnlosigkeit und darüber hinaus nach der Moral kriegerischer Barbarei von der Tagesordnung eines öffentlichen Bewusstseins nicht verdrängt werden.

Klaus Sasse hat beides, den Erfolg der Ausstellung wie auch den des Begleitbandes, seines Erinnerungsbuches, noch ein Stückweit mitverfolgen können und seine Freude daran gehabt. In seiner Heimatstadt Hamburg starb er in der Nacht vom 6. zum 7. Juni 2003 im Alter von 82 Jahren.

Der Erfolg der Ausstellung ist in erster Linie Herrn Dr. Friedrich Korte, Bielefeld, zu danken. Er, der Entdecker des ‚Königsbergers‘ Sasse und wie dieser ein vom Kriegsgefangenenschicksal nicht Verschonter, hat unser Projekt von Anfang an und bis zum heutigen Tag sehr engagiert betreut und vorangetrieben. Zu danken ist ebenfalls dem Volksbund Deutsche Kriegsgräberfürsorge e.V., der sich nun schon seit Jahren der Wanderausstellung angenommen und keine Kosten und Mühen gescheut hat, um sie über seine

Ortsverbände bekannter zu machen und zum Erfolg zu führen. Hier gilt Herrn Thomas Gliem mein Dank und meine Anerkennung. Herzlich danke ich der Geschäftsführerin des Waxmann Verlages, Dr. Ursula Heckel, für ihren Entschluss zu einer zweiten Auflage dieses Buches. Im Sinne unseres gemeinsamen Anliegens gebe ich ihm meine guten Wünsche mit auf den Weg.

An dieser Stelle sei darauf hingewiesen, dass im Jahre 2002 im Waxmann Verlag ein weiterer Band zum Thema ‚Kriegsgefangenschaft' erschienen ist, der durch die o.g. Ausstellung und Klaus Sasses Buch angeregt wurde: Bogislav von Heyden, Ulrich Waterstraat, Klaus Wendel: Gefangenschaft im Kaukasus 1946-1950. Drei Zeitzeugen erinnern sich.

Bramsche, im Juni 2007 — Ernst Helmut Segschneider

Vorwort

Die Erlebnisse in der Kriegsgefangenschaft während des Zweiten Weltkrieges und in den Jahren danach haben das Leben und Denken der Kriegsteilnehmer nachhaltig geprägt. Daher wird die Erinnerung an das schicksalhafte Geschehen in den Gefangenenlagern in Ost und West in der nächsten Zeit nicht abreißen. Die Eindrücke und Erfahrungen sind einprägsam und so nachhaltig, daß sie nicht nur existenzielle Bedeutung erlangten, sondern stets erneut die Frage nach dem Sinn des Handelns und Leidens nicht nur in Kriegszeiten aufwerfen. Sie können als Seismographen menschlicher Lebensbewältigung angesehen werden.

Im Mittelpunkt des vorliegenden Bandes steht ein junger Offizier, der in sowjetische Gefangenschaft geriet und dem es gelang, mit einer Kleinstkamera (Minox) Aufnahmen vom Leben der deutschen Kriegsgefangenen zu machen und die Filme aus den Lagern in die Heimat schmuggeln zu lassen. Ein Teil dieser Fotos ist wiederholt in wissenschaftlichen und populären Büchern und Zeitschriften veröffentlicht worden. Als Fotograf wurde zumeist das Pseudonym „der Königsberger“ angegeben. Nachdem es Herrn Dr. Friedrich Korte aus Bielefeld gelungen ist, den Namen des Fotografen zu ermitteln und das gesamte Fotomaterial in Zusammenarbeit mit Herrn Dr. Ernst Helmut Segschneider vom Kulturgeschichtlichen Museum in Osnabrück zu sichten, wird hier in einer Dokumentation der größte Teil der Fotos als einheitliches Gesamtwerk erstmals veröffentlicht, zusammenfassend kommentiert und analysiert.

Klaus Sasse hat die Erinnerungen an sein Leben in sowjetischen Kriegsgefangenenlagern niedergeschrieben, die als weiterer großer Block in dieser Veröffentlichung abgedruckt werden und den Blick auf die Gesamtproblematik der deutschen Soldaten in sowjetischen Gefangenenlagern in der zweiten Hälfte der 1940er Jahre lenken. Die Volkskundliche Kommission für Westfalen des Landschaftsverbandes Westfalen-Lippe (LWL) hat sich bereits 1985-1990 in einem Forschungsprojekt mit dem Schicksal der deutschen Kriegsgefangenen in amerikanischen, französischen, britischen und russischen Lagern eingehend beschäftigt und die Dokumentation von Renate Brockpähler und Dietmar Sauermann, „Eigentlich wollte ich ja alles vergessen...“, 1992 herausgebracht. Seit dieser Veröffentlichung konnten viele weitere Berichte vor allem bei den (auto)biographischen Projekten der Kommission archiviert und für eine weitere Bearbeitung bereitgestellt werden.

Daher griff die Volkskundliche Kommission den Vorschlag von Herrn Segschneider auf, eine Veröffentlichung mit und über Klaus Sasse in ihre biographische Reihe „Rückblick“ aufzunehmen. Herr Segschneider und Herr Korte stellten die Fotos von Klaus Sasse in einer Sonderausstellung des Kulturgeschichtlichen Museums in Osnabrück (18. Juli - 29. August 1999) mit dem Titel „Kennst Du Jelabuga? Kriegsgefangenenleben in sowjetischen Lagern 1945-1947 vor verborgenem Objektiv“ vor, zu der sehr viele Besucher kamen. Die Ausstellung wird vom Winter 1999 an auf Wanderschaft gehen. Der vorliegende Band ist als Begleitband zu dieser Museumspräsentation gedacht und stellt somit eine wichtige Ergänzung und Vertiefung dar.

An dieser Stelle möchten wir Herrn Dr. Klaus Sasse für die konstruktive und enge Zusammenarbeit mit den Bearbeitern recht herzlich danken. Erinnerungsarbeit an die Erlebnisse vor 50 Jahren kostet Kraft und berührt die eigene Existenz. Unser Dank gilt ebenfalls den beiden Bearbeitern Friedrich Korte und Ernst Helmut Segschneider, die ihre umfangreichen Kenntnisse über die Lebensverhältnisse in den Kriegsgefangenenlagern und besonders im Offizierslager Jelabuga in diesen Band eingebracht haben.

Der Museums- und Kunstverein Osnabrück e.V. förderte dankenswerterweise die Veröffentlichung durch einen namhaften Betrag und sicherte damit die Finanzierung dieses Bandes.

Herbst 1999

Dietmar Sauermann

Ernst Helmut Segschneider

„Der Königsberger" als fotografierender Chronist in Jelabuga und den Nebenlagern[1]

Eine erfolgreiche Spurensuche

Diese ungewöhnliche Foto- und Textdokumentation über das Leben deutscher Kriegsgefangener im sowjetischen Offizierslager Jelabuga und seinen Nebenlagern Kosyltau und Selenodolsk hat uns nicht die Gunst des Zufalls beschert und auch nicht der wetterwendische Zeitgeist ins Haus geweht. Vielmehr war sie in der Nachfolge zweier ähnlich thematisierter Unternehmungen im Kulturgeschichtlichen Museum Osnabrück zu sehen. Angesprochen sind die Sonderausstellungen „Jahre im Abseits. Erinnerungen an die Kriegsgefangenschaft" 1990/91[2] und „Leben im Schatten des Todes. Alfred Retzlaffs Bilder einer Kriegsgefangenschaft in Rußland" 1996[3]. Beide Ausstellungen wanderten durch etliche Stationen von Vorpommern bis nach Westfalen und zum Niederrhein und führten den Namen der Stadt Osnabrück mit sich.

Deshalb ist es, wie schon angemerkt, kein Zufall gewesen, daß sich Herr Dr. Friedrich Korte in Bielefeld vor gut zwei Jahren mit einem Anliegen besonderer Art an das Museum wandte[4]. Als kritischer Beobachter der jüngeren Zeitgeschichte und auch als Forscher stieß er in der Kriegs-

1 Überarbeitete und erweiterte Fassung meines Vortrags zur Eröffnung der Sonderausstellung „Kennst du Jelabuga? Kriegsgefangenenleben in sowjetischen Lagern 1945–47 vor verborgenem Objektiv" am 18. Juli 1999 im Kulturgeschichtlichen Museum Osnabrück. Dauer der Ausstellung 18. Juli bis 29. August 1999.

2 Dazu ist ein Katalog erschienen: Ernst Helmut Segschneider (Hrsg.). Jahre im Abseits. Erinnerungen an die Kriegsgefangenschaft. (Schriften des Kulturgeschichtlichen Museums Osnabrück, Heft 5.) Bramsche 1991. Mit einer Einführung des Herausgebers und 28 Beiträgen von ehemaligen Kriegsgefangenen.

3 Katalog: Ernst Helmut Segschneider. Leben im Schatten des Todes. Alfred Retzlaffs Bilder einer Kriegsgefangenschaft in Rußland. (Schriften des Kulturgeschichtlichen Museums Osnabrück, Heft 7.) Bramsche 1996.

4 Herr Dr. Korte rief mich an und richtete die Frage an mich, ob eine Sonderausstellung über Sasses umfangreiche Fotodokumentation im Kulturgeschichtlichen Museum Osnabrück durchgeführt werden könne. Wir konnten bald danach zusagen. Damit ist Herr Korte der Initiator sowohl der Ausstellung als auch der hier vorliegenden begleitenden Publikation.

gefangenenliteratur und in Privatarchiven im Zusammenhang mit bestimmten Fotos aus sowjetischen Kriegsgefangenenlagern der Jahre 1945 bis 1947 wiederholt auf ein rätselhaftes Phänomen, das mit dem Terminus „der Königsberger“ in höchst unbefriedigender da unpräziser Weise umschrieben und gleichsam wie mit einer verbalen Tarnkappe unsichtbar gemacht wurde. Dieses Phänomen hat inzwischen aus freiem Entschluß seine weitgehend und über einen langen Zeitraum gewahrte Anonymität abgestreift. Die schon fast zu einem Mythos entrückte Gestalt des „Königsbergers“ ist entzaubert und lebt mitten unter uns: Herr Dr. Klaus Sasse in Hamburg. Friedrich Korte war es zu Beginn des Jahres 1997 nach langwierigen und mühevollen Recherchen gelungen, die Person, die hinter dem „Königsberger“ und verschiedenen Decknamen wie z.B. „Pfennig“ verborgen blieb, zu identifizieren und mit ihr Kontakt aufzunehmen. Diese Entdeckung, die in Fachkreisen wohl kaum noch für möglich gehalten wurde, ist sein Verdienst. Erst mit dieser Initiative und den ihr nachfolgenden Unternehmungen kann Sasses in Deutschland wahrscheinlich einmalige Fotodokumentation in Ergänzung mit seinen im vorliegenden Begleitband abgedruckten Erinnerungen und Erläuterungen für die Kriegsgefangenenforschung vollständig erschlossen und für die Öffentlichkeit zugänglich gemacht werden.

Gefangennahme und erste überstandene Filzung

Ich möchte hier nun einiges über die bewegten Jahre Klaus Sasses während seiner Kriegsgefangenschaft berichten. Er war mit der telegrafischen Nachrichtenübermittlung betraut und hielt sich in den letzten Kriegswochen als Leutnant in der ostpreußischen Hauptstadt Königsberg auf, die als sogenannte „Festung Königsberg“ bis zur letzten Patrone verteidigt wurde. Noch am Tag vor seiner Gefangennahme, am 8. April 1945, machte er mit seiner ‘Minox Riga 38’, die kaum größer als ein Feuerzeug war[5], die ersten

5 Herr Hubert E. Heckmann, Duisburg, war so freundlich, dem Museum für die Dauer der Sonderausstellung eine originale ‘Minox Riga 38’ zur Verfügung zu stellen. Er ist der Autor des Buches: Minox. Variationen in 8 x 11. Hückelhoven 1992. Die ‘Minox Riga 38’ wurde im Jahre 1938 von Walter Zapp, Jahrgang 1905, erfunden. Er lebt heute in Basel.

von insgesamt 179[6] Fotos auf vier Filmen, die als zeitgeschichtliche Dokumentation von kaum abzuschätzendem Wert erhalten geblieben sind. Bei der ersten Filzung, noch in Königsberg, blieben die Minox und fünf Filmrollen in Sasses Brusttasche unentdeckt. Die Frage, ob dies einem Zufall oder einer Fügung zuzuschreiben ist, mag jeder nach seiner Façon beantworten.

Man kann aber auch den Versuch machen, sich der Situation so sachlich und realistisch wie möglich zu nähern. Sasse war in der entscheidenden Stunde in einem Haus kurz vor Königsberg-Ponarth nicht der erste, sondern einer der letzten, die gefilzt wurden. Nach einer Erklärung suchend vermutet er selbst einen gewissen Grad der „Sättigung“[7] bei dem mit der Filzung beauftragten sowjetischen Posten. An anderer Stelle spricht er von einer „gewissen müden Befriedigung“[8] in den Gesichtszügen des russischen Soldaten. Reichliche Bedarfsdeckung und Ermüdung scheinen also dazu geführt zu haben, daß sowohl die Kamera in der Brusttasche als auch eine Schachtel mit Pistolenmunition (!) unbemerkt geblieben waren. Was jedoch danach geschah, grenzt schon eher an ein Wunder: Sasse entschloß sich, die Kamera zu behalten, wohlwissend, daß er damit Kopf und Kragen riskierte. „Freiwillig“ wollte er sie nun nicht hergeben. Offenbar wertete er den glücklichen Verlauf der Filzung trotz der zu erwartenden Belastung auch als eine Herausforderung, der man sich zu stellen hat, und als eine schon fast jenseits alles denkbar Möglichen erscheinende Chance, die man nicht so leicht aus der Hand gibt. Er nähte sich nun eine kleine an- und abknöpfbare Tasche und versteckte die Kamera mitsamt der Tasche unter dem Schrittfutter. Dort hat sie, mit Ausnahme der kurzen Intervalle, innerhalb derer sie zu strengstens verbotenem Einsatz aktiviert wurde, immerhin zwei Jahre sicher überdauert.

---

6 Es waren vier Filme à 50 Fotos. 21 Fotos sind mißglückt oder nicht zustande gekommen, nachdem der Film bereits weitertransportiert war. In einigen Fällen mußte offenbar die Aktion abgebrochen werden, weil plötzlich Gefahr im Verzug war. Auf diese technisch bedingten Aspekte machte mich Herr Heckmann (s. Anm. 5) aufmerksam.

7 Zitat aus: Klaus Sasse. Nachtrag zu den Jelabuga-Fotos. Manuskript verfaßt im Jahre 1998.

8 „Der Soldat machte den Eindruck einer gewissen müden Befriedigung; er hatte sicherlich reiche Beute gemacht“. Vgl. Sasses Beitrag in diesem Buch S. 44.

Das Offizierslager Jelabuga und die weiteren Stationen

Der Weg aus dem nördlichen Ostpreußen, dem heute als Exklave zu Rußland gehörenden „Raijon Kaliningrad“, führte nach Jelabuga, der ehemaligen Bischofsstadt an der Kama, knapp 1000 km östlich von Moskau. In Jelabuga gab es zwei Lagerkomplexe: das „Klosterlager“ (Abb. S. 270), das, wie der Name schon verrät, in den nach der Revolution umfunktionierten Klostergebäuden untergebracht war, und das „Bischofslager“ an der Kama nahe den drei Kirchen Jelabugas. Hier waren die Kriegsgefangenen ebenfalls in massiven Steinbauten untergebracht, im Bischofspalast, in Gebäuden der bischöflichen Verwaltung und in ehemaligen Handelshäusern. In beiden Lagern zusammen waren bis zu 6000 Gefangene interniert, hauptsächlich Deutsche, in weit geringerer Zahl auch Ungarn, Italiener und Japaner. Jelabuga wurde als Offizierslager bezeichnet, was der Besetzung grob entsprach, obwohl auch Mannschaftsangehörige in kleineren Kontingenten zur Belegschaft gehörten. Zu ihm gehörten einige Teillager, Filialen, u.a. Kosyltau und Selenodolsk, wo sich Sasse ebenfalls eine Zeitlang aufhielt. Seine Fotos stammen aus diesen drei Lagern, ausgenommen die schon vorher in Ostpreußen und auf einer Zwischenstation während der Fahrt nach Jelabuga entstandenen.

Die ersten sieben bis acht Fotos des fünften Films hat Sasse in Kolomna bei Moskau und Jarzewo, 300 km westsüdwestlich von Moskau, an der Eisenbahnlinie nach Minsk, aufgenommen. Sie sind mit der Minox und dem eingelegten fünften Film in Jarzewo bei einer von Sasse, wie er selbst einräumt, nicht rechtzeitig als Gefahr erkannten Filzung „kassiert“ worden – so hieß das im Gefangenenjargon. Wenn auf der Landkarte von Rußland (Abb. S. 269) auch alle weiteren Lagerstationen Sasses markiert sind, Merefa, Pokatilowka, Charkow, Bogdanow und Rostow in der südlichen Ukraine, darf das nicht irritieren. In diesen Lagern sind keine Fotos mehr von Sasses Hand entstanden. Chronologisch ergibt sich grob eine Halbierung von Sasses gesamter Kriegsgefangenenzeit. Die Fotos wurden zwischen April ’45 und Juni/Juli ’47 aufgenommen. Sasses Gefangenschaft endete aber erst kurz vor Weihnachten ’49. Von Rostow aus wurde er in die Heimat entlassen. Der Rücktransport führte über Brest, Frankfurt an der Oder und Nordhausen nach Westdeutschland.

Wir wollen festhalten: Unter rund 3500 Haupt- und Teillagern und ebenfalls als Lager eingerichteten sogenannten „Spezialhospitälern“ ist nach unseren Erkenntnissen kein zweites Lager auf sowjetischem Boden so umfassend von einem deutschen Kriegsgefangenen fotografisch dokumentiert worden. Ich weiß, daß Klaus Sasse so grellfarbene epiteta ornantia wie z.B. 'sensationell' überhaupt nicht mag. Da bringen sich wohl auch hanseatische Tugenden in Erinnerung. Wenn aber Einmaligkeit ein wichtiges Kriterium des Sensationellen ist, dann ist seine Fotodokumentation eben doch und durchaus sensationell!

Die Motive und ihre Auswahl

Was ist nun auf den Fotos zu sehen? Welche Motive hat Sasse gewählt und, die schwierigere Frage, wie kam es zu dieser Auswahl? Es wäre ein Irrtum, davon auszugehen, daß Sasse mit einem festgelegten Konzept seine fotografischen Aktivitäten aufgenommen hätte. Er selbst schreibt: „Ich war zunächst ohne jede Vorstellung, was ich mit der geretteten Fotoausrüstung tun sollte"[9]. Von Spionageabsichten, die man ihm noch heute unterstellen könnte und in einem Einzelfall auch unterstellt hat[10], muß er sehr weit entfernt gewesen sein. Dagegen sprechen schon seine zahlreichen Selbstportraits und etliche Fotos mit absolut harmlosen Motiven. Weiterhin stellt er fest: „Obwohl meinem Fotografieren kein Plan zugrunde lag, vermitteln die Bilder am Ende doch einen Eindruck von dem Gefangenenleben in den Lagern Jelabuga und Selenodolsk" (und dem nahe bei Jelabuga gelegenen Kosyltau, Vf.).

Dieser Beurteilung ist ohne Einschränkungen zuzustimmen. Sasse hat mit seiner Kamera wesentliche Szenen des Lageralltags festgehalten, soweit das aus der jeweiligen Situation heraus und auch technisch möglich war. Ohne Blitzlicht mußten Aufnahmen innerhalb der Gebäude fast ganz ausscheiden. Nur in vereinzelten Fällen sind Innenaufnahmen bei ausreichenden Lichtverhältnissen geglückt (Abb. 56). So reflektieren seine Fotos das Lagerdasein zur Tageszeit und unter freiem Himmel. Was diese Tagesszenen hergeben, läßt zwar nicht überall auf einen durchdachten Plan schließen, wohl aber überwiegend auf eine gezielte Auswahl: Versammlun-

---

9 Zitat aus Sasse, Nachtrag..., wie Anm. 7.

10 Ein Museumsbesucher, den ich durch die Ausstellung führte, ließ sich nicht von seiner Meinung abbringen, daß Sasse zumindest einen Teil seiner Fotos mit Spionageabsichten gemacht habe.

gen, Theateraufführungen, ein Totengeleit und eine Bestattung gehörten zu den besonderen Anlässen, die den Lageralltag aus seiner Monotonie heraushoben; Anlaß genug für Sasse, diese Szenarien einzufangen. Ein Gesprächszirkel, wie er sich wohl in mehr oder weniger geregelten Abständen wiederholte[11], der Zählappell am frühen Morgen, die Körperpflege im Freien und die verschiedenen Arbeitseinsätze einschließlich der Außenkommandos sind dagegen Situationen, die das Lagerleben von seiner alltäglichsten und normalsten Seite zeigen. Gerade diesen Serien haftet nichts Spektakuläres an. Sie sind spontan entstanden und, um es zu wiederholen, über jeglichen Spionageverdacht erhaben. Um so eher sind sie geeignet, einen Eindruck aus sowjetischen Kriegsgefangenenlagern der Jahre 1945 bis 1947 zu vermitteln, der frei von Manipulationen ist, aber nicht frei von subjektiven Sichtweisen, Interessen und auch Emotionen sein kann, was noch zu zeigen sein wird.

Aus den vielen Fotos, die seine Kameraden in den unterschiedlichsten Situationen festhalten, läßt sich eine Gruppe herausfiltern, die ich den Kategorien 'menschliche Anteilnahme' und 'stiller Protest' zuordnen möchte. Ich nenne zwei Beispiele. Da wurde während eines Arbeitseinsatzes außerhalb des Lagers ein Mitgefangener, Leutnant Führer, vom sowjetischen Wachtposten aufgefordert, an den Waldrand zu gehen und, nachdem er dieser Anweisung gefolgt war, ohne jeglichen erkennbaren Grund erschossen. Möglicherweise sollte zu noch härterer Disziplinierung der Gefangenen ein Exempel statuiert werden. Das spätere Totengeleit für den Kameraden nahm den Charakter einer stummen, aber – auch für die Lagerleitung – sichtbar solidarischen Demonstration an. Sasse hat es gewagt, diese von kaum noch kontrollierbaren Gefühlen begleitete Szene zu fotografieren. Das war sein spezifischer Beitrag zur Reaktion auf Seiten der Betroffenen, sein stiller Protest. Ein andermal hielt er im Bild fest, wie ein Mitgefangener in der Nähe des Spezialhospitals Selenodolsk auf dem Gefangenenfriedhof begraben wurde. In diesem Fall bezeichne ich den Fotografen eher als Statisten einer Szene, wie sie sich des öfteren wiederholte, aber eines innerlich beteiligten Statisten. Es war Sasse, der anstelle eines nicht anwe-

11 Dem theologischen Zirkel unter Leitung des brandenburgischen Theologen Schlemmer gehörte Sasse selbst an, deshalb wohl auch mehrere Fotos. Hans Jürgen Otte in Osterholz-Scharmbeck, ebenfalls ehemaliger Jelabuga-Gefangener, betonte, daß dieser Zirkel „sehr aktiv“ gewesen sei. Er habe das profunde Wissen Dr. Schlemmers bewundert. Mündliche Mitteilung vom 25. 8. '99.

senden Geistlichen gelegentlich, wenn der Tote zu seinem Bekanntenkreis gehörte, ein paar passende Worte und ein Gebet am Grab sprach (Abb. 71). Die Szene ist äußerst spannungsgeladen, bedingt durch die Gegensätzlichkeit der Handlungen. Inmitten der Männer, die das Grab zuschaufeln, steht als vertikale Achse die stocksteife Gestalt des russischen Wachtpostens, den die Gefangenen den „Totenvogel" nannten. Das Verbindende sind nur der Anlaß, der zu dieser Aktion geführt hat, und die Pflicht, der auf beiden Seiten Folge geleistet wird. Solche Motive wird man unter den zahlreichen, neuerdings auch im Westen publizierten sowjetischen Propagandafotos natürlich nicht finden.

Generell ist festzustellen, daß Sasse fast durchgehend den Menschen, einzeln oder in Gruppen, als Motiv wählte. Nun könnte man einwenden, daß er als Gefangener selten allein war und daß es einiger Mühe bedurft hätte, Mitgefangene aus dem Blickfeld der Kamera fernzuhalten. Es fallen jedoch die vielen Portraits auf, auch die von einigen Kameraden, die Sasse als seine Freunde bezeichnete. Freundschaft hatte in der Ausnahmesituation der Gefangenen, die eine Notsituation war, einen anderen Stellenwert, in der Alltagsbewältigung auch andere Anlässe, Ziele und Inhalte als im zivilen Leben. Es scheint mir aufschlußreich zu sein, daß der eingangs schon zitierte Alfred Retzlaff im Spezialhospital Moschga, nicht weit von Jelabuga gelegen, zur gleichen Zeit auf seine Zigarettenpapiere zahlreiche Portraits zeichnete, Portraits von Gefangenen, die ihm näher standen als andere, von Stubenkameraden und, was ins Auge fällt, mehr als ein Dutzend Portraits von Lagerärzten. Und auch Sasse porträtierte zwei Lagerärzte im Spezialhospital Selenodolsk mehrmals nacheinander (Abb. 57 f.), so daß man sich fragen muß, ob er nicht etwas ökonomischer mit seinen kostbaren und in sowjetischer Gefangenschaft nicht vermehrbaren Filmen hätte haushalten können. Aber Retzlaff und Sasse finden hier unabhängig voneinander nahezu übereinstimmende Antworten: anerkennende und dankbare Empfindungen.

In Retzlaffs Erinnerungsbericht kommt klar zum Ausdruck, daß die Lagerärzte von Moschga nicht nur mit ihrer ärztlichen Kunst und Erfahrung halfen – übrigens nicht nur die deutschen, sondern auch die russischen, jüdischen und ungarischen Ärzte und Ärztinnen –, sondern in diesem Gefangenendasein, das vom Schwanken zwischen den Strohfeuern verfrühter und enttäuschter Hoffnungen und tiefsten Depressionen geprägt war, eine psychisch und moralisch stabilisierende Funktion übernahmen. In Sasses

Berichten finden sich ähnliche Einschätzungen, aber insgesamt ist sein Urteil differenzierter. Er geißelt das Verhalten einiger an den Gesundheitskontrollen, „Kommissionierungen“, beteiligter deutscher Ärzte, „die diese traurige Arbeit nicht nach gesundheitlichen Gesichtspunkten, sondern allein im Sinne des NKWD[12] ausführte(n)“[13]. Sehr positiv dagegen fällt sein Urteil über den deutschen Arzt Dr. Ott aus, der im Lazarett des Lagers Jarzewo tätig war, und der „wie ein rettender Engel für viele, die oft nur eine moralische Aufrichtung brauchten“, gewesen sei. Ähnlich wie Retzlaff hebt Sasse den aufopfernden Einsatz der russischen Ärztinnen hervor[14]. Sasse hatte zusätzlich einen ganz besonderen Grund zur Dankbarkeit gegenüber mehreren deutschen Lagerärzten. Sie übernahmen eine ganz entscheidende, auch riskante Mittlerfunktion bei der trickreichen Transferierung der vier belichteten Filme nach Westdeutschland. Diese wurden teils in einer Beinprothese (die drei ersten Filme: 1946), teils im Gipsverband (der vierte Film: 1947) von Kameraden versteckt, die vor Sasse heimkehren konnten[15].

Die Selbstportraits

Es sind aber vor allem die zahlreichen Selbstportraits, die nach einem Erklärungsversuch drängen. Am nächsten liegt der Gedanke an Erinnerungsbilder für die Angehörigen daheim. Ob sie ihn lebend wiedersehen würden, wußte Sasse bis zum Tag seiner Entlassung nicht. So hätten diese Portraits, wenn er in Rußland geblieben wäre, der Bildreliquie darin nicht unverwandt, eine Stellvertreterfunktion übernommen.

---

12 NKWD: Narodnij Kommissariat Wnutrennych Djel = Volkskommissariat für innere Angelegenheiten. Die geheimdienstlichen Aktivitäten des NKWD wurden von vielen Kriegsgefangenen, besonders den Spätheimkehrern, nicht ohne Grund noch nach ihrer Entlassung gefürchtet, so auch von Klaus Sasse.

13 Sasses Beitrag in diesem Buch. S. 65 f.

14 Sasses Beitrag in diesem Buch. S. 101, 125

15 Über das Versteck des vierten Films für den heimlichen Transport nach Deutschland berichtet sehr detailliert Kurt Tappert in: Eva Berthold (Hrsg.). Kriegsgefangene im Osten. Bilder. Briefe. Berichte. Königstein/Ts. 1981. S. 38f. Tappert – der Name ist ein Pseudonym – zeigt sich in seinen Berichten über Sasse teils auffallend gut, teils aber auch falsch informiert.

Friedrich Korte setzt auf der Suche nach Erklärungen an anderer Stelle und tiefer an, wenn er ausführt, es sei Sasse mit dem riskanten Einsatz seiner Minox weniger darauf angekommen, zu dokumentieren, als darum, im Kampf ums Überleben in Gefangenschaft „die Selbstachtung nicht zu verlieren"[16]. Ich halte das für zutreffend und meine, daß dieser Selbstbehauptungswille (von der Selbstachtung nicht trennbar) sich in besonders überzeugender Weise in den Selbstportraits äußert. Jede Abbildung ist primär der Versuch, ein Segment aus der zeitlichen Abfolge des wirklich Geschehenden herauszulösen und zu fixieren. Die Fixierung des Wahrgenommenen setzt aber die Wahrnehmung des Existenten voraus. So sind Sasses Selbstportraits in der Allgegenwart des Todes zuallererst Bestätigungen seiner existentiellen Identität: Ich mache ein Abbild von mir – also bin ich, lebe ich. Noch bin ich Herr meiner Lage, gebe ich mich nicht auf. Ich will diese Zeit der härtesten Prüfungen durchstehen.

Das Portrait mit dem Schal, den er sich selbst aus einem Streifen bunten Kattuns genäht hatte, eines seiner letzten Bilder, läßt diesen trotzigen Überlebenswillen sehr deutlich erkennen (Abb. 84). Ich vermute, daß sich hier einiges unterhalb der Bewußtseinsebene bewegte, und will es so formulieren: In normalen Lebenssituationen ruhende, überschichtete Potentiale des Unterbewußtseins werden in extremen Notlagen wie z.B. einer längeren Gefangenschaft unter erschwerten Bedingungen alarmiert, reaktiviert und ins letzte Aufgebot aller verfügbaren Selbsterhaltungskräfte übernommen.

Aber es gab für Sasse auch Phasen der Niedergeschlagenheit. Die Wörter „Depression" und „depressiv" häufen sich auffallend in seinem Erinnerungsbericht. Und in einem am 18. Februar 1949 – seinem Geburtstag – an seine Eltern gerichteten Brief, den er selbst als sein „Testament" bezeichnet, vergleicht er sich und seine bedrohte Existenz mit abgerissenem Laub, das der Sturm durch die Straßen wirbelt, Treibgut, mit dem das Schicksal spielt. Freilich, ein paar Zeilen weiter unten zitiert er die Metapher der Rose von Jericho, die, eingetrocknet und zusammengerollt, zu neuem Leben erwacht und wieder Wurzeln schlägt, wenn es die Gunst der Stunde zuläßt. Solche Wechselbäder der Empfindungen und der Einschätzungen der eigenen Situation sind nicht nur für Kriegsgefangene typisch, sondern für jeden Menschen, dessen Existenz durch Fremdbestimmung bedroht ist.

---

16 Vgl. Kortes Beitrag in diesem Buch, S. 37

Sasses „Haßliebe“ zu seiner Minox

Auf den in sowjetischen Lagern als Amateurfotograf aktiven Kriegsgefangenen Sasse wirkten sich diese Stimmungsschwankungen konkret so aus: „Es gab Zeiten, in denen ich die Minox und mein Engagement zum Fotografieren als Last empfand, von der ich mich am liebsten befreit hätte. Die permanent drohende Gefahr, entdeckt zu werden oder von Kameraden bespitzelt und verraten zu werden, war eine andauernde, große seelische Bedrängnis, die zu den Belastungen, die dem sowjetischen Lagersystem inhärent sind, sehr erschwerend hinzukam. So durchlebte ich oft längere, depressive Zeiten, in denen es nur wenige Momente gab, die meiner Initiative zum Fotografieren wieder zum Durchbruch verhalfen. Dieses wechselnde Auf und Ab meines Engagements ist wohl ein Grund dafür, daß ich mehrfach Folgeaufnahmen einer gleichen Szene oder auch Panoramabilder gemacht habe, wobei mehrere aneinander gelegte Bilder ein Panorama ergaben. Es war ja viel einfacher, eine einmal gewählte, ungefährlich scheinende Szene beizubehalten und fortzusetzen und dabei den Vorrat an Bildern abzuarbeiten, als sich wieder in eine neue, gefährliche Situation zu begeben. Dabei war mir klar, daß die Wahrscheinlichkeit, die Filmrollen mit den von mir gemachten Aufnahmen könnten irgendwann und irgendwie in die Heimat gelangen, äußerst gering war“[17].

Diese Zeilen Sasses müssen auch als Warnung vor Überinterpretationen seiner Fotomotive verstanden werden. Es war tatsächlich in manchen Situationen so, daß bei der Suche nach einem Motiv eben nicht das Motiv selbst den Ausschlag gab, sondern die für ihn hic et nunc viel wichtigere Frage, ob die Luft rein war. Sasse fährt dann fort: „Es gab aber auch Situationen und Momente, in denen mich ein innerer Drang und die bisher erfolgreichen Erfahrungen mit dem versteckten Fotografieren ermutigten und erneut herausforderten. Das kann man an den zahlreichen riskanten Aufnahmen erkennen, z.B. im Waldlager Kosyltau (Abb. 23 ff.), beim Marsch durch Kasan (Abb. 43 ff.) oder Selenodolsk (Abb. 51 ff.) und auf dem Bahnhof Selenodolsk (Abb. 49 f.)“[18].

---

17 Zitat aus: Sasse. Bemerkungen zu meinen Empfindungen beim Fotografieren in der Gefangenschaft. Manuskript verfaßt 1998.
18 Zitat aus: Sasse, Bemerkungen..., wie Anm. 17.

Das verdrängte oder nicht immer erkannte Risiko

Sasse spricht oben von „erfolgreichen Erfahrungen“, die ihn zu weiterem Fotografieren „ermutigt“ hätten. Aber diese Erfahrungen hatten einen ständigen Begleiter, der ihnen wie ein Schatten folgte: die Gewöhnung. Sie wird zu einer ernsten Gefahr, wenn sie mit dem Grad ihrer Konsolidierung die Realitätswahrnehmung schwächt. Die Realität ist hier das nach wie vor bestehende Risiko einer Entdeckung der Kamera mit den im Anschluß daran zu erwartenden Folgen. Sasse umkreist diesen Aspekt mit der Bemerkung: „Die Gefahr, das Geheimhaltungsprinzip nicht immer konsequent durchzuhalten, nimmt vermutlich im Laufe der Zeit unweigerlich zu“[19]. Die Gefahr liegt in der vermeintlichen, von der Gewöhnung unauffällig genährten Sicherheit.

Unter den riskanten Fotos sind einige, die bei ihrer Entdeckung ohne Frage zu den schlimmsten Konsequenzen für Sasse geführt hätten. Er selbst zitiert in diesem Zusammenhang „heikle Situationen wie das Herankommen der Generalinspektion mit dem Lagerkommandanten Kudriaschow“ im Klosterlager Jelabuga (Abb. 10). Zwar hält er hier im Augenblick des Fotografierens auf dem weiten Platz einen Abstand von schätzungsweise dreißig Metern ein, den man in dieser Situation aber nicht als Sicherheitsdistanz und schon gar nicht als Fluchtdistanz bezeichnen könnte. Was wäre geschehen, wenn einer der vier sowjetischen Militärs Sasse zufällig ins Visier genommen hätte, als er auf den Auslöser drückte? Die Körperhaltung wäre möglicherweise nicht als Gruß mißverstanden worden. Geradezu verwegen sind die Fotos von der Eisenbahnbrücke kurz vor Selenodolsk, auf der Strecke der Transsibirischen Eisenbahn (Abb. 74 f.). Größere Brücken waren in Kriegszeiten und auch in Nachkriegszeiten vor und hinter dem Eisernen Vorhang geschützte militärstrategische Objekte erster Ordnung. Sasse fing sie mit seiner Minox gleich zweimal ein, unter vielen Kameraden auf einem Boot sitzend, mit dem eine Ladung Kartoffeln aus einem am jenseitigen Ufer der Wolga gelegenen Ort herübergeholt wurde. Er selbst nennt heute sein damaliges Vorgehen „unvorsichtig“ und „leichtsinnig“[20]. Oder bewies sich ihm darin die Aufrechterhaltung seiner Selbstachtung in dem Sinne, daß er, wenn auch nur für flüchtige Augenblicke, verbotene Freiräume für sich in Anspruch nahm?

---

19 Zitat aus: Sasse, Nachtrag..., wie Anm. 7.
20 Zitat aus: Sasse, Nachtrag..., wie Anm. 7.

Mir scheint, daß hier noch ein weiterer Aspekt beachtet werden muß, der in Sasses Berichten und Kommentaren in diesem Zusammenhang nicht ausdrücklich genannt, vielleicht aber mit den Worten „gewisse Ermüdung und Unlust“[21] gestreift wird. Es ist sein physischer aber auch psychischer Zustand als Dystrophiker in Jelabuga und den Nebenlagern. Dystrophie[22] beeinträchtigt nicht nur die körperlichen Funktionen, sondern auch die geistige und seelische Verfassung[23]. Es ist nicht nur denkbar, sondern auch wahrscheinlich, daß jene Fotos, die während eines offensichtlichen Blackouts an unbedingt notwendiger Vorsicht entstanden, unmittelbar auf Einwirkungen der Dystrophie zurückzuführen sind. Denn es bleibt ungeachtet aller anderen Erklärungsversuche schwer nachvollziehbar, daß sich Sasse z. B. beim Fotografieren des allmächtigen „Gardebullen“ Kudriaschow des Risikos voll und ganz bewußt gewesen sein sollte. Zum Vergleich zitiere ich noch einmal Alfred Retzlaff im Spezialhospital Moschga. Unter seinen Zigarettenpapierbildchen findet man eines, das ein Verhör zwischen dem „russischen Spieß“ und einem deutschen Kriegsgefangenen darstellt[24]. Diese sehr gewagte Zeichnung und einige andere von fast gleicher Brisanz (Darstellung eines Toten, vom Leichenwagen, von sowjetischen Posten auf dem Wachtturm etc.) trug er monatelang in seinem Tabakbeutel mit sich herum. Auch Retzlaff war Dystrophiker, und sein Wagemut bzw. seine Unvorsichtigkeit hatte auch nicht wenig mit dieser Krankheit zu tun. Es wäre grundsätzlich verfehlt, an das Verhalten des Dystrophikers ohne Einschränkungen und Rücksichtnahmen die Elle der ratio zu legen.

---

21 Zitat aus: Sasse, Bemerkungen..., wie Anm. 17.

22 Ulrich Gries. Abbau der Persönlichkeit. Zum Problem der Persönlichkeitsveränderungen bei Dystrophie in sowjetischer Gefangenschaft. München, Basel 1957. Albrecht Lehmann. Gefangenschaft und Heimkehr. Deutsche Kriegsgefangene in der Sowjetunion. München 1986, S. 60ff. Dystrophie ist die Folge lang anhaltender unzureichender und einseitiger Ernährung. S. 61: „Dystrophie war die am deutlichsten sichtbare und in ihren Folgen bedrohlichste Krankheit in den Lagern der Sowjetunion“.

23 Vgl. Karl Moogs Bericht aus Samara/Kuibyschew in: Segschneider. Jahre im Abseits..., wie Anm. 2, S. 231: „...daß ich dann beim Rückmarsch nicht wußte, wo meine Baracke war... Und so zwischendurch waren einfach die Sinne weg“.

24 Segschneider. Leben im Schatten des Todes..., wie Anm. 3, Abb. S. 248.

Schluß

Ob nun harmlos und unverfänglich, nachdenklich stimmend, schockierend oder riskant – alle diese Fotos sind ein Teil der historischen Realität in sowjetischen Kriegsgefangenenlagern der fernen Tatarischen Republik in den Jahren 1945 bis 1947. Die geographische und zeitliche Einschränkung soll als Hinweis darauf verstanden werden, daß wir Verallgemeinerungen vermeiden wollen.

Wir wissen aber auch und weisen mit Nachdruck darauf hin, daß diesen Lagerrealitäten mit ihren vielfach tragischen Kriegsgefangenenschicksalen die Realitäten eines barbarischen Krieges vorangegangen sind, der nicht nur über uns, sondern auch über unsere Nachbarn viel Leid gebracht hat und der uns Deutsche mit Fragen der Schuld und Verantwortung konfrontiert, belastet und in die Pflicht nimmt – auch die Nachkriegsgeneration und die später Geborenen. Die 'Gnade der späten Geburt' ist kein Freibrief, der dazu berechtigt, die jüngere deutsche Geschichte unbeteiligt zur Kenntnis zu nehmen oder aber eine ganze Generation mit dem Verdikt des Versagens zu belasten. Hier gibt es in der Tat hinsichtlich bestimmter Fragestellungen Verbindungslinien zur sogenannten „Wehrmachtsausstellung“[25], die seit geraumer Zeit kreuz und quer durch die alten und neuen Bundesländer zieht, im Herbst '99 auch in Osnabrück zu sehen war[26] und bedauerlicherweise weniger versachlichend als emotionalisierend und polarisierend wirkt.

Es kommt entscheidend darauf an, wie man diese Zusammenhänge sieht und interpretiert. Politische Ambitionen in der einen wie in der anderen Richtung liegen uns fern. Das von Beginn an gesteckte Ziel war es, deutsch-sowjetische Nachkriegsgeschichte der besonderen Art, nämlich wie sie sich in Kriegsgefangenenlagern auf sowjetischem Boden zugetragen hat, auf der Grundlage einer vorurteilsfreien Wahrheitssuche[27] nachzu-

25 Hamburger Institut für Sozialforschung (Hrsg.). Vernichtungskrieg. Verbrechen der Wehrmacht 1941 bis 1944.

26 Die Ausstellung, von der Volkshochschule Osnabrück präsentiert, war im Kulturgeschichtlichen Museum Osnabrück vom 2.9. bis 31.10.1999 zu sehen.

27 In diesem Sinne sind beispielhaft: Albrecht Lehmann. Gefangenschaft und Heimkehr..., wie Anm. 22; Dietmar Sauermann und Renate Brockpähler. „Eigentlich wollte ich ja alles vergessen...“ – Erinnerungen an die Kriegsgefangenschaft 1942–1955. Münster 1992; Georg Völlering. Meine verlorenen Jahre. Erinnerungen – nicht nur an Rußland. Messingen 1989; Stefan

zeichnen – wenn auch nur in einem schmalen Ausschnitt, der nicht repräsentativ sein kann, und mit einigen Unschärfen, für die nicht unser Zeitzeuge, sondern das inzwischen verstrichene Maß eines halben Jahrhunderts verantwortlich ist. Eine Serie glücklicher Umstände, die schon am 9. April 1945 in Königsberg ihren Anfang nahm, ermöglicht uns den Einsatz eines in diesem Sinne bestens geeigneten Mediums, das in dieser Größenordnung bisher nicht zur Verfügung stand:[28] des Fotos aus der vom Lageralltag programmierten Sicht des Kriegsgefangenen, hier konkret des Kriegsgefangenen Klaus Sasse. Ergänzt mit seinen Erinnerungen und Kommentaren vermag dieser Quellenfundus den Betrachter sehr nahe an die damaligen Wirklichkeiten heran zu führen.

Karner. Im Archipel GUPVI. Kriegsgefangenschaft und Internierung in der Sowjetunion 1941–1956. Wien, München 1995.

28 Das Fotografieren, auch auf Seiten der Gefangenen, war ab 1947 – m.W. nicht vorher – in sowjetischen Lagern erlaubt, aber nur unter den im folgenden beschriebenen Bedingungen: „Von vielen Kameraden erfuhr ich, daß später in manchen Lagern Aufnahmen gemacht wurden. So auch im Kriegsgefangenenlager 7236/6 Dwiri an der Kura in Georgien, wo ich von April 1946 bis Oktober 1949 war. Ab 1947 besaß in diesem Lager offiziell der Lagerschreiber Hans Wiedmann eine Kamera, mit der er Aufnahmen machte und sie mit primitiven Mitteln im Lager entwickelte. Jeder, der Rubel besaß, konnte sich bei ihm für 3 Rubel ein Foto anfertigen lassen. Diese Fotos konnten wir an unsere Postkarten heften und nach Hause senden, wo sie auch ankamen. Diese Fotos waren für die russische Lagerleitung von großem Propagandawert". Briefliche Mitteilung von Herrn Robert Gehrmann aus Salzkotten/Wf., datiert 15.8.99. Was hier von Gehrmann angesprochen und richtig kommentiert wird, ist mit Sasses verbotenen und verheimlichten Unternehmungen natürlich überhaupt nicht auf eine Stufe zu stellen. Es ist aber denkbar, daß die von Gehrmann beschriebenen legalen Möglichkeiten von dem einen oder anderen Kriegsgefangenen auf illegale Bahnen umgelenkt wurden. Wir wissen es nur nicht. Wie ich überhaupt den Eindruck habe, daß viele ehemalige Kriegsgefangene ihr Wissen oder einen Teil dessen mit ins Grab genommen haben, bzw. nehmen werden.

Friedrich Korte

Eine Spurensuche nach dem Fotografen von Jelabuga

Gegenstand dieses Buches sind die heimlich aufgenommenen Fotos des kriegsgefangenen Leutnants Klaus Sasse aus dem sowjetrussischen Lager Nr. 97 in Jelabuga von 1945–47, seine Kommentare zu den Fotos und seine „Erinnerungen". Es sind Signale und Zeugnisse aus einer vergangenen Welt. Diese Einschätzung trifft die Fotos genauso wie den Anlaß zu ihrer Entdeckung, nämlich den Nachlaß des Dr. Albert Autmaring.[1] Der in Hembergen bei Emsdetten/Westf. geborene Arzt war in Stalingrad im Februar 1943 in Gefangenschaft gekommen und hatte trotz Rückenmarksverletzung als Arzt im Offizierslager weitergearbeitet.[2] Als er mit dem ersten Heimkehrer-Transport aus dem Bereich Kasan (tatarische SSR) im September 1946 entlassen wurde, konnte er – aufgrund der Kriegsbeschädigung wohl ohne strengere Kontrollen – seine Aufzeichnungen, Adressen-Listen, auf Zeitungsränder geschriebenen Vokabeln, Exzerpte, selbstgeschnitzte Bleistifthalter und andere Gegenstände des Kriegsgefangenen-Alltags durch die zahlreichen „Filzungen" bringen. Es ist außergewöhnlich wertvolles Material, weil es <u>vor</u> der Heimkehr geschrieben bzw. hergestellt worden ist, und zwar in Jelabuga (auch: Elabuga bei Transskription in kyrillische Buchstaben) und seinen Arbeitslagern. Bekanntlich stammt der allergrößte Teil der Erinnerungen Kriegsgefangener aus Rußland aus der Zeit <u>nach</u> der Heimkehr, oft erst in größerem zeitlichen Abstand geschrieben.[3] Die Authentizität des Autmaring-Nachlasses ist z. B.

---

1 1990 erhielt ich von Rußlanddeutschen eine Staunen erregende Gedichtsammlung, die den Alltag wie auch Feierstunden der Kriegsgefangenen und später von Rußlanddeutschen bereichert hatte: Der Schreiber, Dr. Stolle, hat im Lager Dschalambet in Kasachstan 280 Seiten deutscher, englischer, französischer und lateinischer Gedichte <u>aus dem Gedächtnis</u> niedergeschrieben (meine Schrift „Das Buch aus Karaganda", Bielefeld 1994). Aufgrund der Spurensuche nach diesem Kriegsgefangenen wurde mir der Nachlaß des Dr. Autmaring anvertraut, der sich z.Zt. in meiner Obhut befindet.

2 Autmarings Tätigkeit und Verfassung im Lager bei Stalingrad beschreibt Hans Dibold in „Arzt in Stalingrad", Salzburg 1949, S. 176: „Der Westfale Dr. Autmar ... hatte einen Rückenmark-Schuß und humpelte auf Krücken".

3 Vgl. Dietmar Sauermann/Renate Brockpähler: „Eigentlich wollte ich ja alles vergessen [...]", Erinnerungen an die Kriegsgefangenschaft 1942–55, Münster 1992, S. 7, S. 8 und S. 15: „Aus Rußland hat nur ein einziger Kriegsgefangener sein Tagebuch herausschleusen können" (W. Kreft). Vgl. auch Bd.

durch den Bericht des Bielefelder Jelabuga-Mitgefangenen Peter Wiegmann aus der Sicht des im Lager Zurückbleibenden bestätigt, und zwar mit dem exakten Abfahrtsdatum dieses Transports.[4]

Zu seinem Nachlaß gehören auch Gedichte des Stalingrad-Mitgefangenen Dr. Erich Kratky,[5] die in Jelabuga geschrieben und von Autmaring in seinem Gedichtbändchen zwischen Goethe-, Hölderlin- und Rilke-Gedichten wie auch Gedichten des Jugendbuchautors und Jelabuga-Kriegsgefangenen Otfried Preußler aufgezeichnet worden sind.

In Autmarings Nachlaß fanden sich ferner 43 Fotos aus Jelabuga und seinen Nebenlagern Kosyltau und Selenodolsk/„Grüntal“ bei Kasan. Sie versetzten mich schon beim ersten Anblick in höchste Verwunderung: Wie war es möglich gewesen, jahrelang in verschiedenen Lagern und Hospitälern unter strengster Bewachung und bei regelmäßigen und überraschenden Filzungen bzw. medizinischen Untersuchungen zu fotografieren? Vor der Ärzte-Kommission mußten sich doch alle Gefangenen sämtlicher Bekleidung entledigen. Wenn das ganze Lager bei jedem „Groß-Dawai“ völlig auf den Kopf gestellt wurde, wie konnte die Kamera dabei unentdeckt bleiben? Und wie konnten die Negative aus der Sowjetunion herausgebracht werden?

Weitere Umstände berührten mich – selbst von 1944 bis 1947 Kriegsgefangener in Rußland – merkwürdig, z. B. die Fotos der Brücke der transsibirischen Eisenbahn über die Wolga bei Selenodolsk. Während ich den drängenden Fragen nachging, gab sich ein schon seit Jahrzehnten in Bielefeld bestehender „Jelabuga-Kreis“ von ehemaligen „Stalingradern“ zu erkennen, unter denen dieselben Fotos und weitere aus offensichtlich der gleichen Quelle verbreitet waren. Keiner kannte den Fotografen, niemand hatte seine Adresse aufbewahrt, nachdem man die Fotos in den 50er Jahren vom Fotografen oder von Mitgefangenen aus Jelabuga bezogen hatte. Man bestätigte jedoch mein Urteil: Das waren keine legalen Fotos etwa von ei-

---

XV, S. 54 der wissenschaftlichen Kommission im Auftrage der Bundesregierung, hrsg. von Prof. Erich Maschke „Zur Geschichte der deutschen Kriegsgefangenen des II. Weltkriegs“, Bielefeld 1962–74.

4 P. Wiegmann: Erinnerungen 1944–48, Bielefeld 1950, unveröffentlicht, maschinenschriftliches Exemplar im Besitz von Frau Wilma Wiegmann; sie sind unmittelbar nach der Heimkehr verfaßt.

5 Weitere Gedichte des Coesfelder Studienrats Erich Kratky hat seine Tochter Irmgard Kratky (Coesfeld) nach seinem Tode gesammelt und maschinenschriftlich niedergelegt: „Tagebuch der Gefangenschaft. Ein Plenytagebuch 1944–50“ aus der Zeit nach der Heimkehr.

nem Propagandisten des „Nationalkomitees Freies Deutschland". Die im Lager nicht zu entwickelnden Negative mußten unter hohem Risiko durch viele Kontrollen in Jelabuga, Brest-Litowsk, Gronenfelde/Frankfurt a. d. Oder und Beyrode/Thür. über drei Grenzen aus der Sowjetunion herausgeschleust worden sein.

Aber wie? Die Ergebnisse weiterer Nachforschungen ließen sich auf vier Versionen reduzieren, von denen die beiden ersten die einleuchtenderen waren: Die Filme wurden entweder versteckt in der Prothese eines schwer kriegsbeschädigten Amputierten,[6] oder sie waren eingegipst unter dem Knie im Verband eines Kameraden, der sich bei einem Arbeitsunfall verletzt hatte. Vielleicht wurden sie aber auch verborgen in einem Laib Brot oder eingeschmolzen in ein Stück Seife. Die Version 2 schien bald bestätigt zu sein durch Eva Bertholds Band „Kriegsgefangene im Osten",[7] und zwar durch einen unter dem Pseudonym „Kurt Tappert" schreibenden Kriegsgefangenen wohl aus dem engeren Kreis um den Fotografen mit der „Knopflochkamera". „Tappert" schreibt 1981 in seinem Beitrag „Die Lagerfotos": „Ein Kamerad, den wir den ‚Königsberger' nannten, kam 1945 mit einem Gefangenen-Transport aus Ostpreußen ins Lager Elabuga. Er hatte eine kleine Kamera mit Film durch die ersten Filzungen gerettet [...] Wir hatten bereits zwei bis drei Filzungen mitgemacht – und ich sollte

---

6 Georg Kurz: Elabuga. 3002 Tage Rußland, Krumbach 1987. Erst spät hat der ehemalige Gefangene aus Jelabuga sein Schweigen gebrochen und von einer „Knopflochkamera" berichtet (S. 8): „Eine Entdeckung hätte der Fotograf aus Leidenschaft wohl kaum überlebt." Dabei vermengt der Autor Richtiges mit Unrichtigem – nach Jahrzehnten und aus Vorsicht verständlich. Er gibt den Namen nicht an und kann ihn auch auf Nachfrage nicht nennen.

7 E. Berthold: Kriegsgefangene im Osten. Bilder, Briefe, Berichte. Mit einer Einleitung von Hendrik L. Wuermeling. Athenäum-V., Königstein 1981, 211 S. Sie schreibt S. 8: „Die Bilder [...] wurden mir von den Verfassern der Beiträge zur Verfügung gestellt. Einige haben mich gebeten, ihren Namen durch ein Pseudonym zu ersetzen, teils aus Gründen persönlicher Zurückhaltung, teils aus Angst." Das Kapitel „Die Lagerfotos" S. 38f. Im gleichen Jahr hat sich „Kurt Tappert", der auf einem Foto zwischen zwei Kameraden im genannten Band von E. Berthold abgebildet ist (kein Sasse-Foto), nur unwesentlich weiter aus der Deckung herausgewagt, und zwar in einem ganzseitigen Bericht „Leben in Elabuga", Süddeutsche Zeitung Nr. 79, S. 139, vom 4./5. April 1981.
E. Berthold und H. L. Wuermeling blieben für mich auf der Suche nach „Tappert" trotz intensiver Recherchen des Verlags Beltz-Athenäum und der Deutschen Bibliothek Frankfurt a.M., auch auf Anfragen beim Bayrischen Rundfunk noch im Oktober 1999 unerreichbar.

insgesamt an die 200 mal gefilzt werden – und wir wußten, wie das lief. [...] Es gelang uns immer wieder, die Kamera zu verbergen, und so konnte der Königsberger von 1945 bis 1947 43 Aufnahmen machen. Beim Fotografieren gingen wir zu zweit vor: Einer von uns beiden stellte sich immer in die erste Reihe, der andere in die zweite Reihe hinter ihm, damit man immer rasch die Kamera dem anderen geben konnte. [...] Auf diese Weise entstanden die Fotos in den Lagern Elabuga, Kosyltau und Selenodolsk. Sie gehören zu den ganz wenigen Fotos, die von Deutschen in russischer Gefangenschaft gemacht und herausgeschmuggelt werden konnten. [...] Im Silikat-Werk haben wir Kalk genommen und haben daraus und aus braunem Packpapier einen Gipsverband gemacht. Unter dem Knie hat der Arzt dann den belichteten Film eingegipst. Wir haben dem Kameraden nichts davon gesagt. [...] Wenn er etwas gewußt hätte, wäre er womöglich Gefahr gelaufen, sich zu verraten. Der Arzt hat ihm gesagt, er solle den Gipsverband nicht abnehmen, bis er wirklich zu Hause sei. Dort solle er ihn aufschneiden und als Andenken gut aufbewahren."
„Tappert" zeigt eine intime Kenntnis des Umfelds, in dem die Aufnahmen gemacht wurden, aber er ist nicht der Fotograf. Rätselhaft erscheint mir bis heute seine Nähe zu den Fotos. Der wirkliche Fotograf kann sich seiner nicht mehr erinnern. So bleibt an dieser Stelle eine Lücke in der Kette der Nachweise.

Die Versionen 1 und 2 haben sich später im großen und ganzen als richtig erwiesen. Dennoch muß man bei kritischer Betrachtung feststellen, daß auch in diesen beiden Darstellungen immer wieder Richtiges mit Unrichtigem vermengt wird. Sowohl Georg Kurz als auch „Kurt Tappert" und andere Gewährsleute mit gutem Gedächtnis vermischen mehrfach Tatsachen mit trügerischen Erinnerungen, die sie nur von anderen Gefangenen gehört haben oder die gar frei erfunden sind. Auch für diese Spurensuche erwies sich deshalb eine sorgfältige Trennung von Gerüchten, Legenden und Tatsachen als erste Vorarbeit, will man nach 50 Jahren so wichtige Quellen wie die Fotos aus Jelabuga sichern und herausgeben. Es ist höchste Zeit: Die Kriegsgeneration stirbt weg, das Gedächtnis der wenigen Überlebenden wird immer unsicherer.
Die Vielzahl der Versionen zeugt indes weniger von der Phantasie erzählender Kriegsgefangener als von den vielfältigen praktischen Möglichkeiten, wie und warum Heimkehrer Texte oder andere „gefährliche" Objekte aus Rußland herausgebracht haben, obwohl man damit Heimkehr und Leben aufs Spiel setzte: Ihr Wert für das Selbstbewußtsein der Gefangenen

war unschätzbar.[8] Wichtiger als die Frage nach dem Wie? blieb ohnehin die Frage nach dem Wer? Wie die ersten Fotos erkennen ließen, konnte der Fotograf nur ein „Königsberger" – so nannten die älteren Insassen von Jelabuga die im April und Mai 1945 hinzugekommenen Kameraden – und kein „Stalingrader" sein. Bielefelder Offiziers–Veteranen berichteten von ihm, er habe die Fotos in den 50er Jahren aus dem Ruhrgebiet, nach anderen Angaben aus Hamburg, an interessierte ehemalige „Jelabuganer" versandt. Dabei tauchten auch Erinnerungen und Vermutungen hinsichtlich seines Namens auf: Ltn.Haas, Ltn.Sasse.[9]

Sie besaßen dieselbe Serie von 42 oder 43 Fotos des „Königsbergers". Siegfried Wiebe hatte sogar 75 Fotos, die unzweifelhaft aus der gleichen Quelle stammten. Auch in 15 verschiedenen, z.T. in meinen Anmerkungen genannten Büchern, Aufsätzen und Artikeln – auch wissenschaftlichen – wurden die Fotos <u>ohne</u> Autorenangabe und größtenteils <u>ohne</u> Genehmigung des Autors abgedruckt. Oft geschah dies auch ohne rechten Themenbezug:

---

8 Vgl. Tagebuch aus sowjetischer Kriegsgefangenschaft. Aufzeichnungen von Michael Reck, 1. Beiheft, in: Zur Geschichte der deutschen Kriegsgefangenen des II. Weltkriegs, München 1967. Der unter Pseudonym schreibende ehemalige Stabsoffizier hatte seine Notizen im Hohlraum eines Schachbretts versteckt und nach ihnen sein Tagebuch nach der Heimkehr verfaßt.
Sauermann/Brockpähler berichten S. 15 von aus Angst vernichteten Aufzeichnungen. Der in Anm. 3 zitierte W. Kreft schreibt S. 15 weiter: „Mutet es schon geradezu unglaublich an, daß er es während der Kriegsgefangenschaft durch alle Filzungen geschmuggelt hat, so grenzt der unentdeckte Transport des Tagebuches, eingenäht in das Futter seines Mantels, an ein Wunder. Diese beständige Mutprobe durch die Jahre hindurch hatte allerdings nach Bekunden des Autors eine Folge für den Inhalt der Niederschrift: Sie war wegen der ständigen Angst vor Entdeckung bewußt positiver gehalten, als es den Tatsachen entsprach."
Vgl. zum Risiko: Ernst Helmut Segschneider: Leben im Schatten des Todes, Bramsche 1996 (Schriften des Kulturgeschichtlichen Museums Osnabrück, Heft 7), S. 7, S. 14, S. 336. Ferner: E. H. Segschneider: Jahre im Abseits, Bramsche 1991 (Schriften des Kulturgeschichtlichen Museums Osnabrück, Heft 5), S. 336 und 343; darin der Bericht von Heinrich Heermeyer „Jelabuga – das war ein grausames Lager" S. 249ff. ferner: Aleksandr E. Epifanow/Hein Mayer: Die Tragödie der deutschen Kriegsgefangenen in Stalingrad 1942 bis 1956, Osnabrück 1996, S. 70 und 307f.

9 Bei der durch Umwege und Irrwege, aber auch Detail-Ergebnisse geprägten Suche lernte ich viele Jelabuga-Gefangene persönlich kennen; ich bin ihnen sehr dankbar, daß sie mir mit ihren Erinnerungen und Fotos sowie ihrer Literatur zu Jelabuga weitergeholfen haben. Ich nenne einige nur aus dem Bielefelder „Jelabuga-Kreis" und meiner näheren Umgebung: Paul Nicolai, Oerlinghausen; Wilhelm Plass, Bielefeld; Siegfried Wiebe, Brackwede; Dietrich Goldbeck, Brackwede. Friedhelm Ronig, Bergheim. Werner Gieseking, Bielefeld, war bereits verstorben.

Zum Beispiel sind bei Eva Berthold zahlreiche Fotos ohne befriedigenden Kommentar, manchmal sogar seitenverkehrt und überwiegend zur abwechslungsreicheren Veranschaulichung wiedergegeben.[10] Was allen Veröffentlichungen fehlt, ist die Anerkennung des Eigenwerts der Fotos. Der Umgang mit ihnen zeigt, daß ihr Wert als Geschichtsquelle unterschätzt bzw. untergraben wird, wenn sie hauptsächlich zur Illustrierung eines Textes über Jelabuga oder über ganz andere Lager verwendet werden.
Aber warum konnte oder wollte denn niemand Namen und Adresse des Fotografen angeben? Wollte der Absender – wie andere ehemalige Kriegsgefangene – während der 50er Jahre und noch viel später ungenannt bleiben, nach der Heimkehr zur Ruhe kommen oder sogar die Gefangenschaft vergessen? Aber daß er sich als Autor solch begehrter Bilder so erfolgreich hatte verstecken können, war schwer glaubhaft und reizte zur Aufklärung.
Seine Erinnerungen vergraben wollte er kaum, denn schon im Jahr seiner Heimkehr stellte er ausgesuchte Fotos der Presse zur Verfügung: Die erste Veröffentlichung in der Illustrierten „Stern“ nannte aber auch den Autor nicht und bot auch keinen Ansatz, ihn aufzuspüren. Zweck dieses Aufsehen erregenden Berichts 1950[11] war ja auch nicht Kriegsgefangenen-Forschung, sondern Information der Öffentlichkeit über einen Kameradenschinder-Prozeß vor dem Landgericht Göttingen: Dr. Walter Wilimzig, einer der deutschen Aufpasser und Schläger das „Nationalkomitees Freies Deutschland“ in den Lagern Jelabuga und Sysran, war vor Gericht gestellt und zu vier Jahren und sechs Monaten Gefängnis verurteilt worden. Henri Nannen persönlich hatte den Fotografen dafür gewinnen können, die Fotos aus Jelabuga, wo Wilimzig längere Zeit gewirkt hatte, als Hintergrund-Dokumente – gleichsam als bildliche Anklage – zur Verfügung zu stellen. Der „Königsberger“ war demnach nicht verurteilt worden, sondern mußte

10 In einem Falle sind mehrere dieser Fotos unter falschem Namen abgedruckt, nämlich als „Foto Pfennig“ und „Foto Fitzka“ vgl. Stefan Karner: Im Archipel Gupvi, Kriegsgefangenschaft und Internierung in der SU 1941–56, R. Oldenbourg-V., Wien und München 1995, S. 109ff.: Abb. 2.51; Abb. 2.53; Abb. 2.54; Abb. 2.55; Foto Fitzka Abb. 2.50.

11 „Der Stern“, Jg. 3, Heft 48 vom 26.11.50, S. 5–7, Mikrofiche, Ausgabe W 06/ 01 S. 26, Hamburg. 6 Fotos unter der Überschrift „Der Politruk von Jelabuga: arbeiten – verrecken – verscharrt werden“.
Schon der „Spiegel“ hatte mit einem Bericht von Philipp Humbert über Stalingrad und Jelabuga indirekt zur Bestrafung von Wilimzig aufgefordert: „Der Spiegel“ Nr. 6–13, 1949 (5.2.–19.3.49) und seine bruchlose Reintegration angeprangert (Nr.11, 1949).

1950 heimgekehrt sein. Groß war damals die öffentliche Anteilnahme an der andauernden russischen Kriegsgefangenschaft, wenn auch die größte Zahl der noch Vermißten nicht mehr am Leben gewesen ist.

Die Angst vor Rückgriffen der russischen Gewahrsams- und Besatzungsmacht, vor einem Vorrücken der Sowjetarmee nach Westdeutschland war nach Heimkehr der letzten Gefangenen 1956 noch sehr groß. Auch nach 1956 wird der Name des Fotografen nicht genannt. Er fehlt vor allem in der für die Forschung maßgeblichen Reihe der von Professor Erich Maschke herausgegebenen 22 Bände „Zur Geschichte der deutschen Kriegsgefangenen des II. Weltkriegs“ (1962–74), in der in mehreren der 8 Bände über die russische Gefangenschaft viele der Fotos zur Bebilderung des Textes, kaum jedoch als eigenständige Quelle, wiedergegeben sind.[12] Wie groß müssen Angst, Scheu und Unsicherheit vieler ehemaliger Kriegsgefangener hinsichtlich von Bekenntnissen und der Wiedergabe ihrer Leidenszeit gewesen sein.[13] Als ein Jahrzehnt nach dem „Spätheimkehrer“-Termin 1956 die ersten Bände der „Maschke-Kommission“ erschienen, um die sich der Verlag von Werner und Ernst Gieseking – ersterer selbst Gefangener in Jelabuga – verdient gemacht hat, sind sie unter den Millionen Kriegsgefangener kaum bekannt geworden. Sie sollten es wohl auch nicht, denn sie durften von vornherein nur in einer viel zu geringen Auflage von 1800 Exemplaren gedruckt werden und sind bis vor wenigen Jahren, z. B. in der Universitäts-Bibliothek Bielefeld, separiert worden.
Der Grund dafür ist keineswegs mangelndes Interesse der Heimkehrer, sondern Rücksichtnahme der bundesdeutschen Regierung, die das

12 In Bd. VII von Gert Robel heißt es – wohl zum Schutz der Autoren – „Die Fotos und Zeichnungen wurden von Heimkehrern zur Verfügung gestellt“(S. IV). Etwas weniger vage gibt Bd. XV an: „Die Fotos wurden von Probst H. Kiesow sowie vom EHIK (Evang. Hilfswerk für Internierte und Kriegsgef., d. Verf.) und vom DCV (Deutsch. Caritas-Verb., d. Verf.) zur Verfügung gestellt.“ Zur Methode der anonymen Wiedergabe von Zeugenberichten noch 1992 vgl. Sauermann/Brockpähler S. 4. Auch Albrecht Lehmann stellt in „Gefangenschaft und Heimkehr in der SU“, München 1986, fest, daß Decknamen bei Zeitzeugen-Befragungen üblich und notwendig seien. Vgl. Rolf Hinze: Plenni dawai, Preuß. Oldendorf 1974, S. 11 u. 13f.

13 E. Berthold und H. L. Wuermeling sprechen vom „Verlust der Mitteilungsfähigkeit“ (S. 26). A. Lehmann kritisiert S. 168f. die „Geheimhaltung“, das hieß vor allem, „daß die Titel der Bände nicht in Bibliotheks-Katalogen enthalten waren“. Er urteilt: „Doch zeigt die Unterdrückung der Forschungsergebnisse unverkennbar einen Mangel an Solidarität mit den Leidtragenden des eigenen Volkes.“

Forschungsprojekt in Auftrag gegeben hatte, auf Verbündete und den außenpolitischen Gegner bzw. Partner Sowjetunion.[14] Außenminister Brandt äußerte in einer Fragestunde des Bundestags: Man wolle „von vornherein, so meinte mein Amt, das Mißverständnis ausschließen, mit einer massiven Publizierung des Materials werde eine politische Absicht verfolgt und eine Diskussion in der Öffentlichkeit des Inlands oder gar des Auslands provoziert."[15]

Eine solche Haltung ist 30 Jahre später nicht mehr berechtigt, wenn es um Menschenrechte und um die historische Wahrheit geht. Gleichwohl trägt man – im Unterschied zu versöhnungsbereiten Russen –[16] in Deutschland heute noch Sorge, sich außerhalb der veröffentlichten Meinung zu stellen, wenn es um realistische Schilderung der russischen Gefangenschaft geht. Es hat sich jedoch in den 90er Jahren eine veränderte Situation ergeben,[17] wie die große Zahl jetzt neu erscheinender Geschichtsdokumente ehemaliger Kriegsgefangener und ebenso die jüngsten Arbeiten von Historikern gezeigt haben: Erinnerungen, Akten, Nachlässe, Fotos sollen ediert bzw. gezeigt und müssen m. E. auf einer verbreiterten Basis aufgearbeitet werden. In diesen Rahmen gehören auch die Fotos von Jelabuga.

---

14 Vgl. Wolfgang Benz/Angelika Schardt (Hrsg.): „Deutsche Kriegsgefangene im II. Weltkrieg", Frankfurt 1995. Benz schreibt S. 16: „Die Kommission („Maschke-K." d.Verf.) [...] war aber hinsichtlich der Veröffentlichung ihrer Ergebnisse an die Zustimmung des Auswärt. Amtes gebunden [...] Gründliche Arbeit wurde also geleistet, aber sie ist dennoch bald ins Gerede gekommen. Schuld daran war in erster Linie die Ängstlichkeit des Auftraggebers. In den Bonner Amtsstuben fürchtete man negative Auswirkungen auf die Außenpolitik – zuerst gegenüber den Staaten im Westen, dann für die Ostpolitik – und man fand es diplomatisch und klug, die Geschichte der deutschen Kriegsgefangenen drucken zu lassen, gleichzeitig aber die Öffentlichkeit an der Kenntnisnahme dieser Druckwerke zu hindern." Vgl. Paul Carell/Günter Böddeker: Die Gefangenen, Frankfurt a.M. 1980, S. 366.

15 Bundestag, 25.4.1969, Sten.Ber.S. 12629.

16 Von sehr großer Aufgeschlossenheit für das Schicksal der deutschen Soldaten im Kampf um Stalingrad und in der Gefangenschaft ist der russische Historiker Aleksandr E. Epifanow. Vgl. sein und H. Mayers Werk, das in Anm. 8 zitiert wurde.

17 Prof. Stefan Karner, der mehrere Bände zur „Kriegsfolgenforschung" in Graz herausgegeben hat, urteilt in „Archipel Gupvi [...]" (vgl. meine obige Anm.10) S. 8: „Im Gegensatz zum großen öffentlichen Interesse an diesem Problem hat die Kriegsgefangenschaft als Thema der deutschen und österreichischen Zeitgeschichtsschreibung noch keine gewichtige Behandlung gefunden". S. 235 nennt er die Gründe vielfacher politischer Rücksichten. Erwin Peter urteilt in: E.Peter/Aleksandr E. Epifanow, „Stalins Kriegsgefangene" Graz und Stuttgart 1997: „Leider mußte ich feststellen, daß man solchen Sterbelisten und damit der Aufklärung so mancher bisher ungeklär-

Für ihre Veröffentlichung mußte aber zunächst der Fotograf gefunden werden. Der „Königsberger" hatte in den 50er Jahren seinen Foto-Sendungen an „Jelabuganer" maschinenschriftliche Erläuterungen beigelegt.[18] Da auch sie nicht mehr über die Identität des Fotografen hergaben, mußte sich die Suche zunächst auch auf die mündlichen „Legenden" der Empfänger einlassen: So wurde berichtet, der „Königsberger" und sein Apparat seien nicht nur in Jelabuga, sondern nach Verlegungen auch in anderen Lagern vom NKWD[19] gesucht worden. Solche Erinnerungen waren widersprüchlich oder erwiesen sich als fragwürdig. Immer mehr gewannen die Fotos selbst jedoch an Bedeutung.
Die weitere Suche nach dem Fotografen mußte von der Literatur über Jelabuga und den Legenden weg direkt auf seinen Namen konzentriert werden. Die Namen eines Ltn. Haas/Haase oder Saß/Sasse waren über die Auskunft der Telekom und über – auch ältere – Telefonbücher zu ermitteln in der Hoffnung, der Fotograf möge noch am Leben sein oder Angehörige könnten Auskunft geben. Ich telefonierte geduldig die von mir konzipierten Adressen-Listen ab. So bin ich schließlich fündig geworden: Im Hamburger Telefonbuch war der Name „Sasse" gleich mehrfach verzeichnet. Durch vorsichtige Anrufe versuchte ich mich zu vergewissern, ob der Gesuchte darunter war und erlebte gerade bei „Klaus Sasse" in Hamburg im Dezember 1996 die Überraschung: Es antwortete mit einigem Zögern eine Männerstimme: „Warum wollen Sie das denn wissen?" Nach längerem, ergiebigem Gespräch – noch ohne Bekenntnis zu den Fotos – erhielt ich immerhin eine Einladung und war mir bei aller Skepsis bewußt: Das ist der ehemalige Leutnant Dr. Klaus Sasse – 1945 in Königsberg gefangengenommen und 1950 heimgekehrt. Beim ersten Besuch im Januar 1997 bekannte er sich zu seinen Fotos und erklärte sich bereit, die 179 (!) Fotos der

---

ter Schicksale der damals Verstorbenen wenig bis gar kein Interesse mehr entgegenbringt, anders als es noch vor einem Jahrzehnt der Fall gewesen ist". Er zitiert auch den russischen Militärhistoriker Wladimir Galizki mit dessen Auffassung: „Das Schicksal der deutschen Kriegsgefangenen in der Sowjetunion ist bisher noch nicht wirklich aufgearbeitet worden."
Den Anspruch auf eine breitere Arbeit der Kriegsgefangenen-Forschung durch die Geschichtswissenschaft erhebt auch Horst Zank mit dem Argument der inzwischen besser zugänglich gewordenen russischen Archive z. B. in Moskau und Stalingrad. H. Zank: Stalingrad, Herford 1993, S. 228.

18 Zettel mit Angaben zu Ort und Datum zu jedem einzelnen Foto, das versandt wurde, sind von ihm sorgfältig numeriert. Als weitere Gedächtnisstütze dienten kurze, sachliche Angaben, die für Authentizität sprechen.

19 Abk. für russisch: Narodny Komissariat Wnutrennich Del („Volkskommissariat für innere Angelegenheiten [der UDSSR]"). Er hatte die Aufsicht über die Lager.

vier in zwei Aktionen herausgeschleusten Filme unter seinem Namen herauszugeben. Darüber hinaus begann er zu diesem Zeitpunkt mit der Niederschrift seiner „Erinnerungen“.

Dr. Ernst Helmut Segschneider,[20] Leiter der volkskundlichen Abteilung des Kulturgeschichtlichen Museums Osnabrück, hatte bereits den Autmaring-Nachlaß ins dortige Archiv übernommen. Er bot nun Dr. Sasse die Vorbereitung einer Foto-Ausstellung an und plante im Einvernehmen mit der Volkskundlichen Kommission für Westfalen in Münster ein Buch mit dem wichtigeren Teil der Fotos, einem Kommentar und den Erinnerungen. Auf meine Fragen hin hat Klaus Sasse weitere Aufschlüsse zu seinen Fotos gegeben: Er war kein Kriegsberichterstatter, sondern Amateurfotograf. Seine Kamera, eine Minox „Riga 38“, die mit einem Vorrat von fünf Filmen ausgestattet war, schaffte er sich zum persönlichen Gebrauch im Dezember 1944 an. Bei der Bombardierung und Beschießung des eingeschlossenen Königsberg im April 1945 fiel ihm der bisher unbenutzte Apparat ein: Die Bilder vom brennenden Königsberg mußte er festhalten, wenn sie auch von minderer Qualität sein sollten. Sie gehören, ebenso wie die Fotos vom Kriegsgefangenen Sasse auf dem Wege ins Auffanglager Loyden bei Bartenstein/Ostpr., zu den bisher unveröffentlichten Fotos. Alle Fotos hatte Dr. Sasse sorgfältig in einem nach der Heimkehr selbstgebauten furnierten Kästchen aufbewahrt und präsentierte sie mir bei meinem ersten Besuch. Sie stammen aus Jelabuga, dem Nebenlager Kosyltau an der Kama, aus der tatarischen Hauptstadt Kasan (vom Transport) und den Arbeitslagern sowie dem Spezial-Hospital Selenodolsk an der Wolga. Alle Fotos sind von ihm und seinem engsten Kreis aufgenommen.

Möglich geworden sind sie nur, wie einzelne Fotos erkennen lassen, unter Mitwirken verläßlicher Freunde im Offizierskreis, in verdeckter Aufnahme und unter Geheimhaltung. Es drehte sich z. B. in der marschierenden Fünferreihen-Kolonne auf Anruf einer um, wenn er ins Bild kommen wollte, sobald die russischen Posten weit genug entfernt waren. Sasse kann die ihm behilflichen Kameraden zumeist benennen – allerdings nicht jenen „Tappert“– und steht mit mehreren noch heute in Verbindung, also nichts von Anonymität oder Mangel an bestätigenden Fakten.

---

20 Dr. Segschneider ist durch seine Ausstellungs-Kataloge „Jahre im Abseits“ (1991) und „Leben im Schatten des Todes“ (1996) sowie durch weitere Veröffentlichungen und Ausstellungen als Fachmann für die russische Kriegsgefangenschaft ausgewiesen (vgl. obige Anm. 8).

Besonders riskant waren – auch seiner Meinung nach – die Aufnahmen der Brücke der Trans-Sib bei Selenodolsk, eines strategisch wichtigen Objekts. Auch die Fotos aus dem dortigen Hospital, vom Leichen-Kommando und vom Friedhof mit russischem Posten („Totenvogel") wären bei Entdeckung des Apparats oder der Filme ein hohes Risiko gewesen – nicht nur für Sasse selbst.

1946 sind die ersten drei Filme – ca. 135 Aufnahmen – vom Spezial-Hospital Selenodolsk aus in der Prothese von einem der ersten Heimkehrer mitgenommen worden. Sasse erinnert sich: Er habe die 8 mal 11mm Negativ-Kassetten in furnierte Schächtelchen gelegt und, mit Packpapier aus russischer Fabrikation verklebt, zur Weiterleitung an zwei Ärzte dem Freunde Memmert übergeben.[21] Die Filme sind bei Sasses Mutter in Hamburg abgeliefert worden. Der vierte Film ging – wahrscheinlich Anfang Mai 1947 – im Gips eines Unfallverletzten denselben Weg. Es ist wie bei den ersten drei Filmen ungeklärt geblieben, ob und was die Überbringer gewußt haben, wie man ihr Risiko eingeschätzt hat und wie man es mitgetragen hat. Sasse selbst blieb enttäuscht im Lager zurück, eine verschlüsselte Nachricht vom Eintreffen der ersten Filme erhielt er immerhin auf einer der ab Mitte 1946 möglichen Rotkreuzkarten von der Mutter. Da die Überbringer Ltn. Sasse nicht persönlich gekannt haben und er erst 1950 heimgekehrt ist, riß der Kontakt der Familie über die Jahre der Not ab, Klaus Sasse kann sie nicht benennen.[22]

---

21 Sasse meint: Nicht er selbst, sondern sein Freund Memmert habe sie an den Chirurgen Dr. Gross (nach anderer Darstellung – Friedhelm Ronig und Christoph Schulz – nicht Dr. Gross, sondern ein jüngerer Arzt) und den Zahnarzt Dr. Lahmann vermittelt. Er hat sie wohl zum Dank und um den Film vollzumachen, auffallend oft fotografiert. Da der dritte Film mit ihnen endet, ist Sasses Angabe bestätigt: 2 Ärzte haben die ersten 3 von 4 Filmen einem Heimkehrer in Selenodolsk übergeben. Sie gingen am Sonntag, den 11.8.46., von dort nach Deutschland: Dr. Autmarings Itinerar der Heimkehr (S. 23) und P. Wiegmanns Erinnerungen (S. 97 f.) verzeichnen dies Datum unabhängig voneinander als Abfahrtstag des ersten Heimkehr-Transports aus der tatarischen Republik. Beide Heimkehrer waren arbeitsunfähig, weil schwerkriegsbeschädigt: Autmaring mit inoperablem Rückenmarksschuß und drohender Lähmung, der Überbringer der 3 Filme wegen Beinprothese. Das erste Foto des vierten Films zeigt dementsprechend die Einkleidung, darunter den Gefangenen im Nesselhemd, der von der Liste gestrichen und nicht mit eingekleidet wurde (vgl. Foto 60).

22 Hans-Ludwig von Stockhausen, der mit Sasse in Jelabuga und Jarzewo zusammen war (s. S. 123), meint den Überbringer der 3 Filme zu kennen: Es ist der Ltn. d. Res. Heinrich Stöhr, wie ihm auch Horst Zank (meine Anm. 17) im Oktober 1999 bestätigte.

Noch 1947 hatte Sasse den fünften und letzten Film eingelegt und schon einige – nach seiner Erinnerung: wenige – Aufnahmen gemacht, als ihm bei einer unvorhergesehenen Filzung, die aufgrund von Arbeitsverweigerung im Sondereinsatz vom Lager Jarzewo stattfand, die Minox abgenommen wurde: Beim Rücktransport ins Lager wurden die 18 Gefangenen zum Abspringen von der Ladefläche ihres offenen Lastwagens aufgefordert. Da Sasse vorn stand und die Kamera noch in der Hand trug – wie gewöhnlich mit Tuch umwickelt und als Verbandspäckchen getarnt –, konnte er sie wegen scharfer Bewachung nicht mehr einem schon Gefilzten unauffällig zustecken. Die Minox flog auf den Haufen hingeworfener Tascheninhalte, die zur Durchsicht des Wachoffiziers liegenblieben. Am nächsten Tag wurden die 18 Arbeitsverweigerer zunächst gemeinsam verhört und dann vom Untersuchungsoffizier gefragt, wem die Kamera gehöre. Sasse wollte niemanden belasten und trat nach dem ersten Schock und kurzem Zögern vor. Der Offizier nahm ihn mit zum Einzelverhör und fragte – noch unsicher angesichts des ihm unbekannten Geräts[23] – „Schto takoi?“ (Was ist das?). Als der ihm die Minox zwecks Funktionserläuterung in die Hand gab, sah Sasse geistesgegenwärtig die Gelegenheit, die Spule mit den wenigen Aufnahmen mindestens z.T. unbrauchbar zu machen: Er nahm die Kamera, als ob er knipsen wollte, kurz ans Gesicht, zeigte auf den Öffnungsknopf und, als er keinen Widerspruch sah, öffnete und wies auf die winzige Kassette, die den Film enthält. Dabei mußte Licht hineinfallen. Der Untersuchungsoffizier hatte alles interessiert und überrascht verfolgt, ließ die Kamera schließen und nahm sie weg.[24] Sasse glaubt, man habe in dem belichteten

---

23 Hubert E. Heckmann beschreibt in seinem Fachbuch „Minox. Variationen in 8 mal 11“, Hückelhoven 1995, die 1938 in Riga entwickelte und gebaute „kleinste Präzisionskamera der Welt“, die „Riga Minox (I) 1938“: „Die neuartige Kamera mit der flachen und geschlossenen Bauart ohne Kanten und hervorstehende Teile konnte mit der gleichen Selbstverständlichkeit getragen werden wie eine Taschenuhr oder ein Taschenmesser“. Charakteristisch sind für sie Edelstahlgehäuse und geringes Gewicht:130 g. „Eine wahre Wunderkamera war also geboren“ (S. 73–75). Sie wurde wohl auch zu Spionagezwecken genutzt (S. 37). Doch obwohl die SU 1944/45 zum zweiten Mal durch die Wiedereroberung Lettlands in den Besitz der ersten Produktionsstätte der Minox, des VEF-Werks in Riga, gekommen war, dürfte der Bekanntheitsgrad bei sowjetischen Untersuchungsoffizieren gering gewesen sein.

24 W. Benz (vgl. obige Anm.14) berichtet von dem wohl einmaligen Kunststück, eine Kamera und die Aufnahmen durch alle Filzungen zu retten. Der Kriegsgefangene Kurt Glaser war jedoch in amerikanischer und englischer Hand, und seine Situation ist deshalb anders einzuschätzen, S. 31.

und auch in dem durch das Öffnen nicht unbrauchbar gewordenen Teil seines letzten Filmes nichts gegen ihn finden können, falls überhaupt Fotos entwickelt worden sind.

Er ist noch wiederholt Verhören unterworfen worden, zuletzt im Lager Charkow 1949. Er bekundet, sie seien ohne Schläge oder Werfen von Gegenständen und ohne Mißhandlungen abgelaufen. Es waren Verhöre nach immer gleicher Prozedur und in erträglicher Lautstärke. Da er vor der ersten Befragung Zeit gehabt hatte, sich eine Antwort zu überlegen, erwiderte er auf die Frage, in wessen Auftrag er fotografiert habe und was sein Auftrag gewesen sei: Er habe nicht fotografiert. Die Minox habe er von einem heimkehrenden Kameraden eingetauscht und wisse nicht, was für Aufnahmen darin seien. Er habe sie nur bei sich getragen, um sie bei Gelegenheit auf Außenkommando in der Stadt gegen Lebensmittel oder Rubel einzutauschen. Dabei blieb er, und zwar ohne die geringste Abweichung.

Klaus Sasse meint, es sei möglich, daß er der Minox wegen bis 1950 auf seinen Heimtransport habe warten müssen, denn schon 1947 sei er wegen Dystrophie dafür reif gewesen. Weil er jedoch auch schon vor Entdeckung der Kamera nicht habe heimfahren dürfen, sei es aber genau so gut denkbar, daß sie ihm nicht wesentlich geschadet habe. Er habe die Untersuchungen ja auch immer in dem Bewußtsein durchgestanden, nie zu Spionagezwecken fotografiert zu haben. Trotz seiner dauernden Angst vor Bestrafung und besonders vor endgültiger Versagung der Heimkehr gebe es keine Anhaltspunkte für eine Strafsache. Im Karzer hat er in Selenodolsk[25] gesessen, aber nicht wegen der Minox, sondern weil ein Posten gesehen hat, daß er beim Verladen von Getreide aus einem beschädigten Sack eine Handvoll Körner „gestohlen“ hatte.
Er sei immer wieder zu einer Unterschrift unter ein in Russisch abgefaßtes, ihm nicht klar verständliches Schriftstück gedrängt worden. Auch sei die Akte auf dem Schreibtisch aufgrund wiederholter Vernehmungen von Lager zu Lager dicker geworden, was Sasses Angst verstärkte; aber unterschrieben habe er nicht. Als Ende 1949 sein Transport zusammengestellt wurde und er nicht mehr auf der Liste gestanden habe, sei er tief erschrok-

25 3 Tage Karzer, vgl. das Foto des Inhaftierten mit der wegen Kälte im nicht beheizbaren Karzer übergezogenen Decke (Abb. 72); es ist Sasse. Die Aufnahme machte ein Mitgefangener, dem er während des Arrests die Kamera anvertraut hatte, durch den „Spion“, als der ihm die dünne Wassersuppe hindurchgereicht hatte.

ken und habe geglaubt, daß dies wegen der Minox sein Ende sei. Aber am Abfahrtstage sei er überraschend doch wieder dabei gewesen und habe am 1. Januar 1950 endlich heimkehren können.

Um russische Akten zur Prüfung der Vorgänge und Fragen hinsichtlich der Minox und Sasses Kriegsgefangenschaft heranzuziehen, habe ich Verbindung mit Dr. Günther Wagenlehner aufgenommen.[26] Er ist Direktor des Bonner Instituts für Archivauswertung und Beauftragter der Bundesregierung für die Arbeit einer deutsch-russischen Kommission zur Rehabilitierung von 75000 verurteilten deutschen Kriegsgefangenen und Internierten in Moskau seit 1992. Er hat – mit der Vollmacht Dr. Sasses – dessen Kriegsgefangenen-Akte in Moskauer Archiven gesucht, gefunden und fotokopiert. So hat sich erwiesen, daß eine Strafakte Sasse nicht existiert. Die Personalakte enthält keinen Hinweis auf ein Strafverfahren. Wie es möglich war, daß Klaus Sasse angesichts des offensichtlichen Verdachts so davonkam, bleibt eine offene Frage. Obwohl Kriegsgefangene immer wieder erfahren haben, daß im damaligen System und in diesem Lande nichts unmöglich war, ist dies doch ein sehr ungewöhnlicher Umstand.

Schon 1950, bald nach seiner Heimkehr, sollten die Fotos erstmals ihre Bedeutung erweisen, als Henri Nannen zur Anklage gegen Dr. Wilimzig um Genehmigung für die Veröffentlichung von 8 Fotos im „Stern“ bat.[27]

Wir haben uns sehr bemüht, einen russischen Historiker zur Mitarbeit zu gewinnen. Dr. Wagenlehner hat dankenswerterweise versucht, den Moskauer Historiker Doronin einzubeziehen. Eine gemeinsame deutsch-russi-

---

26 Günther Wagenlehner: Widerstand im sowjetischen Kriegsgefangenenlager, in: Stefan Karner (Hrsg.), Gefangen in Rußland, Graz 1995, S. 152–172. Wagenlehner war 10 Jahre in russischer Gefangenschaft und kennt das Lager Jelabuga aus entsprechenden Vorarbeiten sowie den Berichten von Mitgefangenen aus Jelabuga. In Jelabuga liegt, wie Karl-Heinz Frieser „Krieg hinter Stacheldraht“, Mainz 1981, nachgewiesen hat, der Schwerpunkt des Widerstands kriegsgefangener Offiziere gegen Unterdrückung im Lagersystem. Sasse hat die Ereignisse des „Kirchgangs von Elabuga“ ebenfalls gekannt, vgl. Abb. 33 und die Kommentare dazu sowie zur Kirche des „Kirchgangs“. Diesen Streik in Block VI im Kamalager, Jelabuga, hat Oberst Wilhelm Wolff zu einem guten Ende geführt: 2. Advent (9.12.) 1944. Wagenlehner ist später im Lager einer seiner engsten Freunde geworden.

27 Vgl. obige Anm. 11. Nur in diesem Fall akzeptierte Sasse ein Honorar und packte davon Pakete, die er den in Rußland Zurückgebliebenen schickte. Alle übrigen Sendungen an ehemalige Mitgefangene aus Jelabuga gingen zum Selbstkostenpreis ab.

sche Anstrengung oder doppelseitige Forschungsvorhaben sind wünschenswert, wenn die Suche nach Verschollenen und nach historischer Wahrheit in Fotos, Erinnerungen und Akten zu gesicherten Ergebnissen führen soll. Einen hoffnungsvollen Anfang zu dieser Arbeit haben Russen und Deutsche in der Moskauer Kommission von Günther Wagenlehner und ebenso in A. E. Epifanows und H. Mayers Werk gesetzt. Leider ist es uns – vornehmlich aus finanziellen Gründen – bisher nicht gelungen, einen russischen Beitrag sowie eine größere Zahl offizieller sowjetrussischer Fotos und weitere Akten zu Jelabuga in unsere Arbeiten zu integrieren.[28] Beweisen lassen sich die Vorgänge in Jelabuga aber auch mit bereits veröffentlichten Fotos aus Moskauer Archiven und Akten.

Die Foto-Dokumentation begleitet den Weg Klaus Sasses durch die ersten Jahre seiner langen Gefangenschaft. Aber sie veranschaulicht sein Schicksal bei Gefangennahme, auf Transport, im Lager-Alltag, in Arbeitslagern und auf Arbeitskommandos, bei Versammlungen, als Opfer von Unterdrückungs-Maßnahmen, im Hospital und auf Beerdigungskommando nicht nur, sondern sie stellt es auch – anders als ein Text – durch Momentaufnahmen in Bildern besonders eindringlich dar.

Wenn abschließend zu der existentiellen Frage für Klaus Sasse aus meiner Sicht eine Antwort versucht werden darf: Warum hat Ltn. Sasse mit seinem Fotografieren so viel riskiert? Er griff immer wieder zu seiner Minox, weniger um zu dokumentieren, sondern um im täglichen Kampf ums Überleben in Gefangenschaft die Selbstachtung nicht zu verlieren. Wie alle Kriegsgefangenen hatte er einen nicht nur physischen, sondern vor allem geistigen Existenzkampf zu bestehen. Mir scheint seine Antwort auf die Frage in dem selbstgefertigten Kästchen versinnbildlicht, in dem Klaus Sasse seine Kleinst-Negative verwahrt: Die Kraft des Erinnerns ist stärker als Angst, Mißtrauen und Vorsicht. Vielleicht ist diese Kraft auch die Voraussetzung für Versöhnung.

28 Auch auf den Druck von Klaus Sasses „Testament“ auf einer Rotkreuzkarte, Friedrich Ohlys „Glück eines Gefangenen mit Puschkin und mit Steinen“, den Auszug aus Lidia Ginsburgs „Aufzeichnungen eines Blockademenschen“ sowie auf weitere Fotos, Zeichnungen, Gedichte und Berichte deutscher Kriegsgefangener aus Jelabuga haben wir in diesem Band leider verzichten müssen. Der letzte Forschungsbericht zum Problemkreis der deutschen Kriegsgefangenen findet sich in: newsletter, Arbeitskreis Militärgeschichte e.V. Okt. 1999, Heft 10, S. 24-29: Andreas Hilger, Deutsche Kriegsgefangene in der Sowjetunion 1941-1956, Anmerkungen zur russischen Literatur der neunziger Jahre.

Hubert E. Heckmann*

Unbemerkte Aufnahmen mit der Rigaer MINOX

Wie konnte Klaus Sasse in sowjetischer Kriegsgefangenschaft überhaupt fotografieren, ohne mit seiner Kamera sofort aufzufallen? Diese Frage drängt sich beim Betrachten der einmaligen Bilddokumente eigentlich immer wieder auf. Wäre ein Fotoapparat nicht schon bei der ersten Personenkontrolle entdeckt worden? Sicher kommen zunächst Zweifel auf, ob es überhaupt möglich war, eine Kamera und die dazugehörigen Filme über einen längeren Zeitabschnitt vor dem Zugriff des Wachpersonals zu schützen. Eine beträchtliche Portion Glück gehörte gewiß dazu, jedoch müssen noch weitere Faktoren in Betracht gezogen werden.
Zunächst verfügte Sasse mit der Rigaer MINOX über eine einzigartige Miniaturkamera, die geradezu prädestiniert war für solche „geheimen" Aufnahmen in unbeobachteten Augenblicken. Jener außergewöhnliche Fotoapparat ist mit seinen Maßen von 80 mm Breite, 27 mm Höhe und 16 mm Stärke und einem Gewicht von 130 g (ohne Film) so klein, leicht und handlich wie eine Taschenuhr oder ein Feuerzeug. Nicht von ungefähr wurde die MINOX zum beliebten Requisit von Spionen, Agenten und Detektiven. War diese Kleinstbildkamera nicht im Einsatz, konnte sie raumsparend untergebracht werden, ohne daß sie gleich auffiel. So konnte der Kriegsgefangene Sasse die Rigaer MINOX anfangs in seiner Brusttasche, später in einem abknöpfbaren Stoffsäckchen im Hosenfutter verstekken. Während des Aufenthalts in einem Hospital verbarg er die in ein Taschentuch gewickelte Kamera zwischen seinen wenigen Toilettenartikeln vor neugierigen Blicken. Nachdem der Miniapparat schließlich 1947 doch von einem Wachposten aufgespürt worden war, erklärte Klaus Sasse dem zuständigen Politoffizier die Handhabung der MINOX sehr langsam und umständlich. Vielleicht war dies der Grund, warum, gerade auch in Anbetracht des sehr kleinen Negativformates von nur 8x11 mm niemand besondere Erwartungen in die Qualität der Aufnahmeergebnisse gesetzt zu haben schien, da der entdeckte Film wahrscheinlich nie entwickelt wurde. Die tatsächlich erzielten Resultate sind jedoch unter den gegebenen Umständen heute als sehr bemerkenswert anzusehen.
Ein echter Vorteil war auch die kleindimensionierte Doppelkassette für den Film. Nach seiner vollständigen Belichtung läßt sich nämlich die gefüllte Kapsel leicht vom Rest abtrennen, und der Film beansprucht somit

* Hubert E. Heckmann ist Vorsitzender im 1. Deutschen MINOX-Club e.V.

kaum noch Platz. Ein Herausschmuggeln des sehr kleinen Filmmaterials aus dem Kriegsgefangenenlager und die Weiterleitung nach Westdeutschland war so durch verläßliche Kameraden ohne große Probleme beispielsweise in einem Gipsbein oder in einem ausgehöhlten Rasierpinsel u.ä. möglich. So erreichten insgesamt vier Filme unbeschädigt den gewünschten Adressaten.
Aus heutiger Sicht mag es hinderlich gewesen sein, daß in die Kamera noch kein Belichtungsmesser eingebaut war. Sasse hatte jedoch schon vorher mit ähnlichen Fotoapparaten genügend Erfahrungen gesammelt. Außerdem besitzt die Rigaer MINOX eine feste Blende (3,5) bei einer kurzen Brennweite von 15 mm. Es mußte also nur die Verschlußzeit geschätzt und entsprechend vorgewählt werden. Die Entfernung hatte man nur im Nahbereich sehr exakt einzustellen. Somit war die MINOX eine vergleichsweise schnell bedienbare Kamera, die sich gerade für Schnappschüsse besonders eignete.
Klaus Sasse hatte das Glück, in der gegebenen Situation mit dieser MINOX die nahezu perfekte Kamera zu besitzen. Mittlerweile hat sie in der ganzen Welt allergrößte Wertschätzung erfahren, und dieses Meisterstück höchster Präzision wird in Fachkreisen heute als Meilenstein der Fototechnik anerkannt. Manche historische Aufnahme ist mit einer MINOX eng verbunden.

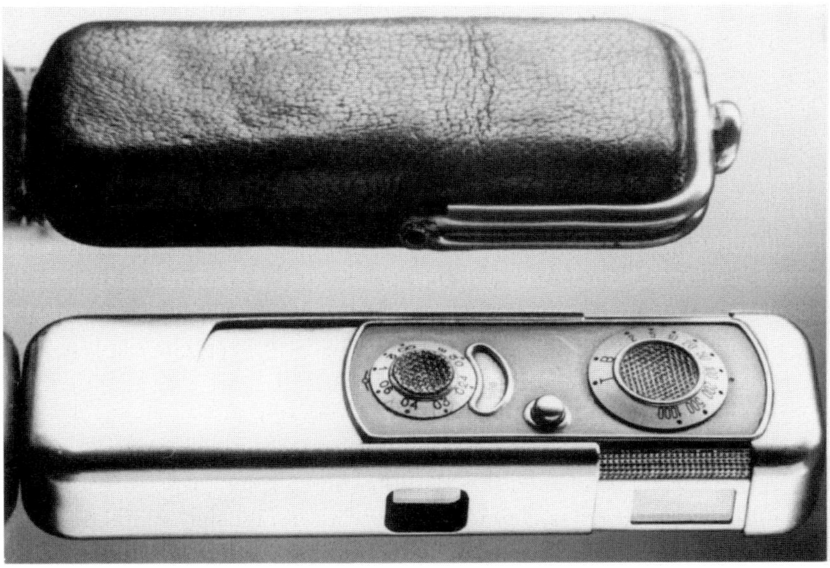

Rigaer Minox, 80 x 27 x 16 mm, (zusammengeschoben)

Klaus Sasse

In sowjetischer Kriegsgefangenschaft 09.04.1945–01.01.1950

Auf dem Weg nach Jelabuga in die Gefangenschaft

Königsberg, Sonntag, 8. April 1945. Seit einigen Tagen schon waren die Menschen der Stadt Königsberg ängstlich in ihren Kellern geblieben. Die russische Artillerie trommelte aus allen Rohren wütend auf die Stadt. Die Osterbotschaft war gerade erst vor einer Woche von den Kanzeln verkündet worden, aber die Worte wie Hoffnung und Glaube hatten für viele keinen realen Bezug mehr. Es gab auch niemanden, der noch darüber sprechen wollte. Militärische Informationen waren allein noch gefragt, seitdem der Ring der angreifenden Sowjets bis eng an die Innenstadt herangekommen war. Die Zahl der Schutzsuchenden in den Kellerräumen der Krugstraße, des Bibliotheksplatzes und des Mitteltragheims war erschrekkend angestiegen. Viele Augenpaare richteten sich fragend auf gerade anwesende deutsche Soldaten. Wer sonst konnte in dieser verzweifelten Situation noch zuverlässige Aussagen über den Stand der Dinge machen? Das Militär mußte doch wissen, ob es noch Hoffnung gab. Aber man war uninformiert, hätte höchstens sagen können, daß es keine Hoffnung auf eine überraschende Wende mehr gab. Doch darüber schwieg man. Warum sollte man ihnen eine noch vorhandene Hoffnung, und sei sie auch irrational, nehmen und dafür die Befürchtung verstärken, daß das Ende der Stadt unmittelbar bevorstand. Denn damit verbanden sich die scheußlichen Vorstellungen von dem, was danach kommen würde. Die Propagandamaschine von Josef Goebbels hatte seit Januar nach der ersten Besetzung der Ortschaft Metgethen durch die Rote Armee dafür gesorgt, daß jeder Einwohner Königsbergs von den Übergriffen und Exzessen der russischen Soldaten genauestens informiert war. Das also würde jeden erwarten.

Am Montag war ich noch einmal zu einer Abstimmung mit dem Leiter des Nachrichtendienstes, Oberleutnant Przyborowski, in den Bunker des Generals Lasch unter den Paradeplatz gestiegen. Ohne irgendeine positive Nachricht war ich zurückgekehrt. In meiner vorgesetzten Dienststelle, der Nachrichtenabteilung, die in einem Keller unter der Krugstraße untergebracht war, hatte man schon resigniert und sich an die letzten Flaschen

Kognak und Likör gemacht. Den sowjetischen Soldaten sollte kein Alkohol in die Hände fallen. Ich war wie gelähmt, wußte nicht, was ich zu tun hatte, was ich den Funkern in unserem Keller sagen und raten sollte.

Die Kapitulation war auf 17 Uhr angesetzt. Was danach ablief, daran habe ich nur unscharfe Erinnerungen. Als es am Nachmittag auffällig still in den Straßen wurde, stieg ich kurzentschlossen aus unserem Keller und ging zum Mitteltragheim. Überall versperrten Trümmer den Weg. Am Parkhotel standen russische Fuhrwerke, vor die Panjepferde gespannt waren. Soldaten ruhten sich an großen Lagerfeuern aus. Es war also soweit, das war das Ende. Ich machte schnell kehrt. Aus dem Rauch, der die noch brennende Straße durchzog, tauchten plötzlich zwei Sowjetoffiziere vor mir auf. Sie achteten allein auf den schwierigen Weg und nahmen von mir keine Notiz. Ich beschleunigte meine Schritte und gelangte so ungeschoren in den Keller der Funkstelle zurück. Dort sagte ich zu den Funkern, sie könnten nun gehen, wohin sie wollten. Nützliche Ratschläge konnte ich ihnen ohnehin nicht mehr geben. Die Soldaten waren enttäuscht und wütend über dieses Ende und zerstörten aufgebracht die Funkgeräte. Ihre Gewehre stellten sie neben die Haustür, so daß sie gut zu sehen waren. Dann haben sie wohl ihren Rucksack umgehängt und einen Sammelplatz für die deutschen Gefangenen gesucht.

Ich fühlte mich wie im Trancezustand. Allein blieb ich im Keller zurück. Mein Kopf war zu keinem klaren Gedanken fähig. Ich packte meine Aktentasche, packte sie wieder aus und besah den Inhalt. Ich wartete darauf, daß irgend etwas geschehen müsse, aber was? Zu meinem großen Glück wurde mir dann das weitere Handeln abgenommen. Ein Bekannter aus den letzten Tagen, der Militärjustizbeamte Wagner kam zu mir in den Keller. Er wollte die versprengten deutschen Soldaten aus den Kellern holen und ihnen den Weg in die nächste Gefangenensammelstelle weisen. Ein älterer sowjetischer Soldat begleitete ihn. Ich folgte ihnen bis in den Keller der Staatsbibliothek, dem letzten Gefechtsstand der 69. Division des Oberstleutnants Heuer. Wagner und seiner Initiative verdanke ich, daß ich am Leben geblieben bin. Kurze Zeit später brannten die Russen die Keller mit Flammenwerfern aus.

Die erste Nacht in der Gefangenschaft war sehr unruhig. Weitere deutsche Soldaten wurden hereingebracht, polternde Sowjetsoldaten zurückgewiesen. Trotzdem war es seit langer Zeit die erste Nacht mit Phasen tiefen

Schlafes. Was mit den Zivilisten in den benachbarten Kellern geschehen war, wußten wir nicht. Es war eine Frage, die niemand zu stellen wagte. Die Verhinderung von Plünderungsversuchen bei uns mag darauf zurückzuführen sein, daß unserem Keller, dem ehemaligen Divisionsgefechtsstand, eine genügend starke Bewachung beigegeben worden war. Oberstleutnant Heuer hatte uns die ausgehandelten Kapitulationsbedingungen mitgeteilt, von denen er eine Abschrift in der Tasche trug.

Am nächsten Morgen wurden wir sehr früh geweckt und in Marsch gesetzt. Es hieß, der kommandierende Sowjetgeneral wolle den ganzen Divisionsstab sehen. Wir wurden zum Parkhotel geführt. Dort stand eine Gruppe von sowjetischen Generälen aufgereiht; fast hätte man glauben können, die Sowjets seien die Vorführobjekte. Nachdem man uns in Augenschein genommen hatte, wurden wir über Trümmerberge weitergeführt bis an den Pregel. Dort am Ufer warteten breite Schlangen deutscher Soldaten. Wir mußten den Fluß auf den einfachen russischen Schwimmflößen überqueren, über die tags zuvor die sowjetischen Soldaten gekommen waren, um Königsberg zu erobern. Jetzt sahen wir ein letztes Mal die Ruine des Königsberger Domes, vor der sich das Grabmal Immanuel Kants deutlich abzeichnete. Weiter ging es über viele Schuttberge in Richtung Ponarth. Am Straßenrand saß eine alte Frau in schwarzen Kleidern und mit weißem, wirrem Haarschopf. Sie starrte auf die langsam vorbeiziehenden, gefangenen Soldaten. Ihr Blick wird uns noch immer weiter verfolgt haben, bis wir zwischen den Trümmern verschwunden waren.

Nachdem wir einen Bahndamm unterquert hatten, hieß der Posten uns nebeneinander in größeren Abständen Aufstellung nehmen. Bei dem Arrangement dieser Szenerie machten wir uns auf ein schlimmes Ende gefaßt. Der Soldat gab jedoch plötzlich das Kommando zum Weitermarsch. Kurz vor Ponarth führte er dann sein Vorhaben aus, das ihn offenbar von Anfang an beschäftigt hatte: Um uns in aller Ruhe gründlich ausplündern zu können, führte er unsere Gruppe, etwa 15 bis 20 Mann, zu einer unversehrt gebliebenen Wohnung. Dort sperrte er uns in einen Raum, während er im Nebenzimmer sich immer einen Gefangenen allein vornahm, um ihn von seinen kapitalistischen Reichtümern zu befreien. Während der langen Wartezeiten auf die jeweils nächste „Behandlung“ konnte jeder sich ausmalen, was ihm im besonderen bevorstehen mochte. Aus Berichten wußten wir, was kommen würde und mußten uns wohl oder übel damit abfinden. Ich fürchtete vor allem, er würde mir meine Offiziersstiefel wegnehmen.

Das waren ganz besonders begehrte Beuteobjekte mit ihren weichen Schäften. Ich konnte kaum damit rechnen, für meine ungewöhnlich großen Füße passende sowjetische Ersatzstiefel zu bekommen. Mangels russischer Sprachkenntnisse hätte ich mein Problem nicht erklären können. „Zapp zarapp“ war das einzige russische Wort aus diesem Bereich, das mir zur Verfügung stand. So ist es verständlich, daß ich nur widerstrebend bereit war, mich als nächstes Opfer filzen zu lassen, und ging als einer der letzten in den Untersuchungsraum. Der Soldat machte den Eindruck einer gewissen müden Befriedigung; er hatte sicherlich reiche Beute gemacht. Seine Tonart war wenig aggressiv. Bereitwillig zeigte ich ihm, was ich in meinen Jackentaschen hatte, gab ihm meine beiden Uhren. Aus der Kartentasche wollte er nur den Inhalt haben. Andere begehrenswerte Objekte waren mein Taschenmesser, der Kompaß und aus meiner linken Brusttasche der sperrige, deutlich erkennbare Belichtungsmesser. Das schien ihm zu genügen; er schickte mich wieder in das Wartezimmer zurück.

Nach kurzem Weitermarsch kamen wir schließlich in das erste Auffanglager, das ehemalige Eisenbahnausbesserungswerk Ponarth. Jeder erhielt einen Kanten russischen Schwarzbrotes, den er, hungrig wie er nach diesem langen Tage war, sofort vertilgte, ohne viel über die Qualität des feuchten und säuerlichen Brotes nachzudenken. Für den Weitermarsch am folgenden Tag gab es auch gleich eine weitere Brotportion.

Ich zog ein Fazit der ersten überstandenen Filzung. Die ganze Prozedur hatte ich mir sehr viel härter und rücksichtsloser vorgestellt. Die Angst um den Verlust meiner Stiefel war glücklicherweise unnötig gewesen. Aber eine Versicherung für ein weiteres Überstehen gab es nicht. Daraus zog ich meine erste Lehre. Mein Lagerkamerad, Arno Gotthart, der sein Messer hatte retten können, half mir beim Zerschneiden der Stiefelschäfte. Da sie unweigerlich auf allen kommenden Märschen die gleiche Begehrlichkeit der Wachsoldaten hervorrufen würden, war irgendwann der endgültige Verlust der Stiefel zu erwarten. Wir schnitten die Stiefelschäfte entlang der Beininnenseite bis tief hinunter auf. Nun konnte ich die Schäfte aufrollen und die so entstandenen Wülste an den Fußgelenken mit meinen Wadenstrümpfen überdecken. Diese Tarnung hat sich lange Zeit bewährt. Der mich filzende Sowjetsoldat hatte eine Schachtel mit Pistolenmunition in meiner Aktentasche übersehen. Ich warf sie sofort in die nächste Latrine. Außerdem hatte er meine kleine Minoxkamera in der Brusttasche nicht entdeckt, obwohl er den Belichtungsmesser konfisziert hatte. Freiwillig wollte ich sie nun nicht wieder hergeben. Mit diesem Entschluß begann die lange und oft genug beschwerliche Geheimhaltung der Kamera. Um sie besser verstecken zu können, nähte ich gleich in den ersten freien Stunden des folgenden Tages ein anknöpfbares Täschchen, das ich fortan unter dem Schrittfutter bei mir trug.

Nachdem eine größere Anzahl von Gefangenen in Ponarth zusammengekommen war, marschierten wir in das Lager Stablack. Etliche Tage verweilten wir hier, wo vor uns bereits sowjetische Kriegsgefangene untergebracht worden waren. Alle deutschen Soldaten, Offiziere und Mannschaften, waren hier zusammen eingeschlossen. Ich erinnere mich der schwierigen und schmerzvollen Erfahrungen; es waren wichtige Tage, die meine unreifen Ideen von Kameradschaft unter den sowjetischen Lagerbedingungen schnell veränderten.

Auf einem Lagerwege begegneten mir eines Tages zwei Unteroffiziere meiner früheren Nachrichteneinheit. Erfreut ging ich auf sie zu, merkte aber sogleich, daß sie mit mir keinerlei Kontakt aufzunehmen wünschten. Dieses Erlebnis war ein Schock für mich und traf mich völlig unvorbereitet. War das Wort „Kameradschaft" für diese beiden Wachtmeister in der Notsituation ein inhaltsleerer Begriff geworden? Erst im Laufe der kommenden Zeit wurde mir klar, wie schnell manch deutscher Kriegsgefangener, egal ob Offizier oder einfacher Soldat, sich der ideologischen Umorientierung angepaßt hatte. Ich war noch sehr unreif und viel zu wenig gerüstet für derartige Fragen. Durch meine einseitige Schulbildung war mir das ABC der Politik verschlossen geblieben. Während meiner Militärzeit hatte ich mich vorwiegend mit der telegrafischen Nachrichtenübermittlung beschäftigt. Hier fand mein Ehrgeiz genügend Stoff bei dem Erlernen neuer, schwieriger Fertigkeiten. Politik lag außerhalb meiner Interessen; ich sah darin kaum mehr als eine bloße Propagandatechnik für Großakklamationen auf Parteitagen. Die allzu rasche Umstellung der beiden Unteroffiziere und bald auch manch anderer Mitgefangener öffnete meinen kritischen Blick für derartige Verhaltensweisen.

Schon in den allerersten Tagen der Gefangenschaft kam es zu einem harten Test des Wertes „Kameradschaft" , nämlich während der langen, bis an die Grenzen des Erträglichen gehenden Märsche mit wunden oder blutigen Füßen und reißenden Leibschmerzen. Zusätzlich war für die erschöpften, älteren Kameraden oftmals unsere aktive Hilfe nötig. Wir mußten auch mit moralischer Unterstützung zu weiteren Marschanstrengungen ermuntern, denn das zu erwartende Los der Zurückbleibenden konnte man sich ausmalen. Man wurde zwar nicht jedesmal Augenzeuge von Erschießungen der Marschunfähigen am Ende der Kolonne durch die ungeduldig antreibenden Soldaten. Die Erzählungen von solchen Liquidierungen der hilflosen Gefangenen liefen aber schnell durch den Block der Marschkolonne und taten ein Weiteres zur Mobilisierung der letzten Kräfte bei uns allen. So hatte „Treue" vornehmlich einen personenbezogenen, pragmatischen Wert.

Eine Übernahme von diesem Geltungsbereich in einen mehr abstrakten Bereich muß sehr sorgfältig bedacht und kritisch hinterfragt werden. Dazu war ich noch lange Zeit nicht imstande: Ich bewahrte den alten Hoheitszeichen eine in dieser Umgebung verzweifelte Treue und vermochte nicht zu erkennen, daß sie das nicht verdienten. Beim Schreiben dieser Zeilen durchfährt mich der erschreckende Gedanke, es könnte sich hier um die letzte Nachwirkung des ideologischen Klischees, geprägt von Baldur von Schirach, gehandelt haben: „Unsere Fahne ist mehr als der Tod". Hatte ich das nicht auch mitgesungen? Ich bekenne, daß ich einer der letzten von unserer Pritsche war, der heimlich die Nazi-Symbole von seiner Uniform abgetrennt hat. Mein Gewissen war nicht ganz rein dabei.

Auf unserem Weitermarsch kamen wir in das kleine Durchgangslager auf dem Gut Loyden in der Nähe von Bartenstein. Wir waren hier zehn Tage lang eng zusammengepfercht. An das Lager erinnere ich mich relativ gut wegen eines kleinen, an und für sich unbedeutenden, sentimentalen Anlasses, der im Gedächtnis deutlicher als vieles davor und danach eingeprägt blieb. Wir vertrieben uns die Zeit mit endlosen Gesprächen im Hof des früheren Gutes. Während der Nacht schliefen wir in den sehr unbequemen Zementkoben der zuvor hier hausenden Schweine. In einer Abendstunde fing plötzlich einer der Offiziere an zu singen. Er hatte eine wohlklingende Stimme, und rasch versammelte sich eine größere Zuhörergruppe in unserem Stall. Wir alle hörten aufmerksam und dankbar zu. Eines seiner Lieder war mir völlig neu. In ihm ist von einem Wanderer die Rede, der dem fragenden Dichter antwortet. Doch ich erinnere mich nur noch an wenige Fragmente des Liedtextes: „...Wenn ich den Wanderer frage: Wo kommst du her? – Ich kann nicht nach Hause, hab keine Heimat mehr!..." Der weitere Text muß diese Situation wiederholt und ausgemalt haben. Eine entsprechende traurige Melodie untermalte diesen melancholischen

Zentralgedanken auf wirkungsvolle Weise. In der depressiven Phase der häufigen Transportmärsche hinterließ das Lied einen so überwältigenden Eindruck auf uns, daß ich mich scheue, davon zu erzählen. Die Erinnerung an den Aufenthalt im Lager Loyden ist durch den Vortrag dieses Liedes wie verzaubert.

Der folgende Marsch führte uns in das sehr große Lager Georgenburg bei Insterburg, das bald völlig mit Plennis belegt war. („Woina plenni" ist die russische Bezeichnung für „Kriegsgefangener", deren Kurzform wir bald in unseren Sprachgebrauch übernommen hatten.) Manch einem von uns war dieses Gut als der Schauplatz des Familienromans „Die Barrings" bekannt. Dort wurde auch die Pferderasse der Trakehner gezüchtet. Hier wurden die Offiziere von den Mannschaften getrennt untergebracht; sie schliefen in der Reithalle des Gestüts auf frisch gezimmerten dreistöckigen Pritschen. Diese separate Unterbringung ging einher mit der Sonderbehandlung bei der Zuteilung der Verpflegung; es gab eine eigens für Offiziere gekochte Suppe zum Mittagessen. Das entsprach dem sowjetischen Prinzip und war für die meisten von uns sehr überraschend.

Wir waren in die Gefangenschaft gekommen mit dem Vorurteil, in der sowjetischen Gesellschaft gäbe es keine Standesunterschiede mehr. Aber genau das Gegenteil war der Fall. Die Gleichheit war in der sowjetischen Gesellschaft nur auf anderen, leichter erreichbaren und durchsetzbaren Sektoren zustande gekommen. Ausgenommen waren die Bereiche, wo die staatlich organisierte Ökonomie zu leiden hatte; dort war alles beim alten geblieben. Die Wut der Revolutionäre hatte sich ausgetobt im Kampf gegen die seit langem verhaßten Chimären, gegen die vornehmlich bürgerlichen Maximen, wie Konversationsregeln, Grundsätze der Höflichkeit und andere übergeordnete Werte, an deren Weiterbestehen niemand irgendein deutliches Interesse hatte. Sie waren verhaßt, wurden abgelehnt und als nutzlos abgestempelt. In diesem Befreiungsakt dürfte ein Teil dessen, was man im weitesten Sinne als „Kultur" umschreibt, verlorengegangen sein. Manches hat man dann später vermißt und den Verlust beklagt, allerdings oft mit leeren und seichten Worthülsen. Die bloße sowjetische Formel: „Erholt euch kulturvoll!" bewirkt nichts weiter als ein Klagen über die einmal niedergerissenen Teile des sozial-kulturellen Gesamtgefüges.

Der alte Haß gegen die Vorrechte der Oberschicht wurde auch im Lager geschürt, ohne daß es dabei zu Exzessen gekommen wäre. Es blieb bei den lautstarken Wiederholungen des gleichen Liedes von Haß und Hohn, das ich schon in Stablack gehört hatte: „Denn wir tragen unsere Leiden mit Geduld, an der ganzen Scheiße sind wir selber schuld!". Es stammte vermutlich aus dem Repertoire einer schnell herbeigeschafften deutschen Kabarettgruppe. Die Sowjetpropaganda brauchte ein präzise anvisiertes Ziel. Vorläufig durften wir nur das Buch des Dean of Canterbury lesen, der seine Argumente für das Lob auf die Sowjetunion auf nichts weiter stützte als auf einen einmaligen Besuch dieses Landes. Uns zeigte sich aber ein anderes Gesicht dieser Gesellschaft.

Erwähnenswert in diesem Zusammenhang ist die Rede des ehemaligen deutschen Emigranten Wagner. Er trat in sowjetischer Uniform auf; ich glaube, es war am 9. Mai. An diesem Tage mußten alle Offiziere vor der Reithalle antreten, um seine Rede anzuhören. Er sprach recht leise und mit leidenschaftslosem Ton. Es ging um unsere Zukunft in den sowjetischen Lagern. Seine Rede, die eine Auflistung war von vielen Annehmlichkeiten, die wir in der Gefangenschaft zu erwarten hätten, hinterließ Skepsis auf den meisten Gesichtern. Aber niemand sprach aus, was er dachte. Die vielen Details reichten an Beschreibungen deutscher Hotelreklamen heran. War das sein Redeziel gewesen? Er war damit einer Diskussion mit den deutschen Offizieren ausgewichen. Im Grunde hatte er das gleiche Muster befolgt, das auch den Kapitulationsverhandlungen zugrunde lag: mit Versprechungen zunächst einmal beruhigen. Es war auch später immer wieder ein wesentliches Prinzip, zunächst einmal positiv Hoffnung zu machen, um wie zum Beispiel in diesem konkreten Fall einer befürchteten Unruhe auf dem bevorstehenden Transport zu begegnen (Abb. 8).

Der Transport von Ostpreußen nach Rußland war nur deshalb so rasch möglich, weil die sowjetischen Baueinheiten die Umnagelung des deutschen Schienennetzes sofort und energisch vorangetrieben hatten: Der Gleisübergang auf die sowjetische Spurweite war bis zum Bahnhof Insterburg durchgeführt. Eine größere Zahl sowjetischer Güterwaggons war zur Aufnahme der deutschen Gefangenen vorbereitet worden. In diese großen Waggons konnte man jeweils 80 Mann einladen. Stroh war auf dem Boden ausgebreitet. Eine der großen Schiebetüren war nur bis auf einen kleinen Spalt permanent geöffnet. In diesem Spalt steckte eine aus zwei langen, groben Holzlatten gezimmerte Rutsche, die als Gleitschiene für die Entsorgung dienen sollte und bis tief hinunter reichte. Die Liegeplätze wurden beim ersten Einstieg zugewiesen und während der ganzen

Transportzeit nicht gewechselt. Die Plätze in der Nähe der Waggontür waren schnell sehr unbeliebt, denn dort roch es unerträglich. Ein durch den Gestank gequälter Mitgefangener am Türspalt suchte bald nach irgendeinem festen Gegenstand, um bei der Entsorgung nachhelfen zu können. Da aber im ganzen Waggon nichts zu finden war, opferte er schließlich von seinen bislang geretteten Hilfsgeräten einen Aluminiumlöffel und besorgte damit das Nachschieben. Den Löffel warf er in seiner Verärgerung hinterher.

Vor der Abfahrt waren wir mit Reiseproviant versorgt worden. Jeder Waggon erhielt eine entsprechende Menge von außerordentlich hart gerösteten, dicken Scheiben russischen Trockenbrotes und Trockenfisch zur weiteren Verteilung in Einzelportionen. Es gab nur wenige Halte auf offener Strecke zur allgemeinen Entsorgung: Die Wagentüren wurden geöffnet; die Gefangenen hockten sich neben den Bahndamm, während eine Kette von Posten in kleinem Abstand Wache hielt. Dann wurden die Gefangenen durchgezählt. Es kam auch manchmal vor, daß ein Lagerarzt an den Waggontüren sich nach dem Gesundheitszustand der Inhaftierten erkundigte. Vor der Weiterfahrt veranstalteten die Posten jedesmal ein langes und lautes Abklopfen aller Türen, Böden und Wände, um zu prüfen, ob noch alle Verschlüsse sicher genug waren (Abb. 9).

Gleich zu Beginn der Eisenbahnfahrt fing das Rätselraten um das Endziel der Reise an. Die unwahrscheinlichsten Hypothesen wurden debattiert und wieder verworfen. Nach der Lektüre jedes Ortsnamens an den Bahnstationen begann diese Diskussion wieder von neuem. Als wir uns Moskau näherten, vernahmen wir ohrenbetäubenden Lärm. Es hieß, die Rote Armee feiere mit Freudensalven das siegreiche Ende des Krieges. Diese Schießerei belastete die in den Waggons eng zusammengepferchten Männer zusätzlich. Zu der Sorge um die ungewisse Zukunft kam nun die Angst, die Waggons könnten getroffen werden. Gefangene, die durch diese körperlichen und seelischen Strapazen bis an die Grenze ihrer Belastbarkeit gelangt waren, verloren die Beherrschung. In dieser Situation wirkten diejenigen Kameraden, die sich durch Selbstbeherrschung und stoische Gelassenheit auszeichneten, wie beruhigende Pole. Zu ihnen gehörte vor allem der ehemalige Königsberger Oberbürgermeister Dr. Will.

Eines Morgens verbreitete sich die Nachricht, der Zug sei in der Nacht über eine auffallend lange Brücke gefahren. Das mußte vermutlich die

Wolgabrücke gewesen sein. Erneut wurde über unser Reiseziel spekuliert. Viele meinten, es müsse weit im Osten sein. Schließlich hielt der Zug in der Nähe von Kasan. Der Name der Tatarenrepublik kam ins Gespräch. Nun beobachteten wir, daß Vorbereitungen zum Entladen getroffen wurden. Dann wurden wir auch bald auf einen Wolgadampfer umgeladen. Ein ehemaliger Plenni erzählte mir kürzlich, daß der Dampfer den Namen „Felix Dserschinskij" trug, was man durchaus als Anspielung auf unsere Weiterbehandlung verstehen konnte. Neue Wachsoldaten mit den Farben zur Kennzeichnung des sowjetischen Innenministeriums NKWD waren zur Ablösung unserer alten Wachabteilung eingetroffen. Bei der Disziplinierung der Gefangenen sollten neue „Saiten" aufgezogen werden. Der Name am Bug unseres Schiffes war ein unübersehbarer Hinweis auf die berüchtigten Methoden des Geheimdienstes „Tscheka", der von Dserschinskij gegründet worden war, um den Terror der ersten Revolutionswirren durch einen noch schärferen Gegenterror zu unterdrücken.

An Bord suchte sich jeder einen Liegeplatz auf den eisernen Planken. Die Fahrt begann. Es war anzunehmen, daß das Ziel ein besonderer, der politischen Verwaltung und Überwachung unterstellter Ort sein würde. Was das zu bedeuten hatte, konnte sich noch niemand richtig vorstellen. Bei dieser ersten Wolgafahrt unseres Lebens hätte man sich der Aussicht auf das vorübergleitende Steilufer der Wolga hingeben mögen. Das Interesse für diesen Anblick, der sich wohl nur selten Gefangenen bietet, war aber gering. Ein jeder war transportmüde und versuchte zu schlafen. Bald darauf veränderte sich auch das Bild. Die „Felix Dserschinskij" bog von der Wolga ab nach Osten in einen Nebenfluß, in die Kama hinein. Die Nacht war lang, kalt und sehr ungemütlich. Am nächsten Morgen ging strahlend die Sonne auf, wie zum Fest, um noch nachträglich den nur kurz vorher stattgefundenen Eisgang der Kama zu feiern. Der Fluß strömte ruhig in Richtung Wolga. Noch ruhiger und gleichmäßiger waren die Maschinengeräusche, und auch die von den NKWD-Posten bewachten Gefangenen blieben still. Das Interesse an dieser Flußlandschaft unter dem freundlichen Tatarenhimmel nahm zu.

Die Neugier, endlich zu erfahren, wohin man uns transportierte, verstärkte sich, und es wurde wieder debattiert. Irgendwann war auch schon der Name Jelabuga gefallen. Aber niemand wußte Genaueres von diesem Ziel; und wer etwas wußte, zog es vor zu schweigen. Das erste Zeichen einer Zivilisation mitten in der Steppe war plötzlich oben auf der Hügellinie des

Nordufers zu sehen: ein gedrungener, tief geduckter, alter Befestigungsturm mit spitzem Kegeldach, hell beleuchtet von der strahlenden Mittagssonne. Die „Felix Dserschinskij“ verlangsamte ihre Fahrt. Im weiteren Verlauf des Ufers erkannte man die Silhouette einer Stadt: Drei größere Kirchen lagen aneinandergereiht auf der Höhe; sie markierten in leuchtendem Weiß den Beginn der Stadt Jelabuga. Ihre Türme waren von Kreuzen gekrönt. Von den Dächern leuchteten hellgrüne Farbtupfer herüber. Die Ankunft stand unmittelbar bevor. Die Gefangenen wurden wieder lebhaft. Ungeduldig stellten sie sich in Kolonne auf, um möglichst bald an Land gehen zu können.

Da vernahmen wir auch schon die uns inzwischen längst bekannten Laute, die scharfen Kommandos der Posten, untermalt und übertönt von den Militärflüchen, deren lautmalerische Prägnanz man bei dem Versuch einer wörtlichen Übersetzung ins Deutsche nicht wiedergeben kann. Wir hatten uns schnell an sie gewöhnen müssen, und wie es die Macht der Gewohnheit mit sich bringt, benutzten wir bald selbst diese Flüche und erlebten ihre erlösende Wirkung, um Enttäuschungen und Verärgerungen auszudrücken. Es gab etliche unter uns, die begonnen hatten, Russisch zu lernen. Zunächst war den Sowjets ein derartiges Bestreben durchaus unerwünscht und sogar verdächtig. Erst in den späteren Jahren unternahmen sie einige Anstrengungen, aus den Reihen der Gefangenen wenigstens eine gewisse Anzahl für die russische Sprache und Kultur zu interessieren. Den damit erreichbaren Nutzen haben die sowjetischen Instanzen zu spät erkannt.

Im Klosterlager Jelabuga (B-Lager)

Von unserem Marsch in einer langen, müden Kolonne, hügelan durch die Straßen Jelabugas sind mir nur wenige Einzelheiten in Erinnerung geblieben, obwohl die Ortschaft unseres zukünftigen Verbleibens uns hätte neugierig machen müssen. Vereinzelte Einwohner standen am Straßenrand, um den traurigen Rest der „Fritzen“ anzusehen. Niedrige weiße Häuser rechts und links, viele mit roten Spruchbändern versehen, die wir kaum zur Kenntnis nahmen, da wir ja doch nichts von den Aufschriften verstanden. Wir trotteten langsam weiter zum Lager hin. Zu beiden Seiten des Lagertores erhoben sich über die Umfassungsmauer zwei Türmchen von besonderer Architektur. Hier gab es keine Überschrift über dem Tor, wie sie in deutschen Konzentrationslagern die Gefangenen beim Eintritt verhöhnten.

Nach kurzer Rast auf dem Lagerhof wurden wir schnell in abgezählten Gruppen in die Unterkunftsräume eingewiesen. So gelangte ich in die Stube 38 im 1. Stock des Blockes III, der gleich rechts neben dem Lagereingang lag. Auf Grund unserer Ruhrbeschwerden während der ersten Wochen der Gefangenschaft landete ich mit einigen Leidensgenossen in einer Invalidenstube. Das entschied auch über die erste Art unserer Verwendung bei den anfallenden Diensten zur Bewältigung des Lagerbetriebes: Flure schrubben, Läuferdienste und ähnliches.

Schon kurz nach unserer Ankunft in Jelabuga mußte ich erleben, wie schnell in der Not der Gefangenschaft bei vielen Kameraden die bisher gültigen Moralgesetze verlorengingen. So mancher dachte zunächst an sich selbst und seine eigenen Bedürfnisse, auch auf Kosten anderer.

Bald nach unserem Einzug in die Stube 38 wurden wir aufgefordert, in den Hof vor die Banja zu gehen. Dort sollten wir und unser Gepäck entlaust werden. Aus hygienischen Gründen war es unerläßlich, daß unsere Kopfhaare geschoren wurden. Auf dem Vorplatz mußten wir uns vollständig ausziehen und unsere Kleidung zusammengelegt in einem Stapel liegenlassen. Es hieß, sofort nach der Entlausung könnten wir sie wieder in Besitz nehmen und uns anziehen. Zu unserer Beruhigung wurde uns erklärt, die deutsche Lagerleitung habe eigens eine Gruppe von Obristen – das waren alte Jelabuga-Gefangene aus Stalingrad – dazu bestimmt, das Gepäck zu bewachen und Diebstähle zu verhindern. Beim Entkleiden richtete ich meinen prüfenden Blick auf den mir am nächsten stehenden Obristen, und ich erinnere mich noch genau an das sehr auffällige Profil seines Nackens, der eine tiefliegende Narbe aufwies. Mit wenig guten Gefühlen überließen wir schließlich unser Gepäck den Wächtern. Während wir badeten, verschwanden unsere Kleider, auf Drahtbügel gehängt, im Entlausungsofen.

Es dauerte längere Zeit, bis wir wieder ins Freie kamen. Da ertönten auch schon von allen Seiten laute Rufe der Empörung: Viele Sporthemden fehlten, und bei allen waren die Tabakvorräte restlos geplündert worden. Unsere Wut war erheblich und doch durch eine gewisse Ängstlichkeit gebremst. Der Verlust der gesamten Tabakvorräte wurde am schmerzlichsten empfunden. Es kam niemals zu einer Untersuchung dieser empörenden

Diebstähle. Man muß wohl annehmen, daß zu viele Instanzen an der Unterdrückung dieser Vorkommnisse interessiert waren, so daß die Lagerleitung davor die Augen verschloß. Wer die Diebe waren, ist niemals aufgeklärt worden. Zurückgeblieben ist bei allen derart Betrogenen das Gefühl, ohnmächtig diese Praktiken im Gefangenenlager hinnehmen zu müssen. Umso dankbarer war man für die wenigen sich bewährenden Freundschaftsverhältnisse, in denen weiterhin Hilfsbereitschaft und Nächstenliebe ihren Wert behielten. Sie wurden zu einer lebensrettenden Kraft.

Während unserer Freizeit versuchten viele von uns, ein Basisvokabular der russischen Sprache zu erlernen. Das erste Wort lehrte mich mein Kamerad Arno Gotthart, der vermutlich kein besonders guter Russischlehrer war. „Bitte" heißt auf Russisch „poshalista". Arno brachte mir „poshauste" bei. Damit war nicht viel Staat zu machen, wie ich bald merkte. Zu Beginn unserer Gefangenschaft war es verboten, irgendwelche Bücher in russischer Sprache zu besitzen. Es gab keinerlei Texte zu lesen. Ich sehe noch vor mir, wie ich in Selenodolsk beim Fegen der Straße ein kleines russisches Schulmädchen um eine Seite aus ihrer Lesefibel bat. Als sie mich verstanden hatte, riß sie eine Seite für mich heraus. Im Lager mußte ich diese dann verbergen.

Sehr viel wertvoller zum Lernen war natürlich die komplette Seite einer russischen Zeitung, deren Inhalt uns aber gleichgültig war. Wir wollten nur Vokabeln lernen, den Satzbau erkennen, üben und Fragen stellen. Aus Mangel an solchem schriftlichen Lernmaterial blieben wir meist beschränkt auf das Erlernen der gesprochenen Sätze, und das waren zuallererst die russischen Flüche. Am besten aber führten uns in die Sprache russische Gedichte ein, die wir von wenigen, auf diesem Gebiet vorgebildeten Gefangenen gesprochen hören und auswendig lernen konnten. Der Drang, sich aus dem Sumpf des primitiven Alltags im Lager herauszuziehen, war allerseits zu spüren.

Und wenn es nicht die russische Sprache sein durfte, dann eben eine andere, am liebsten die englische. Das war natürlich ein verabscheuungswürdiges Verbrechen in den Augen des NKWD, das aber trotzdem gewagt wurde. Irgendwie hatte ich erfahren, daß sich in der Schreibstube des deutschen Lagerkommandanten ein allerkleinster Zirkel mit dem früheren Englischlehrer Hölzel zur Lektüre und anschließenden Diskussion eines englischen Kriminalromans zusammenfand. Es war für mich eine außerordentliche Gunst, daß ich einige Seiten dieses Romans lesen durfte. Ich erinnere mich an eines der Schlüsselwörter im „plot“: „the birchbroom“ (Reisigbesen); es muß eine gewisse Rolle für die Handlung gespielt haben. Das Wort war neu für mich. Über 50 Jahre habe ich es als ungenutzten Ballast im Kopf behalten.

Für meine gewagten literarischen Abenteuer hatte ich in der Tat einen Zauberschlüssel, der mir Zugang zu seltenen, gewöhnlich streng verborgen gehaltenen literarischen Schätzen verschaffte, vergleichbar der Zauberformel, die Ali Baba die Schatzhöhle der 40 Räuber aufschloß. In Königsberg hatte es der oberflächlich filzende Sowjetsoldat vergessen, meinen Nähbeutel zu untersuchen. So war ihm entgangen, daß dort mehrere Exemplare der „Münchner Lesebogen“ eingepackt waren. Diese Hefte hatten eine kleinere Seitengröße, so daß sie zum Verschicken an die Frontsoldaten in einen einfachen Feldpostbrief eingelegt werden konnten. Nach der ersten Filzung hatte ich begriffen, daß ich diesen literarischen Schatz besser hüten mußte. Die Lesebogen hatten keinen schonenden, festen Einband; jeder neue Transport drohte sie zu zerknicken. Unter den Kameraden fand ich bald einen Buchbinder, der mir für eine gute Portion Tabak einen soliden Einband herstellte aus Materialien, die im Gefangenenlager aufgetrieben werden konnten. Die Lesebogen waren kurze, deutsche literarische Texte. Ich erinnere mich zum Beispiel an den Titel: „Nachtgedanken“ von Novalis. Der so entstandene kleine Sammelband war im Lager ein seltener Schatz, der in der Folgezeit das Interesse manches Buchbesitzers weckte, mit dem ich die Lektüre austauschen konnte.

Der Besitzer eines solchen „erratischen Diamanten“ war der Rechtsanwalt Dr. Lockau aus Königsberg. Auf dem Wege in das erste Aufnahmelager hatte er eine schlimme Filzungsprozedur überstehen müssen. In einem Augenblick, als er sich unbewacht vor einer reich bestückten Bücherwand sah, revanchierte er sich. Da man ihm alles gestohlen hatte, nahm er sich, kurz entschlossen, nun seinerseits einen der Bibliotheksbände, ohne prüfen zu können, was für ein Buch es war. In der Meinung, es müsse aus der philosophischen Ecke stammen, riß er schnell die Buchdeckel ab und verbarg die biegsamen Seiten unter seinem Hemd. Er hatte Glück: Es war ein Schopenhauer-Band. Er konnte dieses Fragment in den folgenden Lagermonaten durchbringen und darin lesen.

Ein anderer Schatz dieser Art war bei dem Romanisten Dr. Wieder verborgen. Dieser war ein Stalingrad-Gefangener, der recht bald als Antifaschist in den „Bund deutscher Offiziere“ (BdO) eingetreten und hier aktiv tätig war. Im B-Lager Jelabuga war er eines der Mitglieder der BdO-Delegation, die den Auftrag hatte, die neuankommenden Gefangenen aus Königsberg über die Ziele der Antifa zu belehren. Man hatte mich vor seiner Bekanntschaft gewarnt. Trotzdem vertraute ich auf seine Zuverlässigkeit und Ehrlichkeit. Ich sprach mit ihm. Er ging sofort auf mein Angebot zu einer gegenseitigen Buchausleihe ein. Er besaß seit längerem einen „Ploetz, Manuel de la littérature française“, eine Ausgabe vom Ende des 19. Jahrhunderts. Das Buch hatte er auf irgendeinem der russischen Schwarzmärkte erstehen können, weil er, dank seiner Antifa-Mitgliedschaft, das Lager zeitweilig verlassen durfte. In diesem Buch mit über 800 Seiten hatte er schon lange und ausführlich studieren können, so daß ihm ein Wechsel zu einer deutschen Lektüre wünschenswert erscheinen mußte. Seinen Ploetz hatte er aus dem Einband gelöst und verlieh nun heftweise die entnommenen Seiten, Zug um Zug. Ich bin mit der Lektüre nicht annähernd bis an die letzten Seiten gelangt, denn wir sind in der Zwischenzeit voneinander getrennt worden. Aber diese Fragmente aus der französischen Literatur habe ich mit großem Eifer und wachsender Begeisterung gelesen und den Ploetz in guter Erinnerung bewahrt. Als ich Jahre nach meiner Heimkehr ein Exemplar bei einem Antiquar stehen sah, habe ich mir dieses Werk sofort gekauft und ihm einen bevorzugten Platz unter meinen Büchern gegeben. Meine spätere Berufswahl verdankt diesem Buch einige Impulse.

Bald nach ihrem Eintreffen in Jelabuga wurden die Königsberger Gefangenen der Politpropaganda des NKWD ausgesetzt, die gleichzeitig ihrer Disziplinierung diente. Die räumlich deutlich getrennten beiden Lager von Jelabuga, das Kamalager (A-Lager) für die Altgefangenen, größtenteils Stalingrader, und das Klosterlager (B-Lager) für die Königsberger, erlaubten, die beiden Kontingente von Gefangenen streng voneinander getrennt unterzubringen. Die Erwartung war vermutlich, daß die marxistische Politpropaganda mehr Erfolg bei den Neuankömmlingen haben würde, wenn sie nicht durch die „faschistischen Restelemente“ der Altgefangenen gestört würde. Diese Rechnung ging aber in der Praxis nicht wie gewünscht auf. Die strenge Trennung der Gruppen wurde allmählich immer mehr durchlöchert: Es gab ungeplante Zusammentreffen an manchen Stellen beiderseits der trennenden Klostermauern oder des Stacheldrahtes, etwa bei Arztbesuchen oder Lazarettaufenthalten, bei Versorgungsfahrten von den zwei Lagern aus zum gemeinsamen Zentralmagazin für die Küchen.

Wie sah eine Indoktrinierung aus unter den neuen, scheinbar idealen Bedingungen der Abwesenheit „feindlicher“ Störeffekte dank einer gesicherten, hermetischen Absperrung? Die antifaschistische deutsche Lagerleitung hatte im Zuge der Belegung der „Stuben“ des Klosterlagers zu jeder planmäßigen Auffüllung einer Stube gleich zwei geschulte Antifa-Propagandisten aus den Reihen der „Alten“ hinzugemischt, also Inhaftierte mit marxistischer Vorbildung. Diese schliefen mitten unter uns auf den gleichen nackten und harten Holzpritschen, bekamen das gleiche Essen und waren nur durch das kleine schwarz-weiß-rote Bändchen, von einem ehemaligen Ordensband abgetrennt, als Antifaschisten zu erkennen. In unserer Stube waren das Hauptmann Müller-Mühlau und Hauptmann Engel. Müller-Mühlau war ein lang aufgeschossener Sachse. Er hatte ein lautes Organ und ließ hemmungslos seinen sächsischen Dialekt ertönen. Engel lief mit traurigem Hundeblick herum. Seine Stimme war tief und so abgedämpft, als ob er zu verstehen geben wollte, er hätte am liebsten gar nicht geredet und man solle ihn doch bitte nicht mit den anderen seiner Spezies in einen Topf werfen.

Sie konnten sich dank der gemeinsamen Stube schon bald ein erstes Bild von den Gefangenen machen. Ihre Aufgaben erfüllten sie pflichtgemäß, indem sie abwechselnd immer einen der Stubenkameraden ansprachen: „Könnten Sie heute nachmittag zu einem kleinen Spaziergang und informellen Gespräch mit mir nach unten in den Hof kommen?“ Dabei waren sie immer vorsichtig und höflich. Ihre Bitte wurde ihnen auch stets gewährt. Für den Beginn ihrer Bekehrungskampagne suchten sie sich zunächst die Gefangenen aus, deren geringes Konversationsgeschick kaum abweisende Gegenargumente erwarten ließ. Ihre kleine Diskussion beendeten sie gewöhnlich mit Suggestivfragen wie: „Glauben Sie nicht auch, daß wir Antifaschisten einen wichtigen Kampf durchzuführen haben? Finden Sie nicht, daß wir noch mehr in dieser Richtung tun müssen? Sollten nicht alle antifaschistischen Kräfte ... usw... usw...?“ In der Regel war ein solches rhetorisches Duell schon im voraus entschieden; und nicht selten sah man den Erfolg der beiden Antifa-Werber an einem der nächsten Tage dadurch bestätigt, daß ein frisch bekehrter Antifaschist auf seine Uniform das schwarz-weiß-rote Bändchen nähte. Nach kurzer Zeit wußten wir aber auch, daß diese braven Propagandisten ganz allein zu einer späteren Stunde im Eßraum antreten durften, um ihren Essensnachschlag zu empfangen. Ich glaube nicht, daß irgendeine Antifa-Organisation eine Statistik über ihre Werbeerfolge bei der Bekehrung veröffentlicht hat. Ich zweifle sogar daran, denn die so geworbenen Antifaschisten waren bald seltener geworden. Mit etlichen von ihnen habe ich einige Zeit in guter Kameradschaft gelebt und gearbeitet.

Den Sowjets war vermutlich nicht sonderlich viel daran gelegen, den Altgefangenen die neue Quelle von Nachrichten aus der Heimat zu kappen. Ihr Interesse hatte stets ein gleichbleibendes Ziel: möglichst alle feindlichen Kräfte zu entdecken, sowohl diejenigen, die in der Vergangenheit wirksam gewesen waren, als auch die gegenwärtigen. Nach dem Ende dieses furchtbaren Krieges sollten sie nun angeklagt und bestraft werden. Dieses oberste Ziel stand hinter allen Disziplinierungsmaßnahmen. Stalin wollte eine Generalabrechnung. Eine möglichst große Zahl Offiziere wollte er zu Kriegsverbrechern erklären und hinrichten lassen. Die westlichen Verbündeten erlaubten es ihm nicht.

„Nu ladno." „Es geht auch anders.", dürfte seine Reaktion gewesen sein. Er wählte den langsameren Weg über das Etablieren möglichst vieler individueller Schuldkonten und ließ nun alle Verbrechen der Deutschen manifest machen. Die Aufgabe des NKWD war jetzt, alle Protokolle zu überprüfen, Angaben zu Kriegshandlungen auszuwerten durch Vergleiche mit anderen Aussagen. Danach konnte man übergehen zu einer Anklage und Bestrafung. Die Abfassung persönlich geschriebener Lebensläufe für das NKWD und nach gewissen Zeitabständen die Anfertigung einer zweiten und sogar dritten Fassung des Lebenslaufes, das anschließende Auffinden von Widersprüchen waren wichtige Elemente der Vernehmungspraxis. Diese Art von verkappter Schnüffelei in den Lebensberichten der Plennis brachte aber nur dann Erfolg, wenn die ersten Fassungen mit einer gutwilligen Ehrlichkeit abgefaßt worden waren. Dabei spielte die Naivität der Neugefangenen in großem Maße mit. Manche neigten zum Auspacken, von ihrer persönlichen Eitelkeit angestachelt und irgendwie bestätigt. Die Altgefangenen durchschauten den Zweck dieser Verhöre und der selbst geschriebenen Lebensläufe. Sie versuchten, ihre guten Freunde hinter vorgehaltener Hand zu warnen: „Schreibe deinen Lebenslauf so kurz wie möglich. Erinnere dich stets genau an alles, was du geschrieben hast!" Mit der Isolierungs- und Abschottungsmethode versuchten die Sowjets, solche Offenbarungen aus dem Erkenntnisschatz der „Alten" zu verhindern. Doch das permanente Verlangen aller Gefangenen nach Gedankenaustausch mit Kameraden wirkte wie eine Naturkraft und überwand alle verordneten Sperren.

Auf einem meiner ersten Rundgänge in der neuen Umgebung mit dem Ziel, das Klosterlager ein wenig zu erkunden, kam ich an der Banja vorbei, wo wir trotz der Aufsicht von Obristen während unserer ersten Entlausung ausgeplündert worden waren. Gleich neben der Banja an der Klostermauer lag eine Baracke, aus der auch abends und nachts ein permanenter Motorenlärm dröhnte. Es war die Elektrostanzia, die dem Lager elektrischen Strom lieferte. Zwei Lagerinsassen, die permanent dort hausten, hatten diesen Maschinenbetrieb zu betreuen. Es waren zwei Stalingrader Gefangene, Offiziere der Panzertruppe. Ihr begünstigter Status als Funktionshäftlinge war an ihren auffällig sauberen und gepflegten Uniformen zu erkennen. Sie waren ebenso neugierig wie ich, und wir kamen sofort ins Gespräch. Wir tauschten Informationen über unsere Herkunft aus und suchten nach gemeinsamen Bekannten bei der Truppe. Die Sprechweise des Jüngeren der beiden, eines Oberleutnants namens Twisselmann, verriet mir sofort seine Hamburger Herkunft. Als sich herausstellte, daß wir beide in Harburg aufgewachsen waren, wurde unser Gespräch immer persönlicher. „Kennst du die ... oder die ...?“ Das waren die begehrtesten Tänzerinnen unserer Tanzschule in der Haakestraße gewesen. Wir hatten dasselbe Gymnasium durchlaufen und stellten schließlich fest, daß Twisselmann ein Schüler meines Vaters gewesen war. Das Gespräch drohte ein längerer Gedankenaustausch zu werden, der hätte verdächtig erscheinen können. Deshalb zogen wir es vor, die Unterhaltung bei einer anderen Gelegenheit fortzusetzen. Jedoch kam es leider niemals dazu.

Ich habe während meiner Jahre in der Gefangenschaft in viele Lager Einblick bekommen. Einige Male habe ich alte Bekannte aus Jelabuga in ganz anderen Landstrichen der Sowjetunion wiedergetroffen. Das NKWD hatte ein Interesse daran, solche Erneuerungen alter Bekanntschaften zu unterbinden. Twisselmann habe ich nie wiedergesehen und auch nichts mehr von ihm gehört. Über sein plötzliches Verschwinden kann man nur Vermutungen anstellen, die eine ebenso unsicher wie die andere. Ich habe auch nie gehört, daß er nach Hause gekommen ist.

Die Haupt- und Staatsaktion eines jeden Tages war für den deutschen Lagerkommandanten, Major Wölfel, die Zählung der Gefangenen. Seine

Autorität erfuhr hier ihre öffentliche Bestätigung. Sein Auftreten war jedoch um einige Grade zu servil. Man spürte sofort, daß er von seinem Recht zu einem scharfen und klaren Kommandoton nicht mehr überzeugt war. Major Wölfel mit seinem Monokel, das er zu allen Tageszeiten trug, schien nicht zu begreifen, daß er selbst Zielscheibe für den Spott wurde. Erschwerend für ihn kam hinzu, daß der vormals so hoch veranschlagte Wert aller Dienstgradabzeichen in dieser neuen Umgebung tief gesunken war. Was sollte von dem Prestige übriggeblieben sein, wenn eine größere Gruppe von Obristen unfähig zur Bewachung von Kameradengut war?

Bei der Zählung mußten alle Lagerinsassen im Innenhof antreten. Vor jedem der Wohnblöcke II und III mußte man in militärischer Ordnung stehen, so daß im Vorübergehen leicht festgestellt werden konnte, ob alle Reihen vollständig angefüllt waren. Zu jedem Bataillon gehörten rund 800 Mann. Daneben gab es ebenfalls zu zählende Gruppen aus den anderen Unterkünften. Die beiden großen Blöcke standen rechtwinklig zu einander im Innenhof in Fünfer- und Zehner-Reihen. So konnte die Zahl leicht ermittelt werden. Die Zahlen wurden zuerst den Bataillonskommandeuren gemeldet. Der Lageradjutant Hauptmann Gunst addierte, gab sie dem Lagerkommandanten Wölfel, der sie dann dem sowjetischen Tagesoffizier weitermeldete. Dann kam erst die eigentliche, die russische Zählung zur Kontrolle. Das grundsätzliche Mißtrauen der Posten verzögerte die ganze Prozedur. Ihre Additionen fanden oft den Widerspruch der deutschen Kommandanten. Dann begann man wieder von neuem zu zählen. Es war jedesmal wie ein Wunder, wenn endlich die richtige Zahl ermittelt worden war. Der verantwortliche Tagesoffizier konnte dem Lageroffizier melden: „Wsjo charascho!“ „Alles in Ordnung!“ Die Zählprozedur war überstanden. Jeder konnte auf seine Pritsche zurückkehren (Abb. 15).

Das Rechnen in Fünfer- oder Zehner-Einheiten war bei der Zählung nur eine scheinbar problemlose Aufgabe. Die Rechnung wurde dadurch kompliziert und unübersichtlich, weil jeden Tag die außerhalb der Bataillonskolonnen arbeitenden Gefangenen bedacht und mitgerechnet werden mußten. Die Buchführung über diese Zahl lag in der Verantwortung der Kontrollstelle am Lagertor bei dem Tagesoffizier. Je mehr Gefangene außerhalb des Lagers waren, um so größer war die Gefahr eines Irrtums. Viele kleine Zählfehler konnten von anderer Seite kommen: Kranke im Lazarett, Kranke auf den Stuben, Ärzte beim Krankenbesuch, Männer, die permanent in den Funktionsbetrieben arbeiteten, sie alle mußten mitgezählt werden. Jede Zählung war eine äußerste Konzentration verlangende Beschäftigung. Sie konnte sich leicht über mehrere Stunden hinziehen, und in jedem Fall mußte einem Zählfehler nachgegangen werden, der immer eine Verlängerung der Prozedur nötig machte.

Bei unserer Ankunft in Jelabuga sah sich die Lagerverwaltung vor das Problem gestellt, die große Anzahl der Gefangenen aus Königsberg in das relativ kleine Areal des Klosterlagers hineinzustopfen. Zunächst ging sie wohl nach dem Prinzip vor: erst einmal alle unter Dach und Fach haben, dann wird man weiter sehen. Man versuchte es mit der äußersten Vollbelegung. Wir wurden auf zwei bis drei Etagen hohen Pritschen untergebracht. In der „Deutschlandhalle", von Plenni-Architekten erbaut, hausten 500 Gefangene. Sie schliefen hochgestapelt bis unter das Dach (Abb. 21).

In dieser Enge war die Hygiene die ärztliche Hauptsorge. Die Gefahr der Ansteckung durch Läuse und des von ihnen verbreiteten Fleckfiebers ist offenbar richtig erkannt und bekämpft worden. Aus Epidemien früherer Jahre unter den Stalingradgefangenen hatte man bittere Lehren gezogen. Aber auch anderes Ungeziefer mußte bekämpft werden, zum Beispiel die Wanzen. Gemäß ihrer Ordnungsprinzipien hatten die sowjetischen Lagerverwaltungen allen Offizierslagern kleine Kompanien von Mannschaftsdienstgraden beigegeben, welche niedere Dienste zu erledigen hatten. Der Kampf gegen das normale Ungezieferproblem jedoch blieb jedem einzelnen überlassen, ein widerliches, abstoßendes Geschäft.

In jedem Jahr mit dem Beginn der wärmeren Sommerzeit war die Wanzenplage so groß, daß etwas dagegen getan werden mußte. Sobald es dunkel geworden war, nahmen die Wanzen ihre Jagdwanderungen auf und suchten unter den Zimmerdecken nach einer Stelle, wo ein aufsteigender warmer Luftstrom einen Schläfer verriet. Mit erstaunlicher Sicherheit fanden sie den günstigsten Platz, um sich nach unten genau auf das Gesicht dieses Schläfers fallen zu lassen. Viele aufheulende Flüche verrieten, daß schon wieder ein solcher Sturzflug sein Ziel getroffen hatte. Besonders unangenehm war es, wenn eine Wanze in der Ohrmuschel oder gar im Gehörgang gelandet war. Es gab vielfach nur eine passive Abwehr gegen diese sehr schwer erträglichen Attacken. Man ließ das elektrische Licht brennen. Manch einer verharrte die ganze Nacht über in Hockstellung auf dem Tisch unter dem Lichtkegel. Er hatte dann zwar Ruhe vor den Wanzen, aber an Schlaf war nicht zu denken.

Schließlich nahmen unsere Stubengemeinschaften im Block III den Kampf gegen die Wanzen auf. Dafür räumte man die Stuben völlig aus und tauchte dann im Freien alle Holzteile in kochendes Wasser, um die Wanzen zu verbrühen. Das Unternehmen war sehr umständlich und äußerst widerlich. Die abgetöteten Wanzen rochen penetrant. Die anschließende Remontage der Holzteile in den Stuben war noch mühsamer als die vorangegangene Demontage. Diese aufwendige Jagd zahlte sich nicht zufriedenstellend aus. Inzwischen hatten schon einige an der Außenwand unseres Blockes einen schmalen Streifen von eilends wieder zurück in die vertrauten Zimmer wandernden Tierchen entdeckt. Man konnte also die Wanzenplage nicht erfolgreich bekämpfen und mußte sich letztlich damit abfinden.

Am östlichen Ende des Lagerareals, weit entfernt vom Lagereingang, lag die Latrine. Sie wurde „Onkel-Dohms-Hütte“ genannt, in Anlehnung an den Namen des Erbauers, den Gefangenen Dohm, und den Roman von Beecher-Stowe. Die Latrine war ein flaches, niedriges, mit Strohdach gedecktes Hallengebäude, erbaut aus Lehmwänden mit Fachwerkstrukturen. Die oberen Wandpartien waren durchbrochen von weiten, länglichen Öffnungen. Die Eingangstür blieb stets geöffnet. Das sogenannte „Laura-Kommando“ war für die Fahrten in das Gelände außerhalb des Lagers zur Entsorgung der Latrine verantwortlich (Abb. 14).

„Onkel-Dohms-Hütte“ befand sich neben dem Platz, auf dem die Inhaftierten zu ihrer morgendlichen Reinigung zusammenkamen. Das Waschen unter den etwa zehn auf hohen Ständern aufgestellten Blechwannen war eine mühselige Prozedur. Da war es günstig, frühzeitig zur Stelle zu sein, d. h. kurz vor dem allgemeinen Wecken um sechs Uhr, um noch Waschwasser abzubekommen. Das Wasser wurde schon am Abend vorher in die Blechwannen gefüllt. Man erhielt einen Strahl, indem man sich unter eine Wanne stellte und mit dem Handrücken einen der Zapfen im Wannenboden hochgedrückt hielt und dann schnell alle Körperpartien mit schlangengleichen Bewegungen darunter hin und her drehte. Manch ein Gesundheitsbeflissener setzte die Akrobatik nach dem „Duschbad“ noch weiter fort und schloß sein persönliches Frühsportprogramm an. Dabei tauschte man die letzten Neuigkeiten aus.

Ein Gang zur Latrine war jedesmal ein Alptraum. In der Hütte befand sich eine lange Grube, über die sich die Gefangenen hocken mußten. Der Architekt hatte zwar rechts und links von jedem Hockplatz einen Haltegriff anbringen lassen. Ein längeres Verweilen in Hockstellung war trotzdem äußerst beschwerlich. Besonders die geschwächten und kranken Gefangenen hatten dabei große Probleme. Da kam es vor, daß einer trotz verzweifelter Anstrengungen in die eklige Grube fiel. Man kann sich vorstellen, welche Mühe die anschließende Reinigung von Körper und Kleidung ohne Seife und bei permanentem Wassermangel bereitete. Solche Unfälle blieben indes die Ausnahme.

Es war weniger die Angst vor einem solchen Mißgeschick, es waren vielmehr die Schwierigkeiten der Säuberung nach jedem Latrinengang, mit denen man täglich von neuem konfrontiert war. Diese Prozedur forderte von allen Plennis ein hohes Maß an Überwindung von Ekel und Abscheu. Viele mehr oder weniger leise Flüche haben diese Notlage begleitet. Aber was half es? In der ganzen Sowjetunion gab es nirgendwo einen Fetzen von verwendbarem Altpapier, nicht einmal in den Büros der NKWD-Funktionäre. Wir schüttelten immer wieder nur den Kopf über diesen Zustand; und viele gehässige Kommentare schlossen sich an. Wir fragten uns oft, warum die deutsche Lagerleitung nicht eine offene und ehrliche Information veranstaltete, um allen neu eintreffenden Männern gleich am Anfang das richtige und zweckmäßige Verhalten beim Latrinengang zu empfehlen. Es geschah überhaupt nichts, um mit diesem Notstand vertraut zu machen. Man verließ sich darauf, daß die Gefangenen sich auf irgendeine Weise selbst helfen würden. Die Altgefangenen hatten ihrerseits schon eine Lösung erprobt, und wir mußten uns letztlich auch dazu bereit finden: Man benutzte Holzstäbchen, die täglich zu Hunderten anfielen. Diese waren 5-6 Zentimeter lang; mit ihnen steckte man beim Brotauswiegen das noch fehlende Brotstückchen an jeder Portion fest, um so das vorgeschriebene tägliche Normgewicht zu erreichen. Diese kleinen Stäbchen verwendete man dann als Kratzer über dem Latrinenloch. Bald bekam man die nötige Übung. Ein anderes Hilfsmittel zur Reinigung waren die herausgezogenen Strohhalme aus dem Dach der Hütte. Die Lagerleitung vermied jede Erörterung dieses hygienischen Problems. Offenbar wollte sie gar keine Diskussion über unterschiedliche Gepflogenheiten und Sitten aufkommen lassen. Der Mißbrauch durch die Nazi-Ideologie hatte diesem Thema einen gefährlichen Mißklang in sowjetischen Ohren verliehen. Am besten schwieg man also darüber.

Mit der voranschreitenden Zeit sah die politische Führung der Sowjetunion eines ihrer Ziele in greifbare Nähe rücken: Die Beseitigung der Kriegsschäden durch den Einsatz der großen Zahl Kriegsgefangener in den Lagern. Das juristische Problem blieb außer Betracht, so wie es während des Krieges selbst schon aus dem Blickfeld der kriegsführenden Mächte verschwunden war. Nur die wenigsten der deutschen Gefangenen waren juristisch informiert. Sie waren sachlich kaum imstande, über derlei zu diskutieren. Alle waren sich ihrer Ohnmacht bewußt. Das bedeutete: alle mußten gehorchen. Schwierigkeiten aus internationalen Abkommen ließen sich umgehen, indem man die Gefangenen selbst abstimmen ließ. Ein solcher Schwenk hin zu demokratischen Regeln war willkommen. Das Risiko bei solcher Abstimmung mußte von den NKWD-Instanzen erwogen und getragen werden.

Nach vermutlich reiflichen Überlegungen ging man im Juni 1945 ans Werk und kündigte ein großes Meeting im Klosterlager Jelabuga an. Hier befand sich ein Großteil der noch vor dem Kriegsende in Gefangenenschaft geratenen Deutschen. Unter ihnen waren viele, die marxistische, antifaschistische Schulungen besucht und die sozialistischen Positionen der Sowjetunion übernommen hatten. Sie waren zuverlässige Mitstreiter bei den zu erwartenden Diskussionen. Das geplante Treffen sollte auf dem abgeschlossenen Gelände des Klosterlagers stattfinden und hatte zum Ziel, die Gefangenen für eine Arbeitsresolution stimmen zu lassen. Die NKWD-Instanzen hatten genügend Erfahrung, um ein solches Massenmeeting zu wagen. Die Forderung von Wiedergutmachungsleistungen war für alle Soldaten genügend einsichtig und begreifbar. Die Frage nach der Schuld an der Entfesselung dieses schrecklichen Krieges war schnell und eindeutig beantwortet. Der Diskussion über die Schuldfrage lagen schriftliche Aussagen deutscher Heerführer und verantwortlicher Kommandeure zugrunde. Damit sollten die Bedenken der einfachen Soldaten zerstreut werden. Diese Dokumente wiesen alle eines nach: Hitler hatte an allem schuld. Das wurde auch in weiteren Bekenntnissen aus der Feder von Verfassern mit illustren Namen wie zum Beispiel Bernt von Kügelgen deutlich. Viele Inhaftierte schlossen sich deren Urteil an.

Die für die Organisation eines Massenmeetings zuständigen NKWD-Instanzen mußten mit den noch fest verankerten deutschen Vorurteilen Sowjetrußland gegenüber rechnen. In jedem Lager fanden die Plennis diese Vorurteile bestätigt. Das einzige Ziel war für alle: „Nichts wie raus hier!“ Auf Krankheit und Entkräftung folgte ein Leben voller Hoffnungslosigkeit, Not und Hunger, ein Leben in permanent höchsten Gefahren, in der Zone des Psychoterrors des NKWD, wo man schnell zum Wolf unter Wölfen absinken konnte, ein Leben, das man aus tiefstem Herzen verabscheute. Die Gefangenen, die sich in einer derartigen Verfassung befanden, sollten nun dazu bewegt werden, ihre Zustimmung zu Wiedergutmachungsleistungen zu geben.

Hinter vorgehaltener Hand waren bedenklich warnende Stimmen zu hören, die diese Form der Verpflichtung zu einer Wiedergutmachung ohne Angabe einer zeitlichen Begrenzung für gefährlich ansahen: Die Gefangenen wären damit zu einer Aufgabe verpflichtet worden, an deren Ende sie niemals gelangen würden. In der Tat haben wir im Verlauf der Jahre manchen Mißbrauch unter dem Titel „Wiedergutmachung“ akzeptieren müssen, wie zum Beispiel das Arbeiten in einer Munitionsfabrik für Granaten-Kartuschen, die von Deutschen gefertigt wurden. Die Festlegung einer permanenten Arbeit der deutschen Kriegsgefangenen zur Wiedergutmachung ist in der internationalen Presse kritisiert worden. Diese Kritik ist auf irgendeine Weise bis zu den Gefangenen gelangt, die darin eine Warnung erblickten. Das sowjetische Verfahren bei der Verurteilung von vielen Tausenden deutscher Gefangener zu 25 Jahren Zwangsarbeit dürfte in der Tat ein solches Ziel für die dauerhafte Verwendung der Kriegsgefangenen gehabt haben. Aus politischen Gründen ist diese 25jährige Strafe später dank des Einsatzes von Adenauer 1955 in Moskau korrigiert worden.

Am Ende des sehr lange währenden Meetings stimmten schließlich alle einer zuvor schon formulierten Resolution zu, in der sie in Form einer Petition an die sowjetische Regierung darum baten, sie schon während der Gefangenschaft zur Wiedergutmachung heranzuziehen. Auf die Frage nach Gegenstimmen wagte niemand sich zu melden. Also war die Arbeitsresolution des Lagers Jelabuga zu 100% angenommen worden. Damit war das Meeting ganz im Sinne des NKWD verlaufen (Abb. 18).

Nach der Lagerabstimmung für die Wiedergutmachungsresolution begann die Zeit der intensiven Holztransporte. Vorher hatten die im B-Lager untergebrachten ehemaligen Offiziere die Arbeit verweigert und nur für die Lagerversorgung eine Ausnahme akzeptiert. So hatte zum Beispiel das Pumpkommando mit acht Gefangenen in dem kleinen Pumphäuschen nahe dem Lagertor in zwei Schichten pro Tag gearbeitet und die Wasserbehälter in den Unterkünften und Wirtschaftsbetrieben vollgepumpt.

Nun kam auf alle Lagerinsassen die Hauptaufgabe zu, Holzstämme zur Energieversorgung der Stadt Jelabuga heranzukarren. Durch ein schon seit Jahren bestehendes unkluges Abholzungsverfahren war diese Arbeit immer schwieriger geworden. Die Kahlfläche um die Stadt herum wurde immer größer. Dadurch wurde der Weg bis hin zur Stelle des Holzeinschlages immer länger. Die Männer empfanden die schwere Transportarbeit als eine Erniedrigung, da sie das Holz wie Zugtiere selbst ziehen mußten. Der Gedanke an die romantische Verklärung des Treidelns der Wolgaschiffer, die wir in den Liedern der Wolga- und Donkosaken kennengelernt hatten, verblaßte zusehends. Vor uns sahen wir nur noch die Kameraden, die völlig erschöpft vom Holztransport ins Lager zurückkehrten (Abb. 21).
Um sich über den Gesundheitszustand und die Arbeitsfähigkeit der Plennis ein genaues Bild zu machen, hatten die Gefangenenlager ein anerkennenswertes System von ärztlichen Gesundheitskontrollen, die „Kommissionierungen". In regelmäßigen, längeren zeitlichen Abständen mußten alle Gefangenen nackt vor einer Ärztekommission vorbeischreiten und sich begutachten lassen, um dann einer entsprechenden Arbeitsstufe zugeteilt zu werden. Es gab vier Gesundheitskategorien:

1. OK, „otdych-kompania", die „Ruhe-Kompagnie". Die Plennis dieser Gruppe wurden im Lager mit leichten Handarbeiten beschäftigt.
2. Dystrophiker, Abgemagerte.
   Sie wurden ebenfalls zu Arbeiten innerhalb des Lagers eingesetzt.
3. Arbeitsstufe II bedeutete 6 Stunden leichter Arbeit außerhalb des Lagers.
4. Arbeitsstufe I hieß 8 Stunden schwerer Arbeit außerhalb des Lagers.

Unsere Scheu, nackt auch vor Ärztinnen oder Krankenschwestern zu erscheinen und uns von ihren prüfenden Fingerspitzen die Gesäßbacken abtasten zu lassen, verlor sich im Laufe dieser ersten „Kommissionierungen" recht schnell. Das war halt so. Wurde eine solche Kommissionierung nur von russischen Ärzten oder Ärztinnen durchgeführt, war das Urteil über den Gesundheitszustand gewöhnlich gut begründet. Bald erkannten wir, daß ein neues, für die Gefangenen oft verhängnisvolles Auswahlkriterium hinzukam, wenn ein deutscher Arzt bei der Untersuchung anwesend war. Dann wurde, statt auf die Gesundheit des Gefangenen und die Muskeln seiner Gesäßpartie zu schauen, in erster Linie seine ideologische Einstellung erwogen. Uns war sehr schnell klar geworden, daß zum Beispiel der deutsche Arzt Dr. Schuster diese traurige Arbeit nicht nach gesundheitlichen Gesichtspunkten, sondern allein im Sinne des NKWD ausführte: Ist XY kein Antifaschist, sondern ein „feindliches Element“, soll er aus dem Lager entfernt und in eines der berüchtigten Waldlager abgeschoben werden. Das bedeutete einen erheblichen Abwärtsschritt in Richtung Hunger und Elend. Wir sprachen vom Waldlager Kosyltau nur als dem „Vernichtungslager“.

Doch ich hatte bei der letzten Kommissionierung Glück gehabt und wurde nicht dem deutschen Arzt Dr. Schuster vorgestellt. Als Dystrophiker hatte ich eine Schonzeit und erhielt sogar noch die sogenannte „Höhenzulage“, d. h. die Zusatzsuppe für die „langen Kerle“, die größer waren als 1,90 m. Ich hatte sie mit einigem Unbehagen angenommen, denn es war eine Zusatzportion, die aus dem Suppentopf für die Allgemeinheit ausgegeben wurde und damit den anderen verlorenging. Diese Schonzeit wurde mir jedoch nicht lange gewährt. Ich wurde bald als „arbeitsfähig“ deklariert und mußte diesen Normalstatus akzeptieren. Mit meiner Zuweisung zur Brigade der Holzfahrer kam nun ein altes Problem in verschärfter Form auf mich zu: meine Fußbekleidung. Meine Wollstrümpfe, ein letzter Rest der mich an mein Elternhaus erinnernden Bequemlichkeit, waren ihrem Ende nahe, und ich mußte mich dazu durchringen, die russische Fußbekleidung mit Fußlappen zu übernehmen, denn die Teilnahme an den Holztransporten war mit langen Fußmärschen verbunden. Nach geduldigem Üben hatte auch ich schließlich die Technik begriffen, die Füße mit einem ungefähr 50 mal 30 cm großen Fußlappen zu umwickeln.

Das Ziel der Holzfahrten war der sogenannte „Potsdamer Platz“. Wie schön klang dieser Name des Holzeinschlagplatzes am Rande eines Waldabschnittes, der dem Lager zugewiesen worden war. Die Plennis hatten ihn selbst gewählt in Erinnerung an den so geliebten Berliner Zentralplatz. Ein Grund für diese heimatliche Namensgebung war vermutlich die Ähnlichkeit mit der russischen Benennung dieses Waldplatzes: „Possbjelowa“.
Auf dem „Potsdamer Platz“ war eine Dauerbrigade zum Holzfällen abgestellt, die in Zelten oder Erdbunkern untergebracht waren. Dort, etwa 15 bis 20 km vom Lager Jelabuga entfernt, führten sie ein relativ ungestörtes, ruhiges Leben. Vorsorglich fällten und zersägten sie eine genügende Anzahl von Bäumen, trennten die Äste ab, so daß diese Stämme zum sofortigen Abtransport durch die vormittags dort eintreffenden Transportwagen der Holzfahrerkommandos bereitlagen.

Die Holzfahrer, die sogenannten „Waldläufer“, hatten eine viel schwerere Arbeit zu leisten. Nach der Morgensuppe strömten die langen Kolonnen dieser Arbeitsbrigaden über den Appellplatz zwischen den Unterkunftsgebäuden in Richtung Holzplatz. Am Nordende des Lagers vor der Bäckerei stellten sie sich in Zugordnung paarweise an die Zugknüppel und warteten auf das Abmarschkommando. Die russischen Posten standen schon bereit. Die Marschkolonnen setzten sich mit der typischen Morgenmüdigkeit in Bewegung.

Der Brigadier mußte mit kleineren und größeren Vorkommnissen auf dem langen Marschweg rechnen und hatte dafür Vorsorge zu tragen. Der Wagen mußte beim Abmarsch vollkommen in Ordnung sein und wieder gut laufen, wenn er am Vortage beschädigt worden war. Dabei versagten viele Brigadiere. Sie waren gewöhnlich durch ihre frühere Funktion das Befehlen gewohnt, waren einerseits oft nur in Anbetracht dieser Erfahrung zum Brigadier bestellt worden. Andererseits aber hatten häufig ideologische Gründe wie Mitgliedschaft in der Antifa ihnen diese Brigadierstelle verschafft. Um ihre Aufgaben bewältigen zu können, mußten sie außer ihrer Fähigkeit zu kommandieren vor allem berufliche Qualifikationen haben, die nicht jeder in seiner Eigenschaft als Mitglied der Antifa mitbrachte. Eine gewisse Härte war nötig für das Anfeuern der Brigade, die hinter ihnen in der Wagenspur zog. Dazu waren nicht alle ehemaligen Offiziere gleichermaßen imstande. Ein guter Brigadier mußte bei der Holztour zuallererst ein guter Handwerker sein, dessen Fähigkeiten viele Male während des Transportweges gefordert wurden, wenn zum Beispiel die Räder im Schlamm steckenblieben. Seine ideologische Anpassungsfähigkeit war beim Auftreten solcher Probleme ohne Nutzen. Ohne sein richtiges Augenmaß konnte eine Holztour zu einer üblen Qual werden. Ein guter Brigadier mit einer ausgesuchten Brigade konnte die Tour rascher und erträglicher beenden. Er war dementsprechend gesucht und beliebt. Schon zu Beginn konnte man oft den zu erwartenden Verlauf solcher Holzfahrten voraussagen. So manches Mal hat nur ein schnelles und richtiges Eingreifen in einem Notfall die Arbeit wesentlich erleichtert und verkürzt.

Wenn der halbe Rückweg zum Lager geschafft war, wurde eine Ruhepause eingelegt. Die Plennis ruhten sich, lang ausgestreckt und mit geschlossenen Augen, im Grase aus. Die Pause dauerte so lange, bis der letzte Wagen der Kolonne aufgeschlossen hatte; dann ging es rücksichtslos weiter. Die russischen Posten liebten es nicht, wenn die Wagenkolonne in längere Teile zerfiel. Jetzt, während des letzten Wegabschnittes wurde ihr Bestreben deutlich spürbar, so schnell wie nur möglich zurück in die Ruhe ihrer Unterkünfte zu gelangen. Dagegen wuchs unter uns zunehmend nur die eine Sorge: Was kommt noch vor der Beendigung der Holztour auf uns zu? Müssen die Anstrengungen des Wagenziehens noch weiter fortgesetzt werden? Denn oft genug passierte es, daß eine weitere Wegstrecke ohne irgendwelche Erklärungen von den Begleitposten verlangt wurde. Dann durfte der letzte Teil der Kolonne nicht ins Lager abbiegen. Die Wagen mußten weiterfahren bis an das Ortsende von Jelabuga zu einer Fabrik, auf deren Hof das Holz abzuladen war. Danach war der Posten sichtlich guter Laune, wir aber fluchten ganz fürchterlich. Erst jetzt konnte man an die Abendsuppe denken (Abb. 27 ff.).

Im allgemeinen führten die russischen Begleitposten ihre Bewachungsaufgabe korrekt durch. Im Juli '45 kam es jedoch zu einem schweren Zwischenfall, der bei allen Entsetzen und Empörung hervorrief. Mein Freund, der ehemalige Hauptmann Rudolf Eppe, hat mir vor kurzem folgenden, von ihm verfaßten Augenzeugenbericht geschickt:
„Wir zogen bei sommerlichem Wetter über die weite Ebene von Jelabuga bis in den Wald und erlebten dort eine für Kriegsgefangene unglaublich freudige Überraschung. Der Waldboden war mit rot leuchtenden Walderdbeeren dicht übersät, wie ich es in deutschen Wäldern noch nie gesehen hatte. Es geschah das Unglaubliche: Der russische Konvoiführer erlaubte uns, die Erdbeeren zu pflücken und zu essen. Das ging eine ganze Weile gut, bis ich plötzlich einen der uns begleitenden Posten nur wenige Schritte von mir entfernt niederknien sah, der, ohne ein Wort zu sagen, einen oder zwei Schüsse auf einen Kameraden abfeuerte. Ich konnte den Kameraden nicht sehen. Er war aber offensichtlich getroffen, jedoch nicht tot. Die Russen reagierten nach bekanntem Muster: Wir wurden zusammengerufen und mußten uns auf den Boden setzen. Der deutsche Kommandoführer, dessen Namen ich nicht mehr weiß, versuchte, zu dem Verwundeten zu gelangen, wurde aber von den Russen zurückgerufen. Er hatte ....noch feststellen können, daß der Betroffene, der ehemalige Leutnant Führer, am Oberschenkel verletzt war. Übrigens zeigte der Posten, der die Schüsse aus für uns nicht ersichtlichen Gründen abgegeben hatte, keinerlei weiteres Interesse. Wir saßen nun auf einem Waldweg, schärfstens bewacht und zutiefst betroffen. Sprechen war verboten. Offenbar war der russische Konvoiführer bei dem Verwundeten und mir schien, daß die Russen sich mehrfach besprachen, was nun zu tun sei. Schließlich fielen wieder zwei Schüsse. Man war

wohl zu dem Schluß gekommen, daß es keine Probleme mehr geben würde, wenn der Gefangene Führer tot sei. Er wurde auf einen der Holzwagen geladen und mit ins Lager genommen. Da wir keinen Anlaß für die Handlung des Postens beobachtet hatten, handelte es sich um einen Willkürakt, der jeden von uns hätte treffen können. Schweigend und zutiefst betroffen nachdenkend zog die Kolonne zum Lager zurück." (Abb. 17).

Eine Untersuchung dieses skandalösen Vorfalls durch die Lagerbehörden hat vermutlich nie stattgefunden. Sie würde ohnehin eine schönfärberische Darstellung dieses Übergriffes erbracht haben. Wir mußten uns damit abfinden. Solch ein Ereignis konnte sich jederzeit wiederholen. Es sei aber angemerkt, daß mir in der Folgezeit von keinem weiteren Zwischenfall dieser Art berichtet worden ist. Wohl gab es Posten, die ihre negative Einstellung zu den Deutschen nicht verheimlichten. Auch kam es nie soweit, daß sich Freundschaften zwischen Posten und Gefangenen bildeten, was übrigens verboten war. Es gab aber oft genug ein freundliches Miteinander zwischen Bewachungssoldaten und einem deutschen Brigadier. Dieser mußte nur hinreichend des russischen Soldatenjargons mächtig sein, und im Handumdrehen ergab sich eine Konversation, zu der der Austausch von Witzen den Hauptgesprächsstoff lieferte.

Üblicherweise wandten die NKWD-Instanzen folgendes Behandlungsprinzip gegenüber allen Gefangenen an: Es galt sofort eine totale Verunsicherung zu erzeugen in Bezug auf alles, was in der Zukunft geschehen würde. Die völlige Unkenntnis der bevorstehenden Ereignisse schuf bei den Plennis den unsicheren Boden, in den eine weitreichende allgemeine Angst sich einnisten konnte, eine Angst in Bezug auf das eigene Schicksal, das während der längeren Pausen zwischen den Einzelvernehmungen oft genug in drastischen Übertreibungen ausgemalt wurde. Am besten haben diese heiklen Stunden der sowjetischen Vernehmungen diejenigen Gefangenen überstanden, die über eine starke Persönlichkeit verfügten. Charakterfestigkeit hat vielfach eine entsprechende Anerkennung bei dem Gegenüber gefunden. Allerdings mußte sich diese Eigenschaft in schwierigen Situationen immer wieder neu bewähren. Nicht wenige ließen sich während der Vernehmungen einschüchtern oder durch Versprechungen beeindrukken in der heimlichen Hoffnung, irgendwie doch einen profitablen Vorzug erlangen zu können. Einer Angst durfte man nicht nachgeben. Manche Kameraden haben mir erzählt, daß die Vernehmungsprozeduren zu ihrer eigenen Überraschung gut und korrekt abliefen. Man mußte den Faktor

„Ungewißheit über das weitere Geschehen“ beiseite räumen können. Das stets gleichbleibende Problem war natürlich, daß man nie genau wußte, in welcher Verfassung der Verhörende gerade war. Es kam in jedem Fall vor allem auf das eigene Verhalten an. Manch einer hat nach anfänglichen Erfolgen testen wollen, wie weit er mit seiner Standfestigkeit kommen konnte. Es gab da keine Erfolgsgarantie. So wie beim Spiel konnte der Bogen auch hier überspannt werden. Die Standhaftigkeit war bei einem Teil der Königsberger Gefangenen stark verringert. Das durchschlagende Erfolgserlebnis bei dem Gefangenentreffen in Jelabuga dürfte sich auch von daher erklären.

Die Depressionen der Gefangenen rührten auch daher, daß alle täglich neu Ekel und Abscheu vor ihrer Situation überwinden mußten. Sie erkannten gleichzeitig, daß die allgemeine sowjetische Alltagssituation der ihren weitgehend glich. Das Unbehagen am Leben als Gefangener wurde verallgemeinert und wurde zur grundsätzlichen Reaktion gegen das Leben der sowjetischen Menschen überhaupt. Solche negativen Emotionen empfanden die Sowjets natürlich nicht in gleicher Weise, denn es war ja ihr Leben in ihrer Heimat mit ihrer Muttersprache, das gewohnte Leben, das sie nicht anders kannten. Es passierte sogar, daß Russen uns Gefangene damit trösteten, daß wir doch immerhin die berechtigte Hoffnung auf eine spätere Befreiung mit dem Transport in die Heimat hätten, während sie selbst die Hoffnung auf eine solche Verbesserung ihrer Lebensverhältnisse nicht hegen konnten.

Etliche unter uns hatten ihre Familienfotos in der Brusttasche trotz der Filzungen bei der Gefangennahme retten können. Diese kostbaren Schätze aus ihrem früheren Leben hüteten sie so gut es ging und gaben sie nur zögernd auf Wunsch der Russen aus der Hand, um sie bestaunen zu lassen. Für alle Russen, ganz besonders aber für alle Russinnen, war dieser Anblick eine unerschöpfliche Quelle des lebhaftesten Entzückens. Doch gab es meist danach die unvermeidliche Enttäuschung, wenn auf ihre Frage: „Habt Ihr auch eine Kuh im Stall?“ die wahrheitsgemäße Antwort „Nein!“ lautete. Solche persönlichen Kontaktaufnahmen waren streng verboten; blieben aber nicht aus.

Alle Unterkünfte boten ein gleichermaßen desolates, gesichtsloses, häßliches Bild. Jedem wurde eine knappe Schlaffläche als sein kleiner, allein für ihn reservierter Platz zugewiesen. Er versuchte sofort, eine gewisse persön-

liche Ordnung dort hineinzubringen, indem er sie ein bißchen wenigstens nach seinem eigenen Geschmack veränderte. Selbst auf den rauhen Planken der Pritschen wollte man gern am Abend des Arbeitstages alles so wieder vorfinden, wie man es am Morgen verlassen hatte, um sich etwas wohler zu fühlen als in irgendeiner beliebigen Dreckecke und dann beim Einschlafen allen Ärger leichter beiseite schieben zu können. Diese Tendenz, seine für längere Zeit zugewiesene Umgebung etwas freundlicher zu gestalten, war ein Grundbedürfnis aller Gefangenen. Es war die einzige Möglichkeit, seine persönliche Situation ein klein wenig positiv zu verändern.
Diese Veränderungen waren allerdings immer nur von kurzer Dauer, nämlich bis zur nächsten Unterkunftsfilzung. Dazu wurden in unregelmäßigen Abständen Wachsoldaten abkommandiert. Während die Plennis zur Arbeit ausgerückt waren, wurden dann die Schlafplätze zerwühlt. Dabei wurden die meisten der von den Gefangenen selbst gebauten kleinen Borde und Fächer weitgehend zerstört und die oft listig und phantasievoll erfundenen „Verschönerungen" der Schlafplätze beseitigt. Aufgesparte kleine Leckerbissen, wie z.B. Zuckerstücke, verschwanden ebenfalls. Für die Heimkehrenden boten die verwüsteten Schlafplätze nur noch einen traurigen, deprimierenden Anblick.

Den russischen Vorstellungen von einer gründlichen Sauberkeit aller Unterkunftsstuben mußten die Inhaftierten wenigstens einmal im Monat nachkommen, ohne von der Notwendigkeit einer solchen für sie absurden Zielsetzung überzeugt zu sein. Man gehorchte. Sämtliches Mobiliar einer Stube mußte abmontiert und auf dem Lagerhof zu einem Haufen zusammengestellt werden. Die Bewohner der Stube konnten sich auf die Holzteile setzen, während ein außerordentlicher Stubendienst versuchte, so schnell wie nur möglich den Stubenboden mit wenigen Eimern Wasser zu wischen. Eine solche Säuberungsaktion vermochte kaum, die Wanzenplage zu vermindern. Da waren die Entwanzungen durch das Eintauchen aller Einrichtungsgegenstände in kochendes Wasser, die höchstens einmal im Jahr stattfanden, insgesamt erfolgversprechender. Jedenfalls wußte man bei diesen Aktionen rechtzeitig vorher Bescheid und konnte seine wenigen Habseligkeiten in geheimen Verstecken beiseite schaffen (Abb. 38 f.).

Am ärgerlichsten aber waren die russischen gründlichen Durchstöberungen der Unterkünfte bei der systematischen Kontrolle und Suche nach verborgenen Waffen. Von Waffen allerdings konnte nie irgendeine Spur gefunden werden. Woher auch sollten diese Waffen kommen? Die NKWD-Behörden hielten unfriedliche Unternehmungen von seiten der Deutschen für durchaus wahrscheinlich. Es gab in einer Stube selten mehr als ein oder zwei kleine Schnitzmesser von einer Klingenlänge über 2-3 cm hinaus. Man konnte sich solche begehrten Messer bei Mitgefangenen kaufen, die in einer Schlosserei arbeiteten und dort aus abgebrochenen Teilen von Sägeblättern ein Messerende gefertigt hatten. Durch langwieriges Abschleifen wurde dann ein kleines angeschrägtes Messer daraus, wofür man ein paar Rubel oder einen Beutel voll Tabak zahlte. Diese Wertgegenstände wollte man nicht wieder verlieren! Man brauchte sie, um damit ein Geschenk für einen Freund herstellen zu können, etwa einen Bleistiftverlängerer, eine Zigarettenspitze oder einen Federhalter. Es gab eine richtige kleine „Industrie" für Geschenkartikel, wofür es wiederum brauchbare Holzstücke zu besorgen galt. Eine weitere Fertigkeit mußten viele erst noch erlernen, aber nicht wenige brachten es in der für sie neuen Technik des Strickens zu einer beachtlichen Meisterschaft. Die fertiggestellten Stricksachen nahmen auffällig an Zahl zu: Wollschals, Kappen und Mützen waren beliebte Geschenkartikel. Die dazu nötige Wolle mußte man durch das Aufribbeln von Wollsachen gewinnen.

Im Lager waren vor allen nahenden sowjetischen Jahrestagen und Festen besonders starke Sicherheitskontrollen vorgeschrieben: vor dem Tag der „Roten Armee" im Februar, vor dem 1. Mai sowie vor Stalins Geburtstag, am 21. Dezember. Die zur Durchsuchung abkommandierten Posten betrieben ihre Aufgabe sehr intensiv und mit einem Spürsinn, von dem man auf eine lange Vertrautheit mit allen Tricks und Kniffen des Gefangenenlebens schließen konnte. Das Ergebnis ihrer zerstörerischen Kontrolltechnik rief jedesmal Zorn und Wut bei den Plennis hervor. Diese gefürchteten Kontrollen wurden bei allen Lagerinsassen gleichermaßen durchgeführt: von den höchsten Lagerfunktionären bis hinunter zu den unbedeutendsten Läufern für die Besorgung von Lagerdiensten. So wurden die „Roten Festtage" für uns zu Tagen, die wir mit großen Sorgen kommen sahen. Zornig und voll schlimmer Vorahnungen verbrachten wir die Vortage der Feste auf der Suche nach neuen und besseren Verstecken. Kaum eines davon blieb unentdeckt. Es war eine große Ausnahme, wenn einmal ein allzu bequemer Posten ein neues Versteck übersah. Auch in den Hohlräumen der Wandverschalungen wurde alles entdeckt. Sogar ein von mir für „todsicher" gehaltener Platz wurde aufgespürt. Meine kurz zuvor von der Schusterwerkstatt erhaltenen Schnürstiefel wollte ich unbedingt bewahren. Daher versteckte ich sie unter dem Plankenboden unterhalb der Lagerlatrine, aufgehängt an zwei Drahtschlingen dicht unter dem täglich betretenen Bretterfußboden. Umsonst! Nach der Kontrolle war ich meine frisch besohlten Stiefel los. Nur ein „gutes" Versteck habe ich noch in Erinnerung: Wir stopften alle noch brauchbaren Jacken, die wir uns erhalten wollten, in den kleinen Blechofen, der im Sommer nicht benutzt wurde. Diese Bekleidungsstücke haben wir am Abend nach der Filzungsaktion wieder an uns nehmen können, in einer selten glücklichen Erfolgsstimmung. Das konnte nur eine Ausnahme gewesen sein, verursacht durch die Nachlässigkeit eines Postens.

Die Unterhaltungen der Lagerinsassen während ihrer gemächlichen Märsche würden ganze Bände füllen, wenn man sie wieder nacherzählen könnte. Man erzählte seinem Marschnachbarn oder dem Freunde alles, was man aus der Welt seiner Interessen noch zusammentragen konnte. Die Hauptthemen waren oft Rezepte für besondere regionale Speisen, wie die richtige Zubereitung der schwäbischen „Spätzle" oder des Hamburger Seemannsessens „Labskaus". Das Vergnügen daran war gleich groß auf beiden Seiten, auf der des Erzählers wie auch auf der des Zuhörers. Richtige kulinarische Festessen wurden in der Phantasie mit allen mehr oder weniger geheimen Besonderheiten zubereitet und genußvoll gekostet. Die Freude an solchen virtuellen Kochgenüssen verdrängte aus ihrer Spitzenstellung die Freude an Gedichten, die zu Beginn der Gefangenschaft die großen Trostbringer gewesen waren. Sie währte bis weit über die Dauer des Marsches zum Arbeitsplatz oder zurück ins Lager. Die Plennis wurden oft von dem jeweiligen Erzähler so lebhaft für sein Thema begeistert, daß sie sich zur weiteren Beschäftigung damit angespornt fühlten und die soeben „genossenen" Rezepte, wie vorher die Gedichte, auf kleine Zigarettenpapierstreifen schrieben. Aus diesen Streifen machten sie winzige Bücher, die sie später mit nach Hause zu nehmen hofften.

Viele besondere und schwierige Handwerkskünste wurden in gleicher Absicht den Nachbarn in der Marschkolonne vorgetragen, von der Kunst, Bücher zu binden bis zu der Technik der guten Käsezubereitung. An eine solche Unterhaltung kann ich mich noch sehr gut erinnern: Christoph Tesan berichtete über das Handwerk seiner väterlichen Familie in mehreren Fortsetzungen. Sein Vater, der aus einer italienischen Einwanderer-Familie stammte, war Goldschläger im Nürnberger Raum gewesen. Es war für mich sehr interessant, von diesem Beruf zu hören, von der Bearbeitung der Goldplatten zu Blattgold in den Heimarbeiter-Häusern. Besonders hörenswert wurden solche Berichte dank des guten Erzählgeschicks, das nicht jeder auf gleiche Weise besaß.

Das Unterhaltungsthema Nr.1 war in den früheren Kasernenstuben das typische Männerthema, bei dem die obligaten gepfefferten Witze und Verse die Runde machten. Die Erzähler waren meist junge Leute, die ihrer Phantasie keine Beschränkungen auferlegen wollten und brauchten. Der schlimmste Aufschneider kam noch zur Geltung, wenn er zu belustigen und zu unterhalten verstand. Die Kameraden erwarteten von einem Erzähler vor allem die Fähigkeit, sie von der traurigen Gegenwart ablenken zu können. Bemerkenswert ist aber, daß das vormals vorherrschende Gesprächsthema in Rußland so gut wie kein Thema mehr war. Das mag an den außergewöhnlichen Lebensbedingungen liegen. Ich kann mich nur an eine einzige Unterhaltung erinnern, die einen erotischen Inhalt hatte. Sauter war von seinen Eltern aus seiner Geburtsheimat Portugal zur Ausbildung nach Deutschland geschickt worden. Dann brach der Krieg aus, und er wurde als sehr junger Soldat an die Ostfront versetzt. Er erzählte viel aus seiner Heimat und schnitt dabei auch einmal das Thema der „erotischen Einführung“ an. Bei ihm zu Hause habe man üblicherweise einen noch unerfahrenen Jüngling zu einer älteren Frau mit Erfahrung „in die Schule“ geschickt, um bei ihr in das erotische ABC eingeweiht zu werden. Dieses Thema aufzugreifen war für uns im Grunde ein Ausflug in ein exotisches Land, ein weiterer phantastischer Fluchtversuch, dem keine ähnlichen danach mehr gefolgt sind. Diese Unterhaltung blieb eine Ausnahme. Für uns waren Küchen- und Dessertrezepte von größerem Interesse.

Im Waldlager Kosyltau

Mit einer Kolonne von 100 Leuten marschierten wir am 9. September 1945 durch den tatarischen Wald zum Lager Kosyltau, das sich etwa 30 km östlich von Jelabuga an der Kama befand. Wir waren die Gruppe, die aufgrund des Gesundheitsurteils des übel beleumdeten Dr. Schuster in das Dorf Kosyltau abgeschoben wurden. Dort sollten wir die Lagerbesatzung für den kommenden Winter verstärken. Von diesem Waldlager ging ein sehr negativer Ruf aus. Unsere Stimmung war so, wie man sich diese wohl bei Sträflingen auf dem Weg in die Verbannung vorstellen muß. Kosyltau war in der Tat ein Verbannungsort, wo noch etliche ehemalige, zu lebenslänglicher Verbannung verurteilten Zarenoffiziere hausten. Ferner gab es hier ein Gefängnis für russische Frauen, die Holzfällerarbeiten verrichten mußten. Es war also ein Strafzentrum der sowjetischen Justiz.

Auf unserem Fußmarsch dorthin stand die harmonische Waldromantik in krassem Gegensatz zu unserem Seelenzustand. In diesem kleinen Verbanntendorf gab es wirklich nichts mehr zu hoffen. Das Wetter war schön und sonnig. Plötzlich hielt ich die Gelegenheit für günstig, eine, vielleicht die letzte Fotoaufnahme von zwei meiner mitten in der Kolonne marschierenden Kameraden zu machen: Arno Gotthart und Jochen Mücke. Beide forderte ich auf, beim Gehen einen Augenblick nach hinten zu blicken. Wozu wollte ich dieses Bild von den beiden Freunden machen? Für wen wollte ich ein solches „letztes" Bild knipsen? Meine damaligen Vorstellungen vom Ziel dieser Aktion sind mir heute kaum begreiflich. Sie waren höchst irrational. Das Bild ist übrigens nur mäßig gelungen. Mein Handeln ist nur zu begreifen als eine Trotz-Reaktion, ohne irgendeinen anderen Grund. In den folgenden Wochen habe ich in Kosyltau noch einige weitere Bilder gemacht (Abb. 23).

Nach dem Fußmarsch durch den Wald erwartete uns eine positive Überraschung: Es war der Anblick vom Ufer aus auf den breit und völlig ruhig dahinströmenden Kamafluß. Er lag da so glatt und still wie ein großer See. Wir mußten eine Zeitlang warten, bis ein Motorboot uns an das andere Ufer übersetzte. Das waren sozusagen unsere letzten Augenblicke in dieser friedlichen und freundlichen Stimmung. Am anderen Ufer stapften wir durch den losen Ufersand bis hinauf zum nahen Lager. Die Tore wurden uns weit geöffnet. Wir kamen auf einen schmalen Lagerhof. Am Rande standen einige wenige Bretterbuden. Das waren wohl die Unterkünfte für die Lagerverwaltung, für die Lagerküchen und außerhalb des Lagers für die Garnison der Bewachungsorgane. Es waren alles kümmerliche Baracken in Bretterverschalungen. Die Unterkünfte fielen nirgendwo ins Auge. Es waren unter die Erde gegrabene Stollen ohne Fenster. Wir wußten von diesen Erdhöhlen, daß ihre Lichtquellen nur brennende Kienspäne waren. Der Ruß war bei dieser seit langer Zeit angewandten Beleuchtungsmethode an allen Wänden und Decken stark angewachsen. Auf der gegenüberliegenden Hofseite endlich entdeckte man ein großes Mannschaftszelt, das zur Aufnahme unseres neu angekommenen Kontingentes bestimmt war. Enttäuschung und Zufriedenheit über diese Zeltunterbringung hielten sich die Waage. Beide Unterbringungsmöglichkeiten hatten ihre Nachteile: Die verschmutzten Erdhöhlen schienen wenig verlockend als Langzeitunterkünfte; die dünnwandigen Zelte versprachen kaum Wärme angesichts des nahenden Herbstes und Winters. Wir wurden sogleich in das Zelt eingewiesen und richteten uns notdürftig neben dem neuen Schlafnachbarn ein.

Wie überall wurden auch hier erste Informationen über die Lagerverpflegung ausgetauscht. Wir erfuhren, daß der russische Magaziner am Vortage bei der Produktenzuteilung der Küche für die Lagersuppe ein sehr mageres Pferdebein geliefert habe. Die Zuteilung ging nach Gewicht. Das Bein, an dem noch die Hufbeschläge glänzten, mußte so, wie es war, angenommen und quittiert werden. Kein Protest half; das Bein wurde zerteilt und wanderte in den Suppentopf. Solche Betrugsmanöver gehörten zum Alltag des Magazinerlebens in ganz Rußland. Man nahm sie einfach hin.

Die Beschwerden von seiten der Gefangenen wurden selten ernst genommen. Man war eher geneigt, darin eine Art grundsätzlicher Renitenz zu sehen, böswillige Übertreibungen, die kaum nachprüfbar waren und die nur ungelegen kamen, wo doch sonst in den Augen der Verantwortlichen alles normal und richtig abzulaufen schien. Vielleicht war dieser Bericht von dem gelieferten Pferdebein für die Plennis in Kosyltau eine Übertreibung. Sie waren aber überzeugt davon, daß der Magaziner das Lager betrog und seinen Vorteil dabei fand. Die unvermeidliche Reaktion setzte sogleich ein. Die Holzfahrer hatten keine Hemmungen mehr, sich in den Dorfgärten, die am täglichen Wege lagen, etwas zu essen zu holen. Diebstähle solcherart betrachteten wir als Mundraub aus Not, auch wenn sie dem einzelnen selten eine spürbare Bereicherung seiner Abendsuppe brachten. Das Gemüse mußte ungekocht hinzugefügt werden, weil wir keine Kochstelle hatten. Diese Fälle von Mundraub sind nie entdeckt worden und verliefen alle undramatisch. Die bewachenden Posten waren zu weitläufig auf die Kolonne und ihre Holzwagen verteilt. Sie konnten nicht alle Waldläufer im Blick haben. Vielleicht wollten sie auch nicht zu aufmerksam alle überwachen. Trotzdem waren solche Schritte in einen Gemüsegarten hinein höchst gefährlich. Niemand konnte sicher sein, daß sein blitzschnelles Handeln unbeobachtet verlief.

Die Verpflegung war erheblich magerer als in Jelabuga. Schmaler und härter waren auch unsere Liegeplätze, die aus Bündeln zusammengerollter Äste bestanden. Das Kopfkissen war ein Beutel mit den Resten unserer ehemaligen Ausrüstungsgegenstände. Um der einsetzenden Herbstkälte zu begegnen, wurde vorn in dem großen Mannschaftszelt ein offenes Lagerfeuer entzündet. Einer wurde dazu bestimmt, das Feuer permanent in Brand zu halten und zu beaufsichtigen. Von einem schlimmen Schrecken bei meinem ersten Dienst als Feuerwächter will ich berichten: Ich saß im Schneidersitz am Lagerfeuer und war damit beschäftigt, meine Uniformjacke zu flicken. Am Ende des Nähfadens angelangt, hielt ich meine Nähnadel zu unvorsichtig und ließ sie in einem Augenblick der Nachlässigkeit in die Asche fallen. Sie war weg. Ich war entsetzt und kann das Erschrekken überhaupt nicht drastisch genug ausmalen, denn eine Nähnadel war ein unersetzbarer Wertgegenstand in der Gefangenschaft. Versteinert starrte ich lange Zeit hoffnungslos in den Aschenhaufen; ich blieb am Ort sitzen und starrte immer wieder in die Asche. Noch heute kann ich dieses sprachlose Entsetzen nachempfinden. Die Aufsichtspflicht hielt mich lange Zeit am Lagerfeuer und plötzlich blitzte es in der Asche auf. Ich griff schnell danach und legte die gerettete Nadel auf eine feste Unterlage. So hatte ich am Ende doch noch unverschämtes Glück, nachdem ich schon alle Hoffnung aufgegeben hatte.

So wie bei den Holztransporten vom „Potsdamer Platz“ zum B-Lager nach Jelabuga wurden auch in Kosyltau acht Leute paarweise vor einen Holzwagen gespannt (Abb. 28). Arno Gotthart und ich waren die meiste Zeit ein gleichbleibendes Zugpaar am hinteren rechten Zugseil. Schon äußerlich waren wir ein ungleiches Paar: Arno war kleiner und robuster als ich. Der Oberbrigadier hatte die Zugpaare wohl ohne viel Überlegung zusammengestellt. Aber auch innerlich unterschieden uns einige Eigenschaften. Arno war ein echter Berliner, der die Dinge treffend beim Namen nannte, während ich oft zögerte, mich zu äußern. Das hat unserer Kameradschaft nicht geschadet, es hat nur manchmal unseren guten seelischen Zusammenklang nicht sofort erkennen lassen. Auch fehlten uns noch Berufsausbildung und Berufserfahrung, von denen ein länger dauerndes Gespräch während einer Holzfahrt hätte profitieren können. Eine besonders positive Charaktereigenschaft war Arnos eiserne Verschwiegenheit. Er wußte von Anfang an, daß ich die Minox bei mir hatte. Das hat er bis zu allerletzt niemandem verraten. Mit zunehmendem Zeitabstand wird mir immer erschreckender bewußt, wie leicht diese „Gläserne Glocke“ über unserem Geheimnis hätte brechen können. Ich schulde Arno sehr großen Dank für sein Schweigen (Abb. 25 f.).

Aus der Serie unserer zahlreichen und einförmigen Transportmärsche hebt sich nur ein eingeschobener „Ruhetag“ heraus, der mir in Erinnerung geblieben ist. Arno und ich hatten den Auftrag erhalten, die Sauna des Dorfes Kosyltau wieder auf Vordermann zu bringen. Während der vergangenen sechs Monate hatte sie nur von den Dorfbewohnern genutzt werden können, nicht aber von den Gefangenen. Nun stand eine Kommissionierung bevor. Die Lagerleitung wollte einen besonders positiven Eindruck machen. Deshalb sollten die Plennis frisch gesäubert zur Vorstellung erscheinen. Dafür bereiteten Arno und ich die Dorfsauna vor: Brennholz mußte zerkleinert, die Wassertanks aufgefüllt und geheizt werden. Zwar schien uns dieses positive Ziel einer allgemeinen Körperreinigung, wie wünschenswert sie auch immer war, höchst illusorisch zu sein. Die verfügbare Menge heißen Waschwassers konnte pro Mann immer nur literweise ausgeschenkt werden, abgemessen mit einer ehemaligen Konservendose einer Verpflegungslieferung aus den U.S.A. (Schweinefleisch der amerikanischen Firma Oskar Maier). Mit dieser Menge warmen Wassers mußte man sich von Kopf bis zu den Füßen waschen und spülen, wozu ein unglaubliches Geschick nötig war.

Diese Waschmöglichkeit in der Sauna, die sich mir außer der Reihe anbot, nahm ich sofort wahr. Meinen folgenden freien Arbeitstag nutzte ich aus, um mich der russischen Ärztin in der Lagerambulanz vorzustellen. Während sie mich begutachtete, verstand ich nur soviel wie: „Dystrophiker". So hatte ich mich ebenfalls eingeschätzt. Alle, über deren Gesundheitszustand sie das gleiche Urteil fällte, sollten zurück ins Hauptlager Jelabuga geschickt werden. Das war gewissermaßen ein sozialer Aufstieg in ein etwas günstigeres Ernährungsniveau. Von dieser Aussicht ließ ich mich gern beruhigen. Am nächsten Morgen bestätigte sich diese Annahme für eine kleine Gruppe, zu der auch ich gehörte. Damit wurde nachträglich unsere Kritik bestätigt, daß der deutsche Lagerarzt Dr. Schuster die Inhaftierten durch seine ideologische Brille begutachtet hatte.

Nachdem ich von der Ärztin die Beurteilung meines Gesundheitszustandes vernommen und dann schließlich auch den Mut hatte, an meine Rückkehr nach Jelabuga zu glauben, sah ich das Waldlager Kosyltau mit ganz anderen Augen an. Ich nahm die Gelegenheit wahr, einen verstohlenen Blick in den Weg zwischen den Verbanntenunterkünften zu werfen. Die Versuchung war groß, mich ihnen zu nähern. Aber ich untersagte es mir. Ich konnte damals nur wenig Russisch. Was auch immer ich sagen würde, es hätte mich sogleich als einen höchst verdächtigen „Sowjetfeind" erscheinen lassen. Das mußte vermieden werden.

Der Abschied von meinem Kameraden am Zugseil, Arno Gotthart, ist wahrscheinlich unsentimental verlaufen. Er kannte mich gut genug, um zu verstehen, welche Bedeutung die Rückversetzung ins Hauptlager für mich hatte. Wir erwähnten unser Geheimnis mit keinem Wort und dachten wohl beide das gleiche. Während wir Rückkehrer an das andere Ufer gebracht wurden, hörten wir zum letzten Male die Lieder, die die Frauen des nahen Strafgefängnisses während ihrer Rückfahrt auf den Lastwagen zu ihren Zellen sangen: Wie an jedem Abend sangen sie aus voller Kehle in den Wald hinein die schwermütigen russischen Weisen, die lange nachhallten mit ihren markanten Schlußakkorden der hohlen Quinte, die mir der Inbegriff der herben Melancholie der Strafgefangenen geblieben ist. Sie aber sangen frisch und laut. Zeigte sich darin ihr trotz allem ungebrochener Zukunftsglaube? Die deutschen Gefangenen haben niemals eine solch trotzige Sangeslust verspürt. Sie blieben fast alle stumm und schwiegen während der gesamten Gefangenschaftszeit, so stumm wie auch meine letzten drei im Waldlager noch aufgenommenen Fotografien. Alle drei Aufnahmen sollten die kümmerlichen Baulichkeiten des Waldlagers zeigen. Aber es war schon zu dunkel, so blieben sie undeutlich und nichtssagend. Damit ging für mich der Aufenthalt in Kosyltau zu Ende.

Zurück in Jelabuga. Zusammenlegung aller deutschen Plennis im A-Lager

An den Rückmarsch habe ich keine Erinnerungen. Nur eine Korrektur muß ich an dem Zuvorgesagten machen: Nicht die Empfänglichkeit für Freude an Musik und Gesang ist den deutschen Gefangenen in Rußland abhanden gekommen; verloren haben sie vielmehr die spontane Lust, selbst zu singen. Sie wiederzuerwecken hat sich u. a. im B-Lager der sehr aktive Chorleiter Weise eifrig bemüht. Weise war schon vor dem Kriege in Schneidemühl ein erfolgreicher Chorleiter gewesen. Mit einem phänomenalen Gedächtnis begabt, war er imstande, die Partituren der Lieder aufzuschreiben, die er mit einem Gefangenenchor einstudieren wollte. Für seine Niederschrift mußte er grobe Zementpapierseiten verwenden. Welche Freude bereitete das Vortragen des Tannhäuserchores, des Seemannschores aus dem „Fliegenden Holländer“ und auch die schlichteren Sätze deutscher Volkslieder, z.B. „Es dunkelt schon auf der Heide“. Der Chor kam im Speisesaal des Blockes II zu seinen Übungsstunden zusammen. Aber alle Singerfolge dieses Chores weckten bei der überwiegenden Mehrzahl der Gefangenen nicht den Wunsch mitzumachen. Der allgemeine Verdruß war übermächtig und die meisten schwiegen. Nur von einem Kameraden, dem Plenni von Wenczowski, kann ich das Gegenteil berichten. Wir lagen zusammen in einer großen Stube. Von oben sah ich ihn gut auf der unteren Etage der Massenpritsche mit einem brennenden Öllämpchen, das er gewöhnlich neben sich hatte. Am Abend pflegte er seine Lieblingslieder leise vor sich hin zu singen. Aber niemand aus der Stube hatte den Mut, einfach in sein Lied mit einzustimmen.

Das eigentliche Hauptlager in Jelabuga, ausgezeichnet durch den Sitz der zentralen Verwaltungsorgane des NKWD, war das Kamalager, auch A-Lager genannt. Sein Areal erstreckte sich zwischen den beiden ersten Kirchen Jelabugas, genau entlang dem Rand der hohen Uferkante der Kama. Es umschloß die ursprünglichen Hauptgebäude der bischöflichen Verwaltung. Mit zunehmender Wichtigkeit für die Organisation des Gefangenenwesens wurde die Grundfläche des Lagers ausgedehnt durch die Einverleibung der angrenzenden Grundstücke und ihrer Häuser in den Lagerbereich. Dieser erstreckte sich schließlich über mehrere der angrenzenden Straßen, die wie aus dem Stadtplan herausgeschnittene Quadrate einfach mit einbezogen wurden in die Stacheldrahtumzäunung. Ihre Herkunft aus besseren Zeiten war allen Häusern noch anzusehen, in geringen Spuren wenigstens. Der Bischofspalast war vermutlich zur gleichen Zeit erbaut worden wie alle drei der Kirchen am hohen Kamaufer, im 18. Jahrhundert. Italienische Architekten hatten den Auftrag ausgeführt und dabei ihre eigenen stilistischen Traditionen im Auge behalten. Die meisten Schmuckelemente an den Gebäuden waren durch den kulturrevolutionären Elan nach 1917 zerstört oder von den später einziehenden Gefangenen verfeuert worden. An die Schrecken der Revolutionsjahre erinnerten im Nebenhof des Blockes VI, im äußersten Westwinkel des Lagers, zahlreiche Einschußtrichter, von denen es hieß, hier seien gefangene zaristische Kadetten erschossen worden. Ein deutliches Beispiel der vergangenen bischöflichen Herrlichkeit war der große, hohe Saal des Bischofspalais. Hier fanden im Winter 1946 einige Musikkonzerte des mühsam in der Kälte musizierenden Orchesters statt (Abb. 31 ff.).

Meine Rückkehr aus Kosyltau in das Klosterlager Jelabuga erfolgte kurz vor den bedeutend aufregenderen logistischen Veränderungen in der Lagerorganisation innerhalb der Stadt Jelabuga. Den Sowjets war eine größere Anzahl von japanischen Gefangenen in die Hände gefallen durch die Beendigung des Krieges mit Japan. Nun erwartete man die Ankunft der japanischen Gefangenen aus der Mandschurei. Sie sollten im B-Lager untergebracht werden, vermutlich ebenfalls mit dem Ziel einer besseren Abschließung und Indoktrination, das man im Mai 1945 bei den neu eintreffenden Königsberger Gefangenen aus Deutschland vor Augen gehabt hatte. Das B-Lager wurde deshalb noch im November '45 schnell freigemacht, und man legte alle deutschen Plennis im A-Lager zusammen. Eine möglichst hermetische Trennung konnte aber nicht konsequent durchgeführt werden wegen der Beibehaltung der notwendigen Handwerksbetriebe, die von erfahrenen Deutschen weitergeführt wurden. Ebenfalls unvermeidliche Überschneidungen gab es bei der Versorgung der japanischen Lazarettkranken, die im Lazarett des B-Lagers von deutschen Ärzten betreut wurden. So ist zu erklären, daß schon in den ersten Tagen allmählich Erzählungen vom physischen Zustand und von der Moral der Japaner bis in das A-Lager vordringen konnten.

Parallel damit war auch ein spärlich zunehmendes Angebot von japanischen Tauschwaren auf dem Schwarzmarkt zu beobachten. Am meisten begehrt von den japanischen Gütern waren Stoffreste weißer Seide der japanischen Fallschirme. Sie waren der Traum deutscher Funktionshäftlinge, um sich daraus schmale Seidentücher zu nähen. Ihr hoher Kurswert machte solch ein Schmuckstück zu einer unerschwinglichen Ware. Ein Normalplenni mußte sich diesen Traum besser aus dem Kopf schlagen. Dagegen ist mir dank eines zufälligen Ringtausches der Erwerb eines sehr viel nützlicheren japanischen Gegenstandes geglückt. Ich weiß leider den zu zahlenden Preis nicht mehr, jedenfalls war er akzeptabel. Ich kam eines Tages im Tausch gegen Tabakblätter in den Besitz eines japanischen Füllhalters. Ohne den damals aktuellen Nutzen dieses Schreibgerätes auch nur annähernd ermessen zu haben, erwies sich auf längere Dauer der Füller als ein besonderes Wertstück. Die Tinte mußte man sich selbst herstellen: Tintenstiftstückchen wurden abgeschabt und das so gewonnene Pulver in Wasser aufgelöst. Die Feder war sehr gut brauchbar: Ihre feine Spitze erlaubte das Schreiben in senfkorngroßer Schrift. Das lernte ich allerdings erst im Jahr nach diesem Kauf schätzen, als uns Postkarten des Roten Kreuzes geliefert wurden für den Briefverkehr mit der Heimat. Diesen wertvollen japanischen Füller habe ich wie meinen Augapfel gehütet bis weit über das Ende der Gefangenschaft hinaus, als ich ihn für meine Studiennachschriften gebrauchte.

Die intakte Moral der japanischen Gefangenen wurde von den deutschen Beobachtern, die sie von Anfang an hatten erleben können, sehr gepriesen.

Ihr fester Zusammenhalt gegenüber den Sowjets schien den deutschen Gefangenen ein ideales Vorbild zu sein. Darin spiegelte sich deutlich das Bedauern über die Kluft, die zwischen den beiden Gruppierungen innerhalb des deutschen Gefangenenheeres aufgerissen war. Auf der einen Seite standen die prosowjetischen Gefangenen, die zu aktiven marxistischen Parteigängern geworden waren. Auf der anderen Seite standen jene, die sich allen Umerziehungsbemühungen durch die Sowjets entzogen. Ein leidenschaftsloses, sachliches Gespräch zwischen den Gruppierungen war kaum möglich. Die Zusammenlegung aller deutschen Plennis im A-Lager brachte wenigstens eine Art von Waffenstillstand zuwege, aber der Gegensatz lebte vorläufig unter der Oberfläche weiter.

Die Holztouren fanden bis in den tiefen Winter hinein in der gewohnten Weise statt. Man könnte vermuten, daß sich die Veränderungen der Lagerzusammensetzung auch bei den Zugbrigaden widerspiegelte, was aber kaum der Fall war. Wenn die Lust zu Gesprächen deutlich gesunken war, so hatte das vor allem seine Ursache in den Veränderungen der Außentemperaturen. Es gab Holzfahrt-Tage, die vom Wetter begünstigt waren. Wenn bei 10 bis 20 Grad Kälte kaum ein Wind über die Steppe wehte, konnte man fast von schönen Tagen sprechen, besonders dann, wenn die Holzfahrer eine Rückkehr zum Lager mit der untergehenden Sonne zu ihrer linken Seite erlebten. Wir waren sogar bereit, ins Schwärmen zu verfallen über diese tatarischen Sonnenuntergänge. Alle Zurückkehrenden hatten in der letzten Stunde des mühsamen Marsches dieses unbeschreiblich schöne Ereignis am Abendhimmel bewundern können. Manche sprachen noch lange davon und tun es sogar heute noch, wenn sie zusammentreffen.

Aber solche schönen Abende waren nur Ausnahmen im rauhen Winterklima, wo die Kältetemperaturen bis 50 Grad und noch darunter fallen können. Kam dann noch ein eisiger Wind dazu, der frei über die Kamaebene fegte, so erstarb jeder Versuch, eine Unterhaltung zu führen. Man mußte das Gesicht vom Wind wegdrehen, den Mund fest schließen. Die wenigen verbleibenden Gesprächsfetzen galten den Beobachtungen, die man im Gesicht des Zugpartners machte, den gefürchteten weißen Flecken an der Nasenspitze. Wir mußten an unsere Gesundheit denken und auf den richtigen Sitz der vereisten Schutzmaske achten, die wir über das Gesicht gebunden hatten. Drückte oder scheuerte etwa noch ein Filzstiefel und machte bei jedem neuen Schritt Beschwerden, so wurde die ganze Holztour zu einer nicht enden wollenden Schinderei.

Der Wald, das Fahrtziel dieser Wintertouren, lag deutlich in Sichtweite des Lagers, ein dünner Strich am Horizont im äußersten Süden der schier endlosen Kamaebene. Er war aber weiter entfernt, als es der „Potsdamer Platz“ im Sommer gewesen war. Das Marschieren und das Lastenziehen auf dieser Winterroute war eine Qual. In der weißen Einöde hatte man kaum den Eindruck, daß der Fußmarsch sich dem Endziel näherte. Das Holz war zwar im Winter auf Lastschlitten leichter zu transportieren. Trotzdem waren diese Fahrten über die Kamaebene sehr unbeliebt. Nur gelegentlich wurde eine Holzbrigade auf die kürzere Strecke geschickt, die vom Lager nach Westen und dann gleich bergab nach Süden in den Bereich des tief zugefrorenen Hafens von Jelabuga führte. Dort lagen zahlreiche seit dem Sommer angeschwemmte Flöße. Wir nannten dies die „kleine“ Holztour.

Die Zusammenschließung aller Inhaftierten aus Deutschland und Österreich im A-Lager brachte mit sich, daß viele neue und interessante Freundschaften sich bilden und festigen konnten. Je länger ich darüber nachdenke, um so mehr Begegnungen fallen mir wieder ein. Oft war es nur ein wiederholtes Sehen am gleichen Ort, zum Beispiel das häufige Zusammentreffen mit einem Plenni, der mit der Hand auf der Schulter eines Kameraden vor ihm sich durch den langen Gang zur Toilette im Bischofspalast führen ließ. Dieser Blinde war Stalingrader, der im Laufe der Jahre als Gefangener sich mit eisernem Willen auf sein späteres Jura-Studium vorbereitete dank eines irgendwie in seinen Besitz gelangten deutschen Handbuches, aus dem er sich ständig vorlesen ließ. Ich habe ihn bei jeder Begegnung erneut bewundert und teilnehmend seine wenig hoffnungsvolle Lage bedacht.

Stalingrader war auch der Plenni Koltermann, mit dem ich mich bei meinen Versuchen, Bücherschätze aufzuspüren, anfreundete. Vor dem Krieg war dieser Altsprachler Gymnasiallehrer in Berlin gewesen. Im Lager hatte er auf Zementpapier eine lateinische Grammatik und ein Lehrbuch dazu geschrieben. Darin habe ich lange und intensiv studieren können, um meine eigenen Kenntnisse aufzufrischen und um bei dieser Lektüre in römische Geschichte und Literatur einzutauchen. Er ist einer der wenigen Jelabuga-Freunde, den ich nach langen Jahren der Trennung überraschend und höchst beglückt im Steinbruch am Wolga-Don-Kanal wiedertraf. Zu den Stalingradern gehört auch Heinrich Klotz, der aus meiner Heimatstadt Harburg stammte und mich sehr wißbegierig über die Zerstörungen in der Thörlstraße befragte, wo unsere Hausgärten nahe beieinander lagen. Für ihn war es die allererste Gelegenheit nach seiner Gefangennahme, etwas für ihn Neues aus der Heimat zu erfahren. Nach dem letzten Bombenangriff 1944 hatte ich unsere Straße noch inspizieren können. Über das Schicksal seiner Familie konnte ich ihm leider nichts berichten.

Voll Dankbarkeit erinnere ich mich an die Predigt am Ostersonntag 1946, die Dr. Schlemmer in einem der kleineren Häuser am Rande innerhalb des Lagerbereiches hielt. Er hatte die besondere Gabe, in seinen Ausführungen die richtigen und auch genügend vorsichtigen Worte zu finden. Die Gefangenen, die nun seit einem Jahr oder länger in russischer Gefangenschaft waren, wollten Hoffnung schöpfen können und suchten Trost und Halt in gedankenreichen Bildern und Bibelworten (Abb. 20).

Im tiefkalten Winter 1945/46 verlief der frühe Morgen des 18. Februar zunächst auf ganz alltägliche Weise. Nach dem Aufwachen konnte ich mich vor dem allgemeinen Wecken noch einmal auf meiner Pritsche zusammenrollen zu einem kurzen Schläfchen trotz der allmählich zunehmenden Unruhe. Es war mein erster Geburtstag in russischer Kriegsgefangenschaft. Wie jedes Geburtstagskind war ich an diesem Tage von Arbeitspflichten freigestellt. Es würde für mich ein ruhiger Tag werden. Inzwischen war das Licht angeknipst worden. Die Geräusche des Stubendienstes zeigten an, daß der normale Alltag begann.

Die Brotportionen, die für jeden einer Stube bereits in der Brotschneiderei auf einer Trage zurechtgelegt worden waren, hatte der Stubendienst schon hereingetragen. Der Stubenälteste konnte am Produktentisch seines Amtes walten: Er wog die Portionen nach und brachte sie auf das Normalgewicht. Wo etwas fehlte, steckte er das sogenannte Supplement mit Hilfe eines Holzstäbchens am Brotkanten fest. Bei der Brotausteilung fanden sich stets eifrige Helfer, die die Brotportionen zu den einzelnen Plennis an die Pritschenplätze brachten. Dabei wurden sie ängstlich von vielen kritischen Augen beobachtet, die den ordnungsgemäßen Verlauf des Vorgangs überwachten. Wer bisher noch geschlafen hatte, wachte spätestens bei dieser wichtigen Aktion auf.

An Geburtstagen war es üblich, von jeder Portion eine Kleinigkeit einzubehalten. Dieses Brot war das kulinarische Geburtstagsgeschenk der Stube, zusammen mit einer kleinen Zusatzportion an Zucker und Fett. Im Laufe der Zeit hatte sich so ein im Lager übliches Ritual entwickelt. Der Stubenälteste begleitete das Geburtstagskind an den Produktentisch. Man wußte es und rechnete auch im Stillen damit. An diesem 18. Februar befanden sich neben der zusätzlichen Brotportion noch einige kleine Gegenstände, Kleinigkeiten des Alltags, die man gut gebrauchen konnte, die man schon lange hatte entbehren müssen. Es waren schwer zu beschaffende Kostbarkeiten, bei deren Anblick das Geburtstagskind oft nur selbst ahnte, wer von den Kameraden an so etwas hatte denken können, wer so einen Gegenstand hatte herstellen oder auf dem leergefegten Plennimarkt besorgen können: ein Aluminiumkamm, dem man ansehen konnte, wieviel Zeit nötig gewesen war, um ihn aus einer Erkennungsmarke zu sägen, ein kleines Büchlein mit einigen Gedichten, das herzustellen wohl nicht wenig Geduld gekostet hatte, oder eine schlichte Sperrholzplatte mit beiliegender Glasscherbe zum Abziehen der Oberfläche, um die nächsten Notizen darauf schreiben zu können, und vielleicht noch ein kleiner Bleistift dazu. So etwa sahen die Geschenke aus, die gute Freunde auf den Tisch neben die Extra-Brotportion gelegt hatten. Gerührt suchte ich nach herzlichen Worten, um mich für diese wertvollen Geschenke zu bedanken.

Da trat ein mir unbekannter Stubenkamerad an den Geburtstagstisch. Er war groß und hatte einen hellblonden Lockenkopf. Es sah aus, als ob er eine Ansprache halten wollte. Doch schon begann er, mit heller und klarer Tenorstimme das von Franz Schubert vertonte Lied „Die linden Lüfte sind erwacht" vorzutragen. In dieser tristen und deprimierenden Lageratmosphäre war das so überraschend und überwältigend schön, daß ich Mühe habe, es in Worte zu fassen. Diesen Stubenkameraden aus Bremerhaven hatte ich bisher kaum bemerkt. Sein Liedvortrag, der für mich zu einem ganz besonderen Geschenk wurde, brachte eine herzerfreuende Stimmung in unsere düstere, kalte Stube. Ich war so bewegt, daß mir die Tränen in die Augen traten. Dieses wunderbare Erlebnis an meinem ersten Geburtstag in der Gefangenschaft werde ich niemals vergessen. Während unseres anschließenden Gespräches erfuhr ich, was den Sänger zu diesem Geburtstagsständchen veranlaßt hatte: Auch seine Mutter hatte am 18. Februar Geburtstag und war gewiß an diesem Tag besonders innig mit ihrem Sohn in Gedanken verbunden.

Der Tag der Roten Armee im A-Lager

Nur wenige Tage später machten Gerüchte die Runde, die bei uns die Hoffnung auf bevorstehende Veränderungen im Gefangenenalltag weckten. Die Rote Armee feierte im Februar ihren großen Jahrestag. In den Tagen vor diesem Fest kamen allerdings erst einmal neue Sorgen auf uns zu, verursacht durch die übergründlichen Durchsuchungen aller Unterkünfte. Die sowjetischen Posten suchten überall nach verbotenen Messern oder anderen gefährlichen Waffen. Also mußten wir wieder einmal neue Verstecke aufspüren für Dinge, die wir nicht verlieren wollten, ein Unternehmen, das schon fast zur Routine geworden war.

Die offiziellen Mitteilungen zu dem bevorstehenden Fest schienen einen neuen Unterton zu haben. Wir wurden zu einer Versammlung im Festsaal der sowjetischen Garnison eingeladen. Die Teilnahme war freiwillig. Als Redner waren diesmal auch Deutsche vorgesehen; das hatte es bisher noch nicht gegeben. Alle Erwartungen und Vermutungen waren auf irgend etwas Besonderes gerichtet. So gab es Motive genug, dieser Einladung zum Festvortrag Folge zu leisten. Außerdem konnte man bei dieser Gelegenheit endlich einmal den Saal der Garnison in Augenschein nehmen. Bislang hatten wir immer nur das Äußere dieses Gebäudes hinter dem Lagerzaun erblikken können. Es handelte sich um die vorderste der drei großen Kirchen von Jelabuga. Gut Informierte hatten uns vor allzu naiven Erwartungen auf irgendeine Art musealer Überraschung in der Kirche und auch vor unrealistischen Hoffnungen auf eine Änderung in der sowjetischen Gefangenenpolitik gewarnt. Ich wollte aber trotzdem zur Versammlung gehen.

Zum Besuch mußten wir am Lagertor in ordentlicher Kleidung antreten. Es wurde aber nur eine begrenzte Anzahl zugelassen. Nach bestandener Kleiderinspektion verließen wir das Lager und gingen am äußeren Lagerzaun entlang bergan bis zu der hochgelegenen Kirche. Der Innenraum ließ nicht mehr ahnen, daß wir uns hier in einer ehemaligen orthodoxen Kirche befanden. Es war nur noch ein nackter, kahler Vortragssaal mit vielen Stuhlreihen, sauber und unauffällig. Ebenso nichtssagend, monoton und langweilig waren offenbar auch die Festvorträge. Wir verstanden zwar noch nicht viel Russisch, aber die inhaltsarmen nachfolgenden Ansprachen deutscher Plennis ließen darauf schließen. Die Hoffnung, der Tag der Roten Armee würde interessante Veränderungen in unserem Alltag ankündigen, blieb unerfüllt. Wir waren tief enttäuscht und machten uns alsbald auf den Rückweg. Niedergeschlagen zogen wir durch das Lagertor. Der häßliche Anblick der Lagerkulisse verstärkte die deprimierte Stimmung: zu unserer Linken die wenigen, kurz vor dem Verfall stehenden Bürgerhäuser, zu unserer Rechten im Mittelpunkt des Lagerareals die tiefgelegene Müllkippe, wo aller Unrat und alle Abwässer landeten. Schweigend und betreten gingen wir durch diese Umgebung.

Wir mußten uns fragen: Hatten die Sowjets uns zu diesem Tage irgend etwas Besonderes sagen wollen? Wozu hatte man uns überhaupt eingeladen? Hatten wir mit unserer Mentalität nicht am Ende selber schuld an unserer Enttäuschung, indem wir naiv und voreilig an mögliche Veränderungen glauben wollten? Mir fällt heute ein, daß um diese Zeit Churchill seine berühmte Rede über die Beendigung des Zweiten Weltkrieges gehalten hatte. Sie kann den Sowjets gar nicht gefallen haben. Und wurde nicht damals das sowjetische Theaterstück „Die amerikanische Frage“ auf die Bühne gebracht und gleich danach auch verfilmt? Die Antifa lobte nach Kräften dieses „Kunstwerk“ und versuchte dadurch, möglichst viele für die Vorführungen zu gewinnen. Das Stück war für uns uninteressant und langweilig, und seine agitatorische Position war so eindeutig antiamerikanisch, daß sich niemand dafür erwärmen wollte. Man merkte die Absichten und lehnte das Stück entschieden ab. Der große Begeisterungssturm, der durch die Reihen brausen sollte, unterblieb. Die Verhärtungen gegen alle Agitationsbemühungen des NKWD nahmen deutlich zu. Die zeitliche Einordnung dieser Ereignisse kann ich nicht genau präzisieren. Mir scheint aber ein sachlicher Zusammenhang mit dem Beginn des „Kalten Krieges“ erkennbar, den wir sogar auch hinter dem Stacheldraht an einigen Indizien zu spüren meinten.

Das Herannahen des Frühjahres 1946 machte sich vielfach bemerkbar. Die Gefangenen im A-Lager nutzten die ersten wärmenden Sonnenstrahlen aus, wo und wann sie nur konnten. Nach dem langen, zähen Winter trieb der Hunger nach Wärme und Licht viele Sonnenanbeter vor die südlichen, stark reflektierenden Fassaden des Hauptgebäudes des Bischofspalastes. Dort auf den Eingangsstufen saßen Diskutierlustige in Gespräche vertieft. Aus diesen zahlreichen, anhaltend redebereiten Kleingruppen, die sich spontan zusammenfanden, entstanden mancherlei „Schmalspurseminare“. Man sprach über seine bevorzugten Philosophen und deren Gedanken. Bei jedem Thema stand meist der am besten Informierte im Mittelpunkt und teilte den Zuhörern sein Wissen mit. Diese Art einer sich herausbildenden

Volkshochschule ist von der Antifa nicht unterwandert worden. In einem Gesprächskreis hatte der Plenni Adler seine anhänglichen und treuen Zuhörer, in einem anderen der Unterarzt Klaus Jung, ein Nietzsche-Spezialist, zu dessen Schülern ich gehörte. Diese Unterrichtsgespräche, die verständlicherweise nicht selten nur ein laienhaftes Niveau haben konnten, entstanden aus einem deutlich erkennbaren Grundantrieb: aus der Suche nach einer Vertiefung der manchmal nur unvollständigen, noch aus Deutschland mitgebrachten Schulbildung. In den Gesprächsrunden saßen natürlich auch einfach Männer, die vor allem die Sonne und ihre heilsamen Strahlen genießen wollten. Dem ärztlichen Rat folgend habe auch ich mich gern der Sonne ausgesetzt, um dadurch die Heilung meiner sehr störenden Bartflechte am Munde zu beschleunigen. Während der Zeit der Heilung, in der ich nicht rasiert werden konnte, wollte ich auch meine langsame äußerliche Verwandlung zum bärtigen Muschik beobachten. Das Ergebnis, ein roter Bart, befriedigte mich keinesfalls. Ich versagte mir die Fortsetzung dieses Experiments. Im April 1946 schauten die meisten immer häufiger und voller Neugier auf die Eisfläche der Kama. Man suchte die ersten Risse zu erkennen und hoffte, das seltene Schauspiel des Eisganges im Frühjahr bei einem der größten russischen Ströme vom hohen Ufer aus beobachten zu können. Es würde ein sensationelles, einmaliges Bild werden, so dachten wir.

In diesen Wochen vollzogen sich auch etliche Veränderungen bei den außerhalb des Lagers eingesetzten Arbeitskommandos. Einige Kolchosebrigaden waren schon vor Wochen in das A-Lager zurückgekehrt, zum Beispiel die des Majors Fechtner, dem viele Plennis aus der „Deutschlandhalle" des B-Lagers vor Monaten schon zur Landarbeit gefolgt waren. Die Unannehmlichkeiten solcher Lagerumschichtungen häuften sich, aber man ertrug sie einigermaßen gutwillig, ebenso wie das häufige Säubern des Lagers, bei dem regelmäßig die gesamten Inneneinrichtungen der Stuben ausgeräumt werden mußten. Das regte niemanden mehr auf. Wir nannten diese Aktionen zur Säuberung der Fußböden einen „Großdawai". Solche Wortschöpfungen belustigten uns. Je mehr Aktionen beim Ausräumen der Stuben nötig wurden, um so mehr Anlässe zum bequemen Wachdienst über unser mehr oder weniger als wertlos anzusehendes „Gelumpe" ergaben sich (Abb. 40).

Bei einem solchen Wachdienst, als jeder seinen eigenen Gedanken nachhing und ich gleichgültig über unsere ausgeräumten und gestapelten Sachen hinwegschaute, fiel mein Blick auf die große Abfallhalde gleich hinter dem Stacheldraht. Diese Müllhalde bot einen unsäglichen Anblick; ebenso schlimm war der davon ausgehende Geruch. Hoch oben auf einem der groben Holzpfosten des Stacheldrahtzaunes saß ein auffallend großer und imposanter Rabenvogel. Nach seiner Größe zu urteilen, war es ein Kolkrabe. Diese Vogelart war mir seit meiner Kindheit von den bunten Illustrationen unseres Musikbuches her bekannt. Der Rabe schaute majestätisch und gelangweilt auf den regungslos dasitzenden Plenni innerhalb des Zaunes; ich wiederum sah den Raben mit immer schärferem Blick an. Er interessierte mich zunehmend. Aber nach langen Minuten des stummen gegenseitigen Musterns war sein Interesse erlahmt. Er schüttelte sein Gefieder, breitete die Flügel aus und erhob sich zu einem Flug in großer Runde über das Lager und verschwand. Dieses Bild habe ich seither in so deutlicher Erinnerung behalten, daß ich fast glaube, ich könnte es malen. Es war ein Bild von großer Symbolkraft, das unsere Tristesse verdeutlichen kann.

Die Nachrichten über alle soeben im Lager eingetroffenen Kolonnen verbreiteten sich mit erstaunlicher Schnelligkeit. Sofort erfuhr ich, daß auch die Gefangenen aus Kosyltau zurück ins A-Lager gekommen waren. Wir kannten fast alle mehrere Kameraden von dort und waren begierig, die letzten Neuigkeiten zu erfahren. An der Lagerstraße wurde uns aufgeregt erzählt, daß die Lagerbesatzung gerade eben noch rechtzeitig zu Fuß die gefrorene Kama hatte passieren können. Ich hielt Umschau und entdeckte Jochen Mücke, den Dritten unseres Freundesbundes vom Marsch nach Kosyltau im September '45. Sein Gesicht war von Ödemen verändert, nachdem er dort sechs Monate hatte aushalten müssen. Er rief mir sofort als erstes entgegen: „Sie haben Arno gleich vom Lagertor aus abseits in das NKWD-Haus abgeführt." Das war eine sehr schlechte und sogar höchst beängstigende Nachricht. Arno blieb drei Tage verschwunden. Endlich kam er in das Lager zurück. Am Zaun sah ich ihn wieder. Ich konnte ihm nur erschrocken zurufen: „Mein Gott, Arno, was haben sie mit dir gemacht!?" Sein Gesicht sah aus wie das eines Boxers nach dem Ende eines Kampfes über alle 12 Runden. Die Augen waren stark geschwollen. Arno gab keine Antwort. Er senkte den Blick und ließ nur etwas wie „Ja, ja!" vernehmen. Jochen Mücke und ich drangen nicht weiter in ihn. In der Folgezeit hat Arno nicht die allergeringsten Andeutungen gemacht über seine NKWD-Behandlung während des Drei-Tage-Verhörs. Wir respektierten sein Schweigen. Sein Wunsch war: Schlafen! Wenige Tage nach diesem Wiedersehen ging ich auf Transport zu Schiff nach Kasan. Arno, Jochen und ich wurden später erneut getrennt. Wir haben uns während der danach folgenden Lagerjahre nicht wiedergetroffen.

„ERHOLT EUCH KULTURVOLL!“ Dieser Satz sollte den Sowjetmenschen eine nachdrückliche Ermahnung und fruchtbare Perspektive geben. Als Devise prangte er in großen Lettern auf vielen Wandinschriften in den sowjetischen Arbeiter-Clubhäusern und Soldatenheimen. Das war ein gut gemeintes und anspruchsvolles Ziel. Es wurde auch für die Kriegsgefangenen allmählich mehr in den Vordergrund gerückt. Der Widerspruch zu den meist keineswegs kulturvollen Arbeiten erklärt sich durch ihre erniedrigenden Formen, die vor allem von den Deutschen so empfunden wurden. Sie wurden zu den primitivsten und gröbsten Arbeiten eingesetzt, für die sie nur selten Vorkenntnisse handwerklicher Art besaßen. Die meisten brachten deshalb keinerlei Interesse dafür auf, sondern arbeiteten nur mit innerem Widerstreben. Ich glaube, daß manche Sowjets mit diesen Arbeitsaufträgen eine gewisse Häme verbanden, als ob sie es darauf anlegten, „es den Fritzen zu zeigen“, um sie von ihrem hohen Roß herunter zu holen. Das dürfte mehr noch für die Plennis in Offizierslagern gelten als für solche der Mannschaftslager. Mit den zunehmenden Einsätzen der Gefangenen in sowjetischen Produktionsstätten, bei denen sie dann auch Geld verdienen konnten, änderte sich ihr Arbeitsverhalten. Die stereotype formelhafte Wiederholung der Kulturdevise hatte auf die Dauer eher eine komische Wirkung. Die anspruchsvolle Forderung, Kultur für alle Sowjetmenschen, wurde zwangsläufig zu einem Ziel, das die Ideologen auf bequemem Wege glaubten erreichen zu können. Doch die Vorgänge im Lager Jelabuga auf diesem Gebiet können die Ziele der hohen kulturellen Ansprüche eher bestätigen. Einem fernab von allen Kulturaktivitäten stehenden Plenni ist es jedoch nur schwer möglich, umfassend und kompetent darüber zu urteilen.

Viele Jahre hat der sowjetische Gardeoberstleutnant Kudriaschow das Lager Jelabuga als Kommandant befehligt. Wir waren zunächst allzu leicht der Meinung, daß er verantwortlich zu machen sei für alle Mißstände, die uns ohne Schwierigkeiten verbesserungsfähig schienen. Aber nichts ist schwieriger, als eine alte, durch lange Traditionen gefestigte Ordnungsstruktur zu reformieren. Man läßt gewöhnlich den Karren am ehesten so weiterlaufen, wie die alten Gleise ihn führen. Der Blick, heute rückwärts auf die Zeit im Lager Jelabuga gewandt, hat uns über vergleichbare Lager in anderen Gegenden der Sowjetunion mit Abstand zu urteilen gelehrt. Im ersten Jahr der Gefangenschaft, das wir in der Tatarenrepublik verbrachten, war unter uns die Überzeugung lebendig: Ja, hier in der Einöde liegt vieles im argen. Aber wenn ihr erst einmal in eine weiter westlich gelegene Landschaft der Sowjetunion kommt, vielleicht gar in den Bereich um Moskau, dann werdet ihr sehen, daß dort alles ganz anders und gewiß viel besser ist. Wir täuschten uns über die Kraft der gesetzlichen Einzelverfügungen, mit denen für jeden Gefangenen festgelegt worden war, was ihm zukam. Genau das und nicht mehr wurde überall im Lande herbeigeschafft. Naturbedingte Notfälle kamen vor, aber sie blieben Ausnahmesituationen, die man zu korrigieren suchte.

Eine großartige kulturelle Aufbauleistung, ganz außerhalb jeden Vorschriftenrahmens, war das Musikleben in Jelabuga. Es ist unmöglich festzustellen, ob die ganz erstaunlichen Musikaktivitäten im Lager auf die Initiative einer Einzelperson zurückgehen. Auf jeden Fall kann man sagen, daß ohne die Einwilligung des Lagerkommandanten eine solche Initiative nicht möglich gewesen wäre. Es ist wahrscheinlich, daß die Plennis mit ihrem Begehren seiner heimlichen musikalischen Leidenschaft entgegenkamen. Das Musikleben in Jelabuga hatte schon in den Jahren vor dem Kriegsende einen erheblichen Aufschwung genommen. Wo auch immer die Initiative gelegen hat, dem kulturellen Leben des Lagers sind die Tore geöffnet worden, und ein überraschendes Musizieren hat sich entwickeln können, vermutlich auch zur Zufriedenstellung mancher einflußreichen Genossinnen und Genossen der sowjetischen Garnison Jelabuga in der Tatarenrepublik. Die vielfach nötigen Förderungen dieser aufwachsenden Musikkultur dürften auf mancherlei Weise dank einflußreicher Verwaltungsbeamter für das gemeinsame Ziel „Musik“ gewirkt haben. So wurde es einer kleinen Gruppe von Berufsmusikern ermöglicht, ihre Kunst regelmäßig zu pflegen. Das gleiche gilt auch für etliche Instrumentenbauer, die nun ihr Handwerk mit Freuden und Erfolg ausüben konnten. Aus einem kleinen Orchesterkern ist langsam ein ganzes Orchester erwachsen, angefeuert und ermuntert von interessierten Künstlern und Musikliebhabern, wahrscheinlich beiderseits des Lagerzaunes, sowie von einigen fähigen Dirigenten unter den Inhaftierten.

Die letzten dieser Aktivitäten, die ich in Jelabuga miterleben konnte, waren Darbietungen, die ein hohes künstlerisches Niveau hatten. Sie ließen den wenig anspruchsvollen äußeren Rahmen vergessen, in dem sie stattfanden. Es gab sogar Aufführungen deutscher Operetten, wobei in erster Linie

Werke von Komponisten inszeniert wurden, die unter dem Naziregime verfemt waren. Die weiblichen Rollen wurden auch von sangesmutigen Männern mit großem Erfolg übernommen. „Maske in Blau“ war ein solcher Glanzpunkt, zu dem sich insbesondere die Damen aus den sowjetischen Offizierskreisen um Plätze im Parkett drängten.

Am eindrucksvollsten ist mir die auf selbstgebauten Streichinstrumenten gespielte Aufführung von Mozarts „Eine kleine Nachtmusik“ in Erinnerung. Sie fand bei eisigem Frostwetter im ungeheizten, großen Saal des früheren Bischofspalastes statt. Wir hatten freien Zutritt und saßen auf ausrangierten Bänken, angetan mit unserer Wattekleidung und der Pelzmütze auf dem Kopf. Trotz einiger klanglicher Mängel, verursacht durch die Kälte, die die Instrumente leicht verstimmte und die Fingerfertigkeit der Spieler beeinträchtigte, kannte unsere Begeisterung keine Grenzen. Der Abend wurde ein großer kultureller Höhepunkt. Ein weiteres, unvergessenes Glanzlicht war der Vortrag des Schubertliedes „Der Tod und das Mädchen“ im Kultur-Clubhaus neben dem Bischofspalast. Jeder öffentliche Erfolg muß auch die sowjetische Seite zu erneuter Mitarbeit und Hilfe ermuntert haben. Die ersten Konzerte mit selbstgebauten Instrumenten dürften einflußreiche Personen aus dem Kreis der sowjetischen Zuhörerschar motiviert haben, bei Reisen nach Moskau oder in andere größere Städte Ausschau zu halten nach hilfreichen Beiträgen für fehlende Musikalien, Notenpapier oder Instrumentensaiten, Dinge, die in Jelabuga nicht zu bekommen waren. Das normale Alltagsleben lief im Lager neben diesem Kulturprogramm in gewohntem Maße weiter. Es waren dies alles im Grunde sehr elitäre Aktivitäten, die von manch uninteressiertem Plenni unbemerkt blieben. Sie waren die Ursache für einen sonderbaren Lebenszustand, wo Kunst für kurze Zeit tiefste Depressionen überlagerte.

Der „Eichhorn“-Transport nach Selenodolsk (Grüntal) bei Kasan

Der langerwartete Eisgang der Kama endete Mitte Mai; der Fluß war wieder frei. Verlegungen hin zu entfernteren sowjetischen Produktionsstätten wurden möglich. Ein erster Transport, eine Schiffsladung mit etwa 500 Leuten, wurde in Jelabuga von der NKWD-Verwaltung zum sogenannten „Eichhorn“-Transport zusammengestellt. Ihm wurden alle mit den Anfangsbuchstaben A bis S des russischen Alphabets zugewiesen. Ihre politische Einstellung spielte dabei offenbar keine Rolle.

Bei jedem neuen Transportkommando ging in der Regel eine Vielzahl von Gerüchten durch das Lager mit den Vermutungen über den Zielort. Auch bei dem nun bevorstehenden Transport wurde darüber eifrig diskutiert. Sobald die genaue Zusammensetzung feststand, wurden daraus die aktuellsten Theorien abgeleitet. Die meisten glaubten, je mehr Antifaschisten auf der Transportliste standen, um so wahrscheinlicher würde der Transport in die Heimat gehen. Mit dem „Eichhorn"-Transport sollte zum Beispiel auch von Bismarck, ein bekannter Antifaschist, auf die Reise gehen. Sein Name mußte jeden aufhorchen lassen, der ihn schon erlebt hatte und seinen Mut zu rücksichtsloser Offenheit und sein politisches Glaubensbekenntnis kannte. Man war überzeugt, daß er mit diesem Transport eine gute Fahrkarte erhalten hatte und folgerte daraus, daß das Transportziel nur die Heimat sein konnte. Deshalb freuten sich alle, die ebenfalls auf der Liste standen, und meinten, daß damit ihr größter Wunsch seine Erfüllung finden würde. Von Bismarck hatte schon lange deutlich festgelegt, welches im Falle seiner Heimkehr seine politischen Ziele sein würden und wofür er kämpfen würde. Unmißverständlich stellte er seine Überzeugungen zur Schau. Er war stets zu sehen mit dem schwarz-weiß-roten Ordensbändchen am Uniformrock, dem Zeichen der Mitglieder des „Bundes deutscher Offiziere". Obendrein setzte er demonstrativ die Ballonmütze der revolutionären Arbeiter des vorigen Jahrhunderts auf, die er sich von irgendwoher besorgt hatte. Für meinen Geschmack tat er zuviel des Guten. Er war mir unsympathisch, und ich vermied den Kontakt mit ihm. Seine Zukunftshoffnungen wurden jedoch enttäuscht, da er noch zehn weitere Jahre in der Sowjetunion zurückbehalten wurde.

Der „Eichhorn"-Transport brachte uns zunächst mit einem Kamadampfer nach Kasan. Dort marschierten wir durch die Straßen der großen Stadt. Einige Fotos, die ich mit der kleinen Minox gemacht habe, geben unsere Eindrücke wieder (Abb. 41 ff.). Es schloß sich eine kurze Eisenbahnfahrt an bis nach Selenodolsk (Grüntal), wo sich unser neues Lager gleich neben einer Sperrholzfabrik befand. Auf dem Bahnhof von Selenodolsk mußten wir uns zunächst für eine längere Zeit auf einem der vielen Gleise niederlassen. Der Grund für diese unerklärliche Pause blieb uns verschlossen. Man kann die Motive nur vermuten, weil wir eine vergleichbare Situation kurz vorher in Kasan erlebt hatten. Dort hatte man uns mitten auf dem Fahrweg vor dem Lagertor eines sowjetischen Strafgefangenenlagers halten und lange Zeit warten lassen. Nun saßen wir hier auf den Bahngleisen von Selenodolsk vor einem Güterzug voller Zivilisten, die vermutlich weiter in

Richtung Osten transportiert werden sollten. Aus einigen Waggons kamen Frauen und Mädchen herüber, um uns anzustaunen. Sie wiesen einander auf irgend etwas bei den deutschen Gefangenen hin, was ihnen sonderbar erschien. Einige lachten dabei, während wir regungslos sitzen blieben. Vermutlich waren sie auf das sich ihnen bietende Spektakel aufmerksam gemacht worden. Plötzlich kam ein offenbar betrunkener Arbeiter von außerhalb hinzu, der gleich auf uns losgehen wollte. Unser Begleitposten hielt ihn zurück. Wir wunderten uns darüber, daß in dem Ziviltransportzug kein einziger Mann zu sehen war. Ich vermute, daß das Bild von uns nur als Schaubild dienen sollte, um damit eine psychologische Wirkung zu erzielen. Die Vorliebe der Sowjets für diese dramatischen Zur-Schau-Stellungen machen eine solche Erklärung für beide Situationen, in Kasan wie in Selenodolsk, höchst wahrscheinlich (Abb. 49 f.).

Selenodolsk zeigte ein viel bescheideneres Stadtleben als die Großstadt Kasan. Aber wir erlebten hier die akustische Berieselung der Bevölkerung durch die zahlreichen Lautsprecher, die an den Straßenecken an hohen Pfosten angebracht waren. Morgens pünktlich um sechs Uhr weckte die sowjetische Nationalhymne die Schläfer der Stadt. Ein pausenlos weiterführendes Programm setzte sich bis zum Abend fort. Folkloremusik wechselte mit klassischer Musik, unterbrochen von aktuellen Informationen. Solange es möglich war, hörten wir aufmerksam den Musikvorträgen zu. Oft waren berühmte musikalische Meisterwerke zu hören. Für viele waren es echte Ersterlebnisse nach einer langen Zeit ohne Musik während des Krieges und der anschließenden Gefangenschaft.

Es gab im „Eichhorn"-Transport eine verhältnismäßig große Anzahl von Leuten, die sich zum „Bund deutscher Offiziere" bekannten. Etliche von ihnen trugen ihre politische Gesinnung nicht ständig zur Schau. Mit ihnen konnte man weitgehend ideologiefrei reden, sofern man eine Diskussion der aktuellen Probleme vermied. Hatte man gemeinsame Interessen, ergaben sich bald vielfältige Unterhaltungsthemen. Ich denke an meinen Arbeitsbrigadier Dr. Gudelius, einen hochgebildeten Gymnasialdirektor aus Hemer im Sauerland, mit dem ich mich schnell und problemlos verstand. Die Zusammenarbeit am selben Arbeitsplatz in Selenodolsk hat viele von uns untereinander in größere menschliche Nähe gebracht. Das drückte sich auch in der Anredeformel aus, die wir untereinander gebrauchten. In Jelabuga wie auch in der ersten Selenodolsker Zeit war noch die traditionelle, in Offizierskreisen gebräuchliche Anrede mit „Herr....."

üblich. Doch bald vernahm man immer häufiger das vertraute „du“, das allmählich zur einzigen Anredeform wurde. Damit waren alle unterschiedslos zu Pritschen- und Arbeitskameraden geworden. Nicht selten sind daraus auch langwährende Freundschaften entstanden.

Im Spezialhospital Selenodolsk

Knapp fünf Wochen, nachdem sich die Plennis des „Eichhorn“-Transportes in Selenodolsk im Furnierlager III eingewöhnt hatten, passierte mir ein Arbeitsunfall. Ich war Gefangener der Arbeitsstufe 3 und arbeitete in der Sägereizeche, die unmittelbar vom Lager aus zu erreichen war. Meine Arbeitszeit betrug sechs Stunden pro Tag. Männer, die mit vollem Arbeitstag acht Stunden arbeiten mußten, holten aus einem nahebei verlaufenden Wolgaarm die darin schwimmenden Baumstämme heraus und befestigten sie auf einem Transportband. Die Stämme wurden damit bis zur nächsten Arbeitsstelle transportiert, dort abgeworfen und durch eine Kippsäge auf eine bestimmte Normlänge zur Weiterverarbeitung zersägt (Abb. 51).

Im Vergleich dazu war meine Arbeit recht leicht: Ich mußte lange Sperrholzstreifen in kürzere zersägen. Meine Kreissäge arbeitete völlig ungeschützt. Das dadurch irgendwann zu erwartende Unglück geschah in einem Augenblick der Ermüdung. Die linke Hand, die ständig die gleichen Ablegebewegungen ausführte, kam in diesem Moment der Unkonzentriertheit zu nahe an das Sägemesser. Ein sehr harter, kurzer Schlag traf mich, als habe er den ganzen Körper erfaßt. Die verletzte Hand war wie betäubt und blutete stark. Man führte mich sofort in die Lagerambulanz zur ersten Versorgung. Das mittlere Zeigefingergelenk der linken Hand war zerstört und ist seither steif geblieben. Ich wurde in das nahegelegene Spezialhospital verlegt, wohin man mich mit meinen wenigen Habseligkeiten begleitete.

Ich wußte, daß man dort alle neu Eingelieferten und ihre kümmerliche Habe gründlich überprüfen würde. Meine einzige Sorge auf dem kurzen Fußmarsch zum Hospital galt meiner Minox, die ich bis hierher in einem kleinen, selbstgenähten Etui durch alle Filzungen hindurchgerettet hatte und nun nicht auf diese Weise verlieren wollte. Wie konnte ich sie verstekken? Es war bekannt, daß man sich nach der Einlieferung zunächst splitternackt ausziehen und dann all seine Kleider in einem Sack abgeben mußte.

Dieser wurde anschließend von einem Magaziner weggeschlossen bis zur späteren Entlassung. Eine nachträgliche Kontrolle, Sichtung und Filzung dieser Sachen war mit Sicherheit zu erwarten, wobei fast immer alles Brauchbare durch minderwertige Dinge ausgetauscht wurde. Bei meiner Einlieferung packte ich meine Toilettenartikel in meinen Brotbeutel und legte das kleine Päckchen mit der Minox, das ich in ein Taschentuch gewickelt hatte, daneben. Nun konnte ich nur noch auf einen guten Ausgang hoffen.

Der Anblick des bereitstehenden russischen Personals versetzte mich in Schrecken. Zur Aufnahme warteten ein Unterleutnant und eine Krankenschwester. Der Offizier, vermutlich eine untere medizinische Charge, wirkte auf den ersten Anblick sehr wenig vertrauenerweckend. Er war sehr mager und hochgewachsen und hatte ein Gesicht mit vogelähnlichen Zügen, die noch verstärkt wurden durch sein aufgeregtes Verhalten. Er gab rasche Anweisungen, kam auf mich zu, packte mich am Kopf und riß meinen Mund auf, um mein Gebiß zu prüfen. Dabei öffnete er selbst vorbildlich seinen eigenen Mund. Ich habe selten so viele Goldzähne beieinander gesehen. Nachdem er die Anzahl meiner wenigen Goldzähne notiert hatte, überließ er mich der Krankenschwester. Sein Auftrag war offensichtlich erledigt, denn er wandte sich ab. Ein auffälliges Zeichen seiner Eitelkeit war seine sorgfältig gebügelte Uniformbluse. Damit stach er ab von der üblichen, weniger geschniegelten Weise, die Gymnastiorska zu tragen. Er hatte eine sehr schmale Taille, die er noch hervorhob durch seinen sehr eng umgeschnallten Koppelriemen. Dabei hatte er die Gymnastiorska vor seinem Bauch zu einer glatten Stoffbahn gestrafft; die dabei in seinem Rücken entstehende Faltenpartie hatte er dicht zusammengeschoben und unter sein Koppel gepreßt.

Nach dieser ersten Schrecksituation half mir die Krankenschwester beim Ausziehen meiner Kleider. In dem entscheidenden Moment, als ich die Toilettenartikel einzeln vorführen mußte, holte ich mit der rechten Hand einen Gegenstand nach dem anderen aus dem Beutel heraus und zeigte ihr alles. Dem Taschentuch mit seinem verborgenem Inhalt schenkte sie keinerlei Aufmerksamkeit, so daß alles passieren durfte. Mit nur mühsam unterdrückter Aufregung konnte ich nun alles wieder in den Beutel zurückpacken und in die Lazarettstube zu dem mir zugewiesenen Bett mitnehmen. Dort setzte sich das monatelange Verbergespiel weiter fort. Dabei kam mir mehrmals ein guter Jelabuga-Bekannter, der Plenni Memmert, zu

Hilfe, nachdem ich ihn entsprechend eingeweiht hatte. Wenn ich zur Vorstellung zu dem Chirurgen Dr. Groß ins Behandlungszimmer bestellt war, nahm Memmert das kleine, inhaltsschwere Päckchen zu sich ins Bett. Auf diese Weise ist es mir geglückt, die Minox bis zu meiner Entlassung aus dem Hospital zu retten.

Das Spezialhospital 3656 bestand aus zwei Gebäudekomplexen. Der größere, ein ehemaliges Schulgebäude, war in U-Form als Holzblockhaus errichtet. Die großen Klassenräume waren mit Betten eng vollgestellt, vergleichbar unseren Jugendherbergsbetten, die man auch übereinander stellen konnte. Hier durften wir zum ersten Mal wieder bequemer liegen, oft sogar in einem Einzelbett auf einem Strohsack, nachdem wir uns vorher lange Zeit auf harten Massenpritschen hatten zusammendrängen müssen. Quer vor dem Blockhaus erstreckte sich ein erst später erbauter zweistökkiger Steinbau, in dem die Stuben mit großen Betten neueren Stils ausgestattet waren. Diese hatten höhere Kopfenden mit Schmuckornamenten und etwas niedrigere Fußteile, beide in die Liegefläche eingehakt. Hier zeichnete sich ansatzweise eine Entwicklung ab zu größerer Bequemlichkeit auch bei Gefangenenbetten, die die NKWD-Verwaltungen in den folgenden Jahren offenbar übernehmen wollten. Die kranken Gefangenen selbst wurden mit Wäsche nach traditioneller russischer Art versorgt: Die Unterwäsche war aus schlichtem Nessel; darüber zog man einen leichten Stoffmantel und trug an den bloßen Füßen Holzlatschen.

In dem Innenhof zwischen dem Blockhaus und dem Steinbau lagen die Arbeits- und Versorgungsbaracken: die Pathologie, das Produktenmagazin und die Lagerlatrine. Außerdem befand sich hier die Abfallgrube und endlich genau in der Hofmitte der vielbesuchte „Platz für Raucher“ mit einer roh gezimmerten Sitzbank vor einer alten Badewanne, die ganz in den Boden eingelassen und mit Kies gefüllt war zum Ausdrücken der Zigarrettenkippen. Von hier hatte man einen weiten, wundervollen Blick auf das tiefer gelegene Selenodolsk. Man konnte deutlich die Baracken des Lagers Furnierfabrik III erkennen und die von dort aufsteigenden Signalklänge der Lagerglocke mittags und abends hören. Etwa einen Kilometer weiter entfernt begann die östliche Uferpartie des Wolgastromes, der wie ein schmales, unscheinbares Band wirkte, dessen wahre Breite man nur schwer abschätzen konnte. Auf der gegenüberliegenden Seite erkannte man das aufsteigende westliche Steilufer. Vor diesem Bild pulsierte das Leben. Den vorbeifahrenden Schiffsverkehr erlebten wir aus weiter Ferne.

Wie kleine Spielzeugschiffe zogen die Wolgadampfer langsam vorbei. Man konnte sie noch lange verfolgen, bis sie Selenodolsk passiert hatten. Mit dieser herrlichen Aussicht auf eine einmalige Kulisse war es ein grandioser Platz. Auch ohne Zigarette in der Hand habe ich oft hier verweilt und das wunderbare Bild genossen (Abb. 54).
Hier machte ich zum ersten Male die Bekanntschaft einiger japanischer Gefangener aus dem Steinbau des Lazaretts. Unser gegenseitiges Interesse war groß, unsere Verständigungsmöglichkeit dagegen eingeschränkt. Auf beiden Seiten waren Kenntnisse des Englischen, der Verkehrssprache untereinander, nur gering vorhanden. Die Japaner sprachen gewöhnlich sehr hastig. Eine Zeit des sprachlichen Eingewöhnens war für uns alle nötig. Mein schon in der Jugendzeit erwachtes Interesse für Japan und seine Kultur und meine Vorliebe für das GO-Spiel, das als eine japanische Art des Schachspiels angesehen wird, erleichterten mir die Kontaktaufnahme mit den Japanern. Mit diesem Spiel errang ich bei ihnen einige kleine Anfangserfolge. Der Leutnant Hideaki Koyama und ich bestritten etliche gute GO-Partien, und ich wurde als eine Art Weißer Rabe unter den Deutschen angesehen (Abb. 65).

Wir durften als Kranke auf der Stube bleiben und saßen im Schneidersitz auf einem Krankenbett. Unsere Unterhaltungen streiften die bei allen Gefangenen üblichen Themen: Land und Leute, Geschichte, vorsichtige Kritik an den Bedingungen unserer Gefangenschaft. Unsere Unterhaltungen bekamen aber bald auch eine persönlichere Note, als wir über besondere Vorlieben sprachen. Eine Lieblingsbeschäftigung war offenbar bei fast allen Japanern, die ich kennenlernte, das Schreiben von Gedichten. Sie kannten die dabei zu beachtenden Regeln und waren, so schien es mir, auch dichterisch begabt. Ich bewunderte den Obersten Myamura, einen kleinen älteren Herren von ausgesuchter Höflichkeit und mit einem sehr kultivierten Umgangston. Wir haben uns in vielen Stunden über die Kunst japanischer Poesie unterhalten. Er konnte viele Gedichte rezitieren und versuchte dann, sie ins Englische zu übersetzen. Trotz der Sprachbarrieren waren diese Gespräche höchst interessant. Das Zentralthema der hier im Hospital zitierten japanischen Gedichte war das Heimweh nach dem Mutterland und der Familie. Eines von ihnen hat sich mir besonders deutlich ins Gedächtnis eingeprägt. Die deutsche Prosafassung könnte so lauten:

Die Pferde von Ko

Im aufkommenden Frühlingswind werden die Pferde von Ko unruhig.
Sie laufen hin und her.
Sie schnauben und wollen die Windstöße tiefer einatmen.
Eines von ihnen verspürt plötzlich den guten Aromaduft der Heimat.
Unruhe packt sie alle. Es drängt sie zum Aufbruch.
Da! Sie stürmen los, hinein in den Hauch des heimatlichen Windes.
Er bringt ihnen mit einem frischen Schwall den Gruß von daheim.

In jeweils sehr knappen Bildern kondensieren die japanischen Gedichte ihre Aussagen. Dazu kommt die kalligraphische Schönheit der Gedichtzeilen, senkrecht untereinander gepinselt. Jeder dieser Texte wird zu einem Einstieg in eine meditative Interpretation. Viel Zeit hat Oberst Myamura dazu verwendet, die Struktur und die Technik der japanischen Gedichte zu erklären: Die Grundzahl für die Ideogramme eines Gedichtes ist die Zahl sieben. Unser Kamerad Peter Haag, Architekt aus Schorndorf, zeigte ein besonders lebhaftes Interesse an solchen belehrenden Vorträgen eines gebildeten japanischen Poeten. Er trug seinerseits zur Belebung unserer Gespräche bei, indem er von der philosophischen Gedankenwelt Rudolf Steiners erzählte, über den er sehr gut informiert war.

Meine bisherigen Schilderungen vom Spezialhospital können den Eindruck erwecken, wir hätten an einem bevorzugten Ort unsere Genesung abgewartet. Wenn man nur die bisher vorgestellten Bilder betrachtet, stimmt das auch. Sie sind keineswegs übertrieben. Nur dürfen sie nicht verallgemeinert werden. Die Befindlichkeit eines Gefangenen im Spezialhospital war ein Gemisch von vielen verschiedenen, auch sehr kontroversen Einzelempfindungen, die nur mit sehr wenigen schönen, scheinbar unglaubhaften Elementen durchsetzt waren. Aber die meisten Eindrücke waren von ganz anderer, negativer Art. Das frustrierende Lagerleben setzte sich auch hier in den meisten Momenten fort. Es sind zu viele, vielfach immer wiederkehrende Einzelheiten, um sie alle vorzutragen.

Auf dem zentralen Hospitalhof zum Beispiel befanden sich unmittelbar nebeneinander die Latrine und an ihrer Rückseite der Leichenwagen, der noch kurz zuvor als Transportwagen für die tägliche Brotversorgung gedient hatte. Die Latrine war eine weiß getünchte, kleine Baracke mit einem Ausmaß von etwa sieben mal fünf Metern. Sie war häßlich und von sehr primitiver Konstruktion. Offenbar wurde sie nicht regelmäßig entsorgt, so daß die Fußbodenbohlen gewöhnlich wie lose auf der Brühe schwammen, in der man ab und zu Ratten sehen konnte. Diese dehnten ihre Ausflüge auch bis auf die Bohlen aus. Man mußte schon außerordentlich abgestumpft sein, um diese Latrine ohne größten Abscheu zu benutzen. Die Abstumpfung bei einzelnen Kranken hatte manchmal ein solches Maß erreicht, daß sie mit verdreckten bloßen Füßen, so wie sie von der Latrine kamen, wieder in ihr Bett stiegen (Abb. 64).

Im großen Krankensaal des Holzbaus, in dem mir gleich nach meiner Einlieferung ein Bett zugewiesen worden war, konnte ich aus meiner Liegeperspektive die Prozedur der mittäglichen Essenausgabe beobachten. Das Mittagessen wurde in großen Aluminiumkübeln in den Saal gefahren und hinter einer Theke auf niedrige Tische gehoben. Es war stets dieselbe Krankenschwester, die das Essen an die Kranken verteilte. Sie hatte dafür eine bestimmte Verfahrensweise entwickelt. Als erstes sorgte sie dafür, daß ein Wandschirm vor dieser Theke keinen Durchblick von den Betten zu dem Essenkübel erlaubte. Als gerade in die Stube eingelieferter Kranker schaute ich auf diesen Wandschirm und entdeckte dabei einen zufällig offen gebliebenen Teil. Die Öffnung war genügend nahe vor mir, so daß ich die Schwester genau beobachten konnte. Auf einem großen Aluminium-Tablett lagen die Fleischklopse für die Kranken. Die Schwester biß einen Klops nach dem anderen an, rollte ihn dann wieder mit ihrer bloßen Hand auf der Holzfläche der Theke zu einer nun kleineren Kugel und legte diese auf das große Tablett zurück. Wie alle Kranken im Saal hatte sie Hunger und konnte der Versuchung nicht widerstehen. Dann ging es an die Austeilung der Milchsuppe. Über jeden mit Suppe gefüllten Teller sollte, bevor er ans Krankenbett gebracht wurde, ein Eßlöffel voll Sonnenblumenöl gegossen werden. Dieses Öl wurde zur zweiten großen Versuchung, der die Schwester erlag. Sie setzte die geöffnete Flasche an ihren Mund und trank erst einmal ein paar kräftige Züge daraus. Die Kranken, die größtenteils das Bett hüten mußten, konnten besonders leicht betrogen werden.

Meine Empörung ließ ich mir nicht anmerken. Das hatte mehrere Gründe. Ich war kurz nach meiner Einlieferung noch in einem gewissen Schwächezustand und konnte und wollte mich nicht aufregen und nahm alles nur passiv zur Kenntnis. Außerdem hatte das bisherige Plenni-Leben mich, wie viele andere auch, dazu gebracht, das Unabänderliche zu akzeptieren. Und vor allem war meine Maxime, auf keinen Fall aufzufallen oder Anstoß zu erregen, denn ich hatte ja etwas zu verbergen. Ich schwieg also still und fand mich mit diesem Essensbetrug ab.

Nach einigen Wochen kam die russische Stationsärztin aus dem Steinbau zu uns. Sie war offenbar eine gebildete Frau mit einer ausdrucksvollen und sehr klaren Aussprache. Gewiß hatte sie eine gute Sprachschulung erfahren. Vielleicht hatte sie ebenfalls als Schauspielerin angefangen, so wie wir es später auch von anderen Ärztinnen mit vergleichbarem Berufswechsel erfahren haben. Leider habe ich ihren Namen wie auch die Namen aller unserer russischen Ärzte in der Gefangenschaft vergessen. Diese Stationsärztin hätte es verdient, daß man ihr ein besonderes Andenken bewahrt. In aufopfernder Weise hat sie die Kranken betreut und ihnen durch ihre Initiativen immer wieder Mut gemacht. Die unkomplizierte Art, wie gerade die russischen Frauen oft ihre Aufgaben anpackten und zu lösen versuchten, scheint mir typisch zu sein. Diese Ärztin hat mit dazu beigetragen, daß meine anfangs ablehnende Haltung der russischen Sprache gegenüber in kurzer Zeit überwunden war. Die Herzen aller Kranken im Spezialhospital flogen ihr zu. Das war das Ergebnis ihrer liebenswürdigen Art und ihres Auftretens.

Eines Tages kam sie zu uns auf der Suche nach geeigneten Arbeitskräften mit einem gewinnenden und unwiderstehlichen Lächeln. In der Hand trug sie einen mittelgroßen Kanister aus Weißblech und erklärte uns ihr Anliegen: Die Betten auf der Station im Steinbau müßten dringend gestrichen werden. Den nötigen Lack dafür habe sie gleich mitgebracht. Es sei ein erstklassiges Produkt einer renommierten deutschen Firma. Damit könne man jede schon vorhandene Farbe übermalen und überdecken. Die Männer, die Maler von Beruf waren und an die sie sich besonders gewandt hatte, nickten nur zögernd, denn sie waren offenbar nicht sehr überzeugt. Trotzdem willigten sie zusammen mit uns ein, die Arbeit auszuführen. Wie hätte man auch anders auf ihr gewinnendes Lächeln antworten können? Auf jeden Fall würde diese Aufgabe lange dauern und es damit allen Mitarbeitern ermöglichen, eine „ruhige Kugel zu schieben“.
Um für eine längere Zeit eine relativ angenehme Arbeit ausführen zu können, war es bei uns ein übliches Mittel, sich als Fachmann auszugeben. Man traute sich sehr vieles zu, was die Natschalniks, die sowjetischen Brigadiere, gar nicht nachprüfen konnten. Man hoffte eben, sich das nötige Fachwissen bei der Arbeit aneignen zu können. Und oft genug gelang das auch in erstaunlichem Maße.

Als wir begannen, die Betten zu streichen, stellte sich heraus, daß der Kanister Fingernagellack enthielt, der als Beutegut aus Deutschland bis nach Selenodolsk gebracht worden war. Das deutsche Firmenschild klebte noch auf dem Behälter. Das Arbeiten mit diesem Material war recht schwierig und dauerte viele Wochen. Schon bald zeigte sich, daß die dunkelgrüne Grundlackierung sich nicht einfach mit einem rosa Lack überdekken ließ. Die Bettgestelle glänzten zunehmend in einem undefinierbaren Braun. Trotzdem führten wir die Arbeit zu Ende. Es wurde nicht mehr darüber gesprochen, und auch unsere Stationsärztin schwieg bald zu diesem Thema. So war ein großartig angekündigter Verbesserungsplan zur Verschönerung zu einem kaum noch erwähnten Ergebnis verkümmert. Ähnliche Beispiele haben wohl alle während ihrer Gefangenschaft in der Sowjetunion erlebt. Große Projekte der obersten Staatsführung haben noch in den Jahren nach meiner Entlassung 1950 die Herzen der gläubigen Kommunisten mit den größten Hoffnungen erfüllt: Die ganze Ukraine sollte begrünt werden. Der Verlauf der natürlichen Fließrichtung der sibirischen Ströme sollte in die entgegengesetzte Richtung umgelenkt werden. Lauter fast interkontinentale Mammutpläne haben die Sowjets damals begeistert. Nach einiger Zeit wurde nicht mehr darüber gesprochen.

Von der Ausführung eines Verschönerungsplanes auf unterster Ebene, veranlaßt durch den sowjetischen Friedhof-Sergeanten des Spezialhospitals, soll als Abschlußpointe zu diesem Thema berichtet werden. An einem Septembervormittag erhielt ich den Auftrag, mit einer kleinen Arbeitsbrigade zwei kurz zuvor verstorbene Kameraden auf dem Plenni-Friedhof von Selenodolsk zu begraben. Der Friedhof lag einige Kilometer entfernt auf einem sehr hügeligen Gelände. Dorthin sollte ich die Brigade führen unter der Aufsicht des sowjetischen Sergeanten, den wir despektierlich den „Totenvogel" nannten. Die Toten wurden in den dafür hinter der Lagerlatrine bereitstehenden früheren Brotwagen des Lagers gelegt. Steuermann des Wagens war der aus dem Rheinland stammende Apotheker Wolff. Ich hatte die Minox bei mir und machte auf dem Marsch und während des Begräbnisses einige Fotos. Der Friedhof sah so verwildert aus, wie man es nicht anders erwarten kann, wenn nicht wenigstens ab und zu für eine gewisse Ordnung gesorgt wird. Die einzigen Kennzeichnungen an den Kopfenden der Gräber waren kurze Holzpfosten, die nur die Nummer der Begrabenen trugen. Wir legten die beiden Toten nebeneinander in das ausgehobene Grab. Unser Sergeant ging an allen Gräbern inspizierend entlang. Er hatte offenbar die Aufgabe, hier für Ordnung zu sorgen. Ich wollte versuchen, dieser Beerdigung einen kleinen feierlichen Rahmen zu geben. Ich bat alle Mitglieder der Brigade heranzutreten und sprach ein paar Worte zum Gedenken an die toten Kameraden, nachdem wir sie begraben hatten. Als wir uns dann zur Rückkehr ins Lager anschicken wollten, betrachtete unser Sergeant nachdenklich die teilweise unregelmäßige Anordnung der Grabhügel. Sie verliefen in Längsreihen zunächst einigermaßen gefällig zueinander. Eine von diesen jedoch teilte sich am unteren Ende zu einer Doppelreihe. Das hatte sein Mißfallen erregt. Deshalb forderte er uns auf, die ihn störenden doppelten Grabhügel dieser Reihe zu beseitigen. Wir mußten sie einebnen. Er selbst half aktiv dabei mit. Die Kennzeichnungspfosten mit den Nummern der Toten zog er aus den eingeebneten Gräbern heraus und warf sie auf das Gelände neben dem Friedhof. Nun war er zufrieden mit seiner neuen Ordnung, und wir konnten ins Lager zurückkehren. Kaum waren wir im Spezialhospital angekommen und saßen eben am Mittagstisch, da wurden wir schon wieder zum Lagertor gerufen. Dort hieß es, man habe vergessen, die beiden Toten zu sezieren. Deshalb müßten sie sofort ins Hospital zurückgebracht werden. Schweigend wiederholte die ganze Brigade ihren Marsch zum Friedhof. Wir mußten die toten Kameraden wieder ausgraben und fuhren sie in die Pathologie des Lagers. Wann und wo sie endlich ihre letzte Ruhestätte fanden, hat niemand von uns erfahren. Aber der Friedhof Selenodolsk hatte ein gefälligeres Aussehen erhalten (Abb. 68 ff.).

Im Jahre 1946 war die Ernährungssituation in der Sowjetunion ein sehr schwieriges Problem. Ich erinnere mich an Betrugsversuche, die viele von uns unternahmen, um dadurch wenigstens ab und zu das permanente Hungergefühl etwas lindern zu können. Am einfachsten hatten es natürlich die Hilfskräfte in der Küche. An solche begehrten Posten zu kommen, war allerdings äußerst schwierig. Sie waren in erster Linie den treuen Antifaschisten vorbehalten. Gelangte ein Ausgehungerter in die Brigade der Küchenhelfer, konnte das auch schlimme Folgen haben. Von einigen hörte ich, daß sie einem wahren Essensrausch verfielen, als sie plötzlich die vielen gefüllten Eßgeschirre vor sich sahen. Sie konnten sich nicht zurückhalten und aßen unmäßig schnell und viel. Der entwöhnte Magen konnte dann oft diese Mengen nicht bei sich behalten, oder der Darm versagte seinen Dienst. Es kam sogar vor, daß eine solche übermäßige Nahrungsaufnahme zum Tode führte.

Auch bei Hilfsarbeiten im Verpflegungsmagazin hofften wir, zusätzlich etwas Eßbares zu bekommen. Hierher zu gelangen war nicht von politischen Vorbedingungen abhängig. Für den Magaziner traten solche Gedanken in den Hintergrund, weil ihn ein ganz anderes Problem beschäftigte: Wie kann ich erfolgreich über die Hürde der nächsten Bestandskontrolle kommen? Deshalb war er von geradezu krankhaftem Geiz beim Abwiegen und Austeilen seiner Produkte und bediente sich verschiedener Methoden der unkontrollierbaren Wiegefälschungen. So goß er zum Beispiel Wasser in die gefüllten Zuckersäcke. Uns Plennis, die für ihn gearbeitet hatten und hofften, dafür nahrhaft entlohnt zu werden, gab er nicht das kleinste Stück Brot extra, sondern erlaubte uns nur großzügig, die am Boden liegenden Brotkrümelreste zusammenzukehren, um uns dann daraus eine Brotsuppe kochen zu können. Diese Art von Scheinbelohnung durchschaute ich erst, als ich einmal diese Abfallkrümel vom Fußboden des Magazins näher untersuchte. Es waren lauter etwa ein bis zwei Zentimeter lange, knapp ein Zentimeter dicke, ovale Rundkörper, alle von der gleichen äußerlichen Beschaffenheit. Sie sahen zwar wie Brotkrümel aus; es waren aber größtenteils Rattenkötel, die ich da zusammengefegt hatte. Der Traum von einer zusätzlichen Brotsuppe war ausgeträumt.

Im Magazin mußte jeder selbst dafür sorgen und den nötigen Mut aufbringen, wenn er an eine Zusatzration gelangen wollte. So habe ich einmal, als ich auf meiner Schulter eine Schweinehälfte in das offenstehende Magazin trug, die sichtbare Schweineleber herausgerissen, sie sogleich unter meinem Hemd versteckt und sie beim nächsten Gang einem befreundeten Kameraden übergeben, der dann diese Leber für uns beide gebraten hat. Die Vorstellung, sich selbst Zusatznahrung verschaffen zu müssen, war bei vielen zu einer richtigen Obsession geworden. Mich hat sie sogar noch nach der Gefangenschaft verfolgt.

Zu allen Verpflegungsfahrten nach entfernter gelegenen Ortschaften meldete ich mich freiwillig, natürlich immer mit der Hoffnung, es könnte etwas für mich bei dieser Fahrt abfallen. Bei einer solchen Fahrt galt es einmal, eine Anzahl dick gefüllter Getreidesäcke auf einem Transportwagen in das Spezialhospital zu schaffen. Als ich mich unbeobachtet glaubte, bohrte ich in das Sackgewebe ein Loch, um dann Getreidekörner herauspressen zu können. Es war eine schwierige Prozedur, bei der ich mich recht ungeschickt angestellt haben muß. Erst als wir das Lagertor durchquert hatten, kam unser Begleitposten plötzlich auf mich zu und brachte mich zum wachhabenden Offizier. Diesem meldete er, was er beobachtet hatte. Es wurde kurzer Prozeß gemacht: Drei Tage Karzer, so lautete die Strafe für meinen Diebstahl. Ich wurde auf der Stelle in den Lazarett-Karzer abgeführt. Nur die leichte Lazarett-Bekleidung durfte ich auf dem Leib behalten. Es war Mitte Oktober, und der russische Winter hatte bereits eingesetzt. Der sogenannte Karzer war der äußerste Raum im ersten Stock des Steinbaus, der ursprünglich als Pissoir gedient hatte. Ein Teil der Glasscheiben war zertrümmert und nur mit wenigen Sperrholzbrettern notdürftig geflickt. Es war empfindlich kalt. Das einzige Möbelstück im Raum war ein kleiner Tisch (Abb. 72).

Nachdem mich der sowjetische Offizier eingeschlossen hatte, beauftragte er einige Hospitalisten mit dem Wachdienst vor der Karzertür. Ich verbrachte die meiste Zeit in Hockstellung auf dem Tisch. Dabei zog ich den Lazarettmantel so dicht wie möglich um meinen Körper und die bloßen Beine herum und preßte die Arme eng an mich, um wenigstens etwas Körperwärme zu bewahren. Wollte ich mir Bewegung verschaffen, konnte ich nur etwa drei Schritte vor und wieder zurück machen. Als Türspion zum Beobachten des Delinquenten diente ein kreisrundes, großes Loch, durch das hindurch es hin und wieder zu Kontaktaufnahmen mit den wachhabenden Kameraden kam. Sie waren eine Aufmunterung und der einzige Trost für mich in diesen qualvollen Stunden. So goß mir einmal der Plenni Memmert die warme Mittagssuppe mit Hilfe eines Behelfsrohres durch den Türspion in mein Kochgeschirr. Memmert war es ebenfalls, der durch dieses Loch mit meiner Minox zwei Fotos von dem frierenden Delinquenten in Hockstellung auf dem Tisch machte.

Zum Abschluß des Berichtes über Selenodolsk möchte ich von einer grotesken Szene berichten, die ich von einem Fenster des Steinbaus aus von Anfang bis Ende beobachten konnte. Ich sah zufällig auf das nahe gelegene Nachbarhaus jenseits des Lagerzaunes und bemerkte, wie ein sowjetischer Maltschik, ein Teenager, aus einem großen Seitenfenster der ersten Etage herauskletterte und dann, vorsichtig an den Vorsprüngen der Blockhauswand Halt suchend, sich bis an die Ecke des Hauses vorschob, immer auf gleicher Höhe bleibend. Dann passierte er diese Ecke, um auf der fensterlosen Rückwand anzuhalten. Nachdem er dort einige Zeit scheinbar unbeweglich verweilt hatte, trat er auf gleiche Weise wieder den Rückweg an bis zum Ausstiegsfenster und verschwand dort im Haus. An der Stelle seines auffälligen Verharrens blieb ein deutlich zu erkennender, runder, großer Fleck zurück, offenbar das Zeugnis seiner hierher verlegten Entsorgung. Zu diesem etwas unbequemen Verfahren mochte er vermutlich motiviert worden sein durch ein jugendliches Verlangen, sich vor Altersgenossen brüsten zu können. Auf einen Zuschauer wirkte es wie eine belustigende Szene aus dem Leben in der Freiheit. Zwar nicht von dieser Szene, wohl aber vom Ort dieses Geschehens konnte ich ein relativ gelungenes Foto machen.

Im Ungarnlager Selenodolsk

Gegen Ende des Monats Oktober 1946 sollte eine größere Anzahl von Gefangenen aus dem Spezialhospital als geheilt entlassen und in das nächste Gefangenenlager auf der Anhöhe von Selenodolsk verlegt werden, das allgemein „Ungarnlager" genannt wurde. Die Mehrzahl der dort Kasernierten waren Ungarn. Das zeigte sich als erstes in einer Vielzahl ungarischer Bewacher und der für uns neuen Schimpf- und Drohwörter. Statt „Dawai, dawai!" hieß es jetzt „Gyäry, gyäry!" Es waren kaum noch Sowjetsoldaten unter unseren Bewachern, sondern ehemalige ungarische Soldaten, die zu gesinnungstreuen Marxisten geworden waren. Sie hießen „Raskonvoiierte", d. h. von der Überwachung Befreite. Damit war ein Ziel der sowjetischen Innenpolitik erreicht: Die Sowjetsoldaten waren in großer Zahl frei geworden, um wieder ihre militärischen Funktionen zu übernehmen und dadurch das sowjetische Militärpotential zu verstärken. Für die Deutschen brachte dieser Wechsel zunächst eine Verschlechterung der Situation. Die neuen Bewacher wollten ihre Sache möglichst gut machen. Sie verteilten sogar Prügel und hatten auch sonst ihre eigenen Maßstäbe bei der Aufrechterhaltung von Ordnung in den Marschkolonnen und bei der Durchsetzung von Arbeitsleistung am Arbeitsplatz. Das funktionierte nicht überall und bald nur genauso mangelhaft wie bisher in den anderen Lagern. Der passive Widerstand behielt meistens die Oberhand. Wir gingen nach wie vor in unserem Plenni-Schritt: so bequem und so langsam wie möglich, ohne auf das anfeuernde Geschrei zu achten oder uns von den gelegentlichen Knüppelschlägen beeindrucken zu lassen. Nur die ganz auffälligen Übergriffe von bestimmten Raskonvoiierten merkte man sich, um diesen bei der nächsten Gelegenheit eine Quittung zu verpassen. Schließlich begriffen alle, daß sie den Bogen nicht überspannen durften.

In diese Zeit der Veränderungen im Bewachungssystem fiel die große Sensation: Die erste Karte aus Deutschland informierte einen unter uns von der geglückten Flucht seines Freundes aus der sowjetischen Gefangenschaft in vorsichtigster und knappster Verschlüsselung. Wie ein Lauffeuer lief diese Nachricht durch die Kolonnen, ohne daß es dadurch zu Nachfolgeaktionen gekommen wäre. Zwar wurden die überall latent vorhandenen Wünsche, eine Flucht ebenso erfolgreich durchführen zu können, genährt. Wohl jeder sah sich zu derartigen Wunschträumen ermutigt. Gleichzeitig sah er aber auch die großen Schwierigkeiten nur zu deutlich vor sich: Voraussetzung für ein solches Gelingen war in erster Linie die sehr gute Beherrschung der russischen Sprache. Hinzukommen mußten Hilfestellungen von russischer Seite. Auch dann blieb das Risiko in jedem Fall noch sehr groß. Der erste Schritt, der Bewachung am Arbeitsplatz zu entkommen, war noch am leichtesten möglich. Alle Sowjetbürger sind seit ihrer Kindheit darauf gedrillt, umherziehende Flüchtlinge jeder Art zu erkennen und sie sogleich anzuzeigen. Die so erwischten Entflohenen wurden in ihre Lager zurückgebracht und den Postenbrigaden übergeben. Bei diesen hatte sich bereits ein riesiger Zorn angestaut, denn sie waren mit ihrer ganzen Mannschaft für diese ihre „Nachlässigkeit" bestraft worden. Nun konnten sie an dem Flüchtling ihren ganzen Ärger nach Belieben abreagieren. Man hörte von solchen Bestrafungsszenen nur von ferne. Es waren jedenfalls schreckliche Warnungen, die uns davon abhielten, ein solches Wagnis einzugehen.

Der Kommandant des Ungarnlagers, ein junger Fähnrich namens Fedor, entsprach in keiner Weise dem Klischee, das Deutsche sich von einem echten Madjaren zu machen pflegen. Er war groß und schlank, energisch und gebildet. Es war für uns überraschend, daß man einem so jungen Mann das Kommando über ein Kriegsgefangenenlager anvertraut hatte.

Das Lager war relativ klein. Es wurde durchquert von einer in nord-südlicher Richtung schnurgerade verlaufenden Lagerstraße. Rechts und links davon lagen die ethnisch getrennten Unterkünfte, in dem östlichen, kleineren Areal die Baracke der Deutschen, in dem westlichen, größeren Teil die der Ungarn. Alle Baracken waren große, parallel hintereinander gelegene, einstöckige Holzgebäude, die mit einer dünnen Bretterwand verkleidet waren und deren Dächer mit einer einfachen Schicht Dachpappe gedeckt waren. Im nördlichen Teil des Lagergebietes befanden sich die Versorgungs- und Funktionsbetriebe, in der Mitte die Baracke der Lager-

leitung und ihr gegenüber der Appellplatz. Das Lagertor im Süden und die Budka für die Wachposten beherrschten den einzigen Lagerausgang, den alle zur Arbeit Ausziehenden passieren mußten. Von diesem Durchlaßtor sind einige unwahrscheinlich klingende Erzählungen berichtet worden, die von Fluchtversuchen genau über diesen schwierigsten aller Sperriegel wissen wollten; vom Ausgang solcher Unternehmungen ist mir nie etwas zu Ohren gekommen. Derartige Erzählungen dürften den Phantasieträumen mancher Plennis entsprungen sein (Abb. 76 ff.).
Mit dem Lagerkommandanten bin ich einmal bei einem „geschäftlich" motivierten Besuch zusammengekommen. Uns war bekannt, daß er verzweifelt nach Einrichtungsgegenständen für das mangelhaft ausgestattete Lager suchte. Wir wußten auch, welche Preise Fedor zahlte, wenn man ihm gewisse Dinge ins Lager brachte. Für eine Glühbirne gab er etwa 35 Rubel. Man bekam das Geld bei der Übergabe des benötigten Gegenstandes sofort auf die Hand, ganz gleich, woher dieser stammte und wie man ihn besorgt hatte. Niemand fragte danach, denn nur so blieb die Suchinitiative der ewig Hungrigen wach und wagemutig. Bei jedem Gang, den man unbeobachtet durch einen Fabrikraum oder eine Betriebsanlage machen konnte, schaute man sich genauestens um. Hatte man ein geeignetes Objekt entdeckt, blieben alle Gedanken während der nächsten Tage darauf konzentriert, ob und wie man diesen Gegenstand lösen und wegschaffen könnte. Mit diesem Anschaffungsdrang mußten alle Betriebe außerhalb des Lagers rechnen, in denen Kriegsgefangene arbeiteten. Sie sicherten sich dagegen ab, so gut sie konnten. Aber weder die Betriebe selbst noch das NKWD waren imstande, solche Aktionen gänzlich zu unterbinden. So ist es zu wahren Meisterleistungen auf diesem Gebiet in allen Gefangenenlagern gekommen, deren Plennis irgendwo außerhalb arbeiteten.

In der Toilette der Furnierfabrik X fiel mir eine Lampe auf, deren Glühbirne mit einem fest verankerten Gitternetz gesichert worden war. Am folgenden Tag begann ich, vorsichtig die starken Drähte, die das Schutzgitter bildeten, aus dem Rand des Blechschirmes zu lösen. Das mußte in kleinen Schritten geschehen, um dabei nicht entdeckt zu werden. Nach einigen Tagen endlich war es soweit: Die letzten Verklammerungen ließen sich aufbiegen. Ich wollte die Birne endgültig erst wenige Minuten vor dem Sirenenpfiff zur Mittagspause herausschrauben, dem Ende unserer Arbeitsschicht, kurz bevor unsere Brigade zurück zum Lager abmarschieren würde. Schon hielt ich das begehrte Objekt in der Hand, als statt des Mittagssignals die Alarmglocke ertönte. Hatte man den Diebstahl schon entdeckt? Was sollte ich tun? Wohin mit der Birne? Erst jetzt wurde mir bewußt, wie lückenhaft ich meine Vorgehensweise geplant hatte. Ich hätte für ein vorläufiges Versteck sorgen müssen, um in einem solchen Fall die zu befürchtenden Filzungen zu überstehen. Zum Überlegen blieb nun keine Zeit mehr. Ich verbarg die Birne im Schrittfutter meiner Wattehose und eilte zum Lagertor, wo ich mich mit den übrigen aufstellte. Auf unsere in Fünfergliedern angetretene Kolonne kamen alsbald zwei oder drei Männer der Werkspolizei zu und begannen, einen nach dem anderen abzutasten. Ich befand mich in einem der hintersten Glieder und kam so als einer der letzten an die Reihe. Je näher die Werkspolizisten kamen, um so heftiger klopfte mein Herz. Der mich abtastende Kontrolleur entdeckte nichts in meiner Kleidung und wandte sich dem nächsten zu. Endlich durfte unsere Brigade abmarschieren. Im Lager angekommen, ging ich als erstes zum Kommandanten Fedor, übergab ihm die kostbare Glühbirne und nahm meinen Lohn entgegen.

Fedor, der bestrebt war, sein Lager mit Extras auszustatten, hatte zu diesem Zweck auch eine Lagerkantine eingerichtet. Hier sollten sich die Gefangenen zusätzlich Nahrungsmittel kaufen können. An der Außenwand einer Baracke war oberhalb einer kleinen Schalterklappe ein Bild angebracht, das in sehr schlichten, kleinen Zeichnungen die angebotenen Waren darstellte: Brot, Zigaretten, Süßigkeiten. Dieser Kantinenschalter war seit langer Zeit gänzlich geschlossen. Es gab nichts zu kaufen, denn es war keinerlei Ware vorhanden. Hier zeigte sich das gleiche Phänomen, das mir schon früher aufgefallen war: Man hatte vorschnell einen Plan konzipiert, dessen Verwirklichung aber danach nicht durchgehalten werden konnte. Statt der besseren Ausstattung konnte man im Lager ein äußerst deprimierendes Bild beobachten: Bei anbrechender Dunkelheit drängte sich eine Schar Ausgehungerter um eine Abfallkiste vor der Latrine auf der Suche nach weggeworfenen Küchenresten. Nur ein schwaches Schmatzgeräusch war zu vernehmen. Was gegessen wurde, habe ich nicht wissen wollen; schon der bloße Gedanke daran ließ mich erschaudern.

Von einem anhaltenden Hungergefühl getrieben, entdeckten die Gefangenen, die in den Sperrholzfabriken arbeiteten, eine neue Möglichkeit, selbst etwas Eßbares zu produzieren. Zur Sperrholzherstellung wurden dünne Holzfolien übereinander geleimt. Den dazu notwendigen Leim bereitete man aus Kasein-Pulver. Sehr schnell hatten findige Arbeiter herausgefunden, wie man aus dem Rohstoff Kasein auch eßbaren Käse herstellen konnte. Der Diebstahl von Kasein wurde in allen Fabriken streng bestraft. Weil das aber nichts half, vergällten die Sowjets das Pulver mit Naphthalin, um es ungenießbar zu machen. Aber den Plennis war ein solcher Käse immer noch lieber als ein knurrender Magen, und sie aßen ihn trotz ihres Widerwillens. Bald standen schon frühmorgens ein paar Dutzend Plennis in dem kleinen Vorraum der Baracke längs der Wand. Jeder bot in seiner ausgestreckten Hand eine Käseplinse für ca. drei Rubel an. Sie hatten etwa einen Durchmesser von 7–9 cm und waren weniger als ½ cm dick. Fast alle hatten den unvermeidlichen Naphthalin-Geschmack, der sich nicht eliminieren ließ. Geschmacksneutrale Plinsen gab es nur selten und waren entsprechend teurer. Mit etwas Geld und Beziehungen zur Kasein-Abteilung in der Sperrholzfabrik konnte man in den Besitz von unvergälltem Kasein gelangen. In seinem Kochgeschirr rührte man dann eine größere Menge davon zu einem Brei an und hängte nun das Kochgeschirr unterhalb der Zimmerdecke auf. Nach einigen Tagen war der Käse fertig. Nur durfte man nicht den richtigen Zeitpunkt verpassen, denn ein überreifer Käsebrei stank erbärmlich.

Während dieser Wintermonate erlebte ich eine Zeit, in der mir durch die vielen seelischen und körperlichen Belastungen alles unerträglich wurde, zum Beispiel die Nachlässigkeit meines Pritschennachbarn, der sein Kochgeschirr mit dem gärenden Kasein zu lange neben unserem Schlafplatz hatte hängen lassen. Außerdem hatte er nicht dafür gesorgt, daß ich bei der Zuckernachlieferung (der Zucker war über vier Wochen nicht ausgeteilt worden) meinen Anteil ordnungsgemäß erhielt. Er hatte mich einfach vergessen, als der Zucker verteilt wurde. Das war zuviel. Von nun an sprach ich nicht mehr mit ihm, obwohl er mein unmittelbarer Nachbar war. Bald darauf wurden wir infolge einer Lagerverlegung getrennt. Das Problem war damit beendet. Wir sind uns später nie wieder begegnet. Ich bedauere heute meine mangelnde Selbstbeherrschung, die doch in solcher Situation lebensnotwendig war.

Die äußerst unregelmäßigen und nachlässigen Anlieferungen unserer Zuckerrationen hatten zur Folge, daß wir zeitweise über größere Vorräte an Zucker verfügten. Er wurde in großen Brocken von zerschlagenen Zuckerhüten geliefert. Die Sorge um die Zerkleinerung dieser steinharten Teile blieb den Gefangenen überlassen; ein schwieriges Problem, da wir über keine metallenen Werkzeuge verfügten. Die größten Stücke konnten nur mit Steinen zerhämmert werden. Dann versuchten wir, Flaschen aufzutreiben, mit deren Rundungen wir die kleineren Zuckerbrocken plattwalzen und zermahlen konnten. Das alles war nur mit gegenseitiger Hilfestellung möglich. War der Zucker endlich unter uns aufgeteilt, blieb es jedem überlassen, wo und wie er seine Ration sicher verwahrte, wann und wie er sie verzehrte. Viele von uns hätten am liebsten den gesamtem Vorrat sofort aufgegessen oder ihn teilweise zum Süßen eines Getränkes verwendet. Aber es gab kein geeignetes Getränk. Hatte man einige Rubel zur Verfügung, konnte man sich Bohnenkaffeepulver kaufen. Vermischt mit dem zerriebenen Zucker ergab das eine sehr beliebte Süßigkeit, die man bald vernascht hatte. Der Zuckervorrat war somit schnell verbraucht.

Während meines Aufenthaltes im Ungarnlager hatte ich eine Reihe negativer wie auch positiver kleiner Erlebnisse. Die Gefangenschaft empfanden wir als eine „verlorene" und eine „verlogene" Zeit. Unser Marsch frühmorgens zu unserer Arbeitsstätte führte uns in die sogenannte „Aluminium"-Fabrik, die aber in Wahrheit ein Rüstungsbetrieb war. Von Aluminium gab es dort keine Spur; es handelte sich vielmehr um Messing für die Herstellung von Geschoßhülsen mittelgroßen Kalibers. Für einen Zeitraum von mehr als vier Wochen mußte meine Brigade das Rohmaterial, nämlich die Kupfer- und Zinkplatten, zurechtschneiden, um so das richtige Mengenverhältnis der beiden Metalle zu erhalten, die dann in die Schmelzöfen gekippt wurden. Anschließend hoben wir die Gräben aus, in denen die Betonfundamente für weitere Werkhallen dieser Rüstungsfabrik gegossen werden sollten. Das also waren unsere Arbeitseinsätze für die „Wiedergutmachung", der wir selbst vor Jahresfrist in der Lagerresolution in Jelabuga zugestimmt hatten (Abb. 83).

Eine andere Wiedergutmachung sollten die vielen in der sowjetischen Besatzungszone Deutschlands demontierten Produktionsmaschinen leisten, die in größter Eile in die Sowjetunion abtransportiert worden waren. Eine Vielzahl davon sahen wir in dem Gelände der „Aluminium"-Fabrik ungenutzt und ungeschützt in Regen, Eis und Schnee herumstehen. Viele von uns packte bei diesem Anblick die Wut. Es kam vor, daß Gefangene an eine dieser Maschine herantraten und ihr einen weiteren, zerstörerischen Demontageschlag versetzten.

Ein wohlwollender Zufall bescherte mir im Monat Februar eine willkommene vierwöchige Zwangspause von dieser „Schule des Lebens". Ich kam eines Morgens zur Ambulanz, um mich krank zu melden wegen irgendeines kleinen Infekts, der mit Fieber, dem unabweislichen Krankheitsargument für sowjetische Ärzte, verbunden war. Ich rechnete nur mit einer kurzen Lagerruhe. Zur gleichen Zeit wurde jedoch ein ungarischer Kriegsgefangener mit Typhusverdacht aufgenommen. Daraufhin wurde über alle gerade anwesenden Kranken eine vierwöchige Quarantäne verhängt. Niemand durfte mehr das Lazarett verlassen. Ich freute mich über die Aussicht, vier Wochen „Ferien" zu haben und die Bücher der Lagerbibliothek lesen zu können. Diese Bibliothek war bekannt wegen ihrer guten Qualität; sie enthielt nicht ein einziges ideologisches Buch. Sie war ebenfalls aus Ostdeutschland in die Sowjetunion gebracht worden. Ihr Bestand umfaßte Bücher der bürgerlichen Bildungswelt und entsprach meinem Geschmack. Diese vier Wochen wollte ich gründlichst nutzen, denn so ein unwahrscheinlicher Zufall würde sich gewiß kein zweites Mal ereignen. Einige der Titel meiner Lektüren sind mir im Gedächtnis geblieben: Rainer Maria Rilke, „Malte Laurids Brigge", Jens Peter Jakobsen, „Niels Lyhne" und „Frau Marie Grubbe", Romain Rolland „Verzauberte Seele", außerdem der Erziehungsroman „Maurus und sein Turm". Den Namen des Verfassers habe ich noch nicht wieder herausfinden können. Ich befand mich in einem Leserausch. Dabei hatte ich keine besonderen Beschwerden. Jeden Morgen brachte mir eine Krankenschwester eine Aspirintablette. Statt sie sofort einzunehmen, bewahrte ich sie sorgfältig auf und rollte sie schließlich zu einer Vorratsrolle für zukünftige Eventualitäten zusammen.

Für jeden war die sichere Verwahrung seiner geretteten oder mühsam erworbenen Kleingegenstände ein andauerndes Problem. Außer der Schlafstelle auf einer Großpritschenfläche von 10 bis 15 Metern Breite, auf der alle eng nebeneinander lagen, hatte man nirgends einen Platz für sich und seine Habseligkeiten. Die kleinen, für den Alltag so wichtigen Dinge wie Nagelschere, Bleistift, Bleistiftverlängerer, Kamm u.a. konnten sehr leicht verloren gehen. Offenbar hatte ich noch viele solcher Gegenstände durch die bisherigen Filzungen gerettet, die manch anderer schon längst losgeworden war. So wollte ich unbedingt einen kleinen französischen „Santon" (eine kleine provenzalische Weihnachtsfigur aus Ton) aufbewahren als Erinnerung an meinen Aufenthalt in der Provence. Mein Nähbeutel war mit solcherlei Dingen angefüllt. Nachdem ich aus der Quarantäne entlassen worden war, mußte ich ein sicheres Versteck für meine Aspirinrolle finden.

Im Laufe der Zeit nutzten manche die Techniken der Sperrholzbearbeitung auch für den Eigenbedarf. Die ersten flachen Sperrholzkoffer, von Fachleuten unter uns hergestellt, erhielten nach und nach ihren Platz am Kopfende der Pritsche und dienten neben der Aufbewahrung auch als Kopfkissen. Einige waren sogar kunstvoll bemalt worden von unserem Kameraden Kurz aus der Stube der Stabsoffiziere. Kleine Schachteln bastelten wir uns selbst. Sie wurden aus Fliegersperrholz geleimt und an den Fugen und Kanten durch Papierstreifen verstärkt und zusammengehalten. Darin verwahrten wir unsere Kleinutensilien. Besonders beliebt waren die Minibüchlein: Zwei kleine Platten aus Fliegersperrholz dienten als Buchdeckel zum Zusammenpressen der losen Seiten aus Zigarettenpapier und wurden mit Schnüren zusammengebunden. Der wichtigste Gegenstand für jeden war sein Eßlöffel, den er vom ersten Tage der Gefangenschaft an in der äußeren Brusttasche trug. Nur der Löffelstil schaute aus dem Knopfloch heraus.

In unserer Lagerbaracke schliefen wir nach wie vor dicht gedrängt auf Massenpritschen. Doch im Laufe der Zeit fanden einige Veränderungen in der Verteilung der Schlafplätze statt. Sympathie und Antipathie hatten einen deutlichen Siebungseffekt. Allmählich bildeten sich einige Gruppen, die sich abhoben von dem deprimierenden Grau-in-grau-Bild. Es war ein langsamer Kristallisationsprozeß, der von Gefangenen ausging, die durch ihr Verhalten sowohl den Kameraden als auch den Russen gegenüber ein Vorbild gaben. Man merkte das sofort an ihrer Sprechweise und ihrer natürlichen Höflichkeit. Beliebt waren die Pritschenplätze neben solchen Vorbildern, deren Ausstrahlungskraft oder deren aufbauende moralische Haltung man bei Gesprächen am Arbeitsplatz schätzen gelernt hatte und die den eigenen Vorstellungen entsprachen. Wer wollte sich mit einem Schlafplatz an der Seite eines notorischen Lagerspitzels abfinden? Wer konnte erfreut sein über einen angebotenen Pritschenplatz neben einem fanatischen Antifaschisten?

Ich erinnere mich sehr gut an einige vorbildliche Kameraden. Da war Paul Stracke, ein Westfale, der stur und gerade auf seinem Wege blieb, ein Muster an Charakterfestigkeit und Zuverlässigkeit, ohne jeden Kompromiß gegenüber den Sowjets und ihren deutschen Antifa-Helfern. Jedes Gespräch mit ihm war eine Bestärkung. Paul Stracke hatte den Einmarsch der Roten Armee nach Allenstein in einem deutschen Ortslazarett erlebt. Als Augenzeuge konnte er vieles darüber berichten. Alle, ganz besonders die Ostpreußen, hingen wie gebannt an seinen Lippen. Ich will hier nicht den

Versuch machen, das Inferno zu schildern, das die Rote Armee entfesselte, nachdem sie in diese unversehrte Stadt einmarschiert war. Paul Stracke wurde mit vielen Allensteiner Frauen in die Tatarenrepublik deportiert. Dann erlebte er in dem Frauenlager den sadistischen deutschen Lagerleiter Paczkowski. Er erzählte uns viele erschütternde Erlebnisse aus dieser Zeit. Der größte Teil der Frauen soll in dem sowjetischen Lager umgekommen sein. Wenn ich mich recht erinnere, lag dieses Lager bei der Stadt Ischewsk. Paczkowski war auf Umwegen über einen Aufenthalt im Spezialhospital bis in unser Lager gekommen. Auf der Lagerstraße konnte man ihm gelegentlich begegnen.

Eine ebenfalls herausragende Insel in unserer Baracke hatte sich um den Mitgefangenen von Stockhausen zusammengefunden. Er war ein sehr beliebter Kamerad in unserer Gefangenschaftsmisere und für viele ein großes Vorbild.

Während der Tauwetter- und Schlammperiode im April 1947 gab es eines Tages eine große Aufregung im Ungarnlager. Der Koch war händeringend zum Lagerleiter Fedor gekommen: Alles Brennholz sei aufgebraucht; und alle Arbeitsbrigaden seien bereits abmarschiert zu ihren Arbeitsstellen. Woher solle er den nötigen Nachschub an Feuerholz zum Kochen der Mittagssuppe nehmen? Der Lagerleiter sorgte schnell entschlossen für Hilfe in dieser Notsituation. Alle, die sich noch innerhalb des Lagers befanden, mußten sofort auf dem Appellplatz antreten. Sie sollten zum nächsten Holzplatz marschieren und von dort Birkenstämme ins Lager bringen. Der Auftrag galt auch für die Kranken, die normalerweise nur zur Arbeit innerhalb des Lagers verpflichtet waren. Dies sei eine Ausnahmesituation, und jeder müsse sich an der Aktion beteiligen. Da half kein Fluchen und Schimpfen auf die schlechte Planung der Lagerleitung. Ein breiter Strom von Gefangenen ergoß sich durch die zentrale Dorfstraße, wo Selenodolsk noch ganz so aussah wie ein russisches Dorf aus früheren Zeiten. Auf zwei meiner Fotos sieht man die kleinen malerischen Dorfhütten, die die beiden Seiten des Weges säumen. Langsam suchten alle Gefangenen einen möglichst brauchbaren Trittweg auf der etwa 50 Meter breiten Schlammstraße, deren gesamte Breite sie einnahmen. Ohne die übliche, beiderseits des Weges absichernde Postenkette gelangten sie schließlich bis zu dem Holzplatz. Dort wurde jedem ein mehr oder weniger schwerer Birkenstamm auf die Schultern geladen; und ein äußerst mühsamer Rückweg in das Lager begann. Auch die Kranken kamen zu guter Letzt erschöpft zurück, und die Küche hatte das nötige Holz für das Feuer unter den Kesseln (Abb. 81 f.).

Im „Aluminium"-Lager Selenodolsk

Als sich die Wege nach der Tauwetterperiode wieder gefestigt hatten, wurden alle deutschen Plennis aus dem Ungarnlager in ein neu eingerichtetes Lager verlegt. Es wurde das „Aluminium"-Lager genannt, weil unsere Arbeitsstätte die schon erwähnte „Aluminium"-Fabrik war. Die neue Unterkunft war für uns wegen ihrer besseren baulichen Beschaffenheit und Innenausstattung im Vergleich zum Ungarnlager ein merklicher Fortschritt. Alle Gebäude waren aus groben Leichtbetonblöcken gemauert. Sie waren wesentlich stabiler und isolierten besser. Die Schlafplätze, in einer Reihe angeordnet, waren breiter und bequemer als unsere bisherigen. Wir lagen nicht länger auf dem blanken Holz, sondern auf Strohsäcken. Man fühlte sich jetzt hier etwas wohler als zuvor. Reibungsloser verliefen auch im allgemeinen die Kontrollen der zurückkehrenden Arbeitskolonnen durch das sowjetische Wachpersonal am Lagertor. Ich höre noch die stereotype Redeformel, die der Brigadier Kohler dem Posten zurief. Mit seinen mangelhaften russischen Sprachkenntnissen versicherte er bei jedem Eintreffen der Kolonne: „Zapp zarapp nje nada!" „Wir haben nichts gestohlen!" Damit hoffte er, uns ohne Filzung Einlaß ins Lager zu verschaffen. Hatte er doch allen zuvor dringend eingeschärft, nichts aus der Fabrik mitgehen zu lassen. Aber kaum einer war ernsthaft bereit, sich stets an Kohlers Weisung zu halten. Die Posten nahmen dessen Versicherung offenbar ernst. Sie machten nur gelegentlich vereinzelte Stichproben und filzten dann nur die durch ihre unförmige Kleidung Verdächtigen. Jedenfalls wurden damit die Filzungen der gesamten Kolonne vor dem Lagertor vermieden. Die Gefangenen kamen schneller ins Lager hinein und zu ihrer Suppe.

Kurze Zeit nach unserer Verlegung in das „Aluminium"-Lager wurden wir völlig unerwartet von der Nachricht überrascht, das NKWD habe fünf Antifa-Funktionäre unserem Lager zugeteilt. Es waren sehr bekannte Namen unter ihnen wie Lettau und Lohoff und andere, die im B-Lager von Jelabuga zur politischen Elite gehört hatten. Wir erfuhren nichts über die Gründe für diese Versetzung. Es stellte sich nur heraus, daß die Namen aller mit „L" begannen. Wie schon berichtet, war auch der Eichhorn-transport in das Furnierlager III nach Selenodolsk nach einem alphabetischen Auswahlprinzip zusammengestellt worden. Welche Gründe konnte das NKWD bewogen haben, gerade diese Gruppe hochrangiger Antifa-Aktivisten geschlossen in unser Lager zu verlegen? Das Hinterfragen führte zu keinem plausiblen Ergebnis. Wir sprachen statt dessen von „Kreml-Astrologie", der „Wissenschaft", eine Vielzahl unbekannter Größen in eine zu lösende Gleichung zu bringen. Das machte die sowjetische Politik so rätselhaft und für viele Menschen beängstigend. Es war also sinnlos, darüber weiter zu spekulieren. Die Verstärkung durch die fünf Antifa-Aktivisten ließ uns unbeeindruckt. Sie waren für uns nur Normalplennis, und wir schenkten ihnen keinerlei besondere Aufmerksamkeit. Das war vielleicht für sie die unangenehmste aller Folgen ihrer Versetzung, da sie nun nicht mehr das große Wort führen konnten.

Eine kleine Anzahl von deutschen Gefangenen erhielt die Erlaubnis zu beschränktem Freigang außerhalb des Lagers. So konnten sie auch kleinere Einkäufe für Kameraden besorgen, die nicht diese Möglichkeit hatten. Das muß in den Augen der NKWD-Funktionäre ein ängstlich beobachteter Lockerungsvorgang gewesen sein. Für uns Gefangene jedenfalls war es ein sehr begrüßter erster Schritt in eine Freiheit, die vorerst zwar nur sehr wenigen von uns gewährt wurde. Wir hofften aber, sie würde mit der Zeit auf weitere Kameraden ausgedehnt werden. Gleichzeitig erwarteten wir wohl etwas voreilig, daß durch diese neugewonnene Freiheit die traurige Hungerernährung, unter der wir schon so lange litten, aufgebessert werden könnte. Es war zwar noch nicht möglich, nunmehr uneingeschränkt Brot zu kaufen. Das verhinderte die weiterhin geltende Brotrationierung. Aber auf dem „Schwarzen Markt", wo die Russen anboten und zu verkaufen suchten, was sie entbehren konnten, gab es viele Dinge zu erhandeln. Man mußte nur genügend Rubel in der Tasche haben. War schon bei den russischen Marktbesuchern der Geldmangel groß, so war er bei allen Plennis um ein Vielfaches krasser. Wohl konnten sie Geld durch ihre Arbeit verdienen, aber dieser Verdienst war auf ein äußerst geringes Maß zurückgeschraubt. Die primitiven Arbeiten, für die die Gefangenen eingesetzt wurden, gehörten zur niedrigsten Bezahlungsstufe. Und so waren am Monatsende sehr selten Guthaben zusammengekommen, die dem eigenen Konto gutgeschrieben werden konnten. Ein Gefangener konnte von dem Geld für seine geleistete Arbeit nur dann etwas ausgezahlt bekommen, wenn sein Guthaben den monatlichen Sockelbetrag von ca. 450 Rubel überstieg. Dieser Betrag wurde für Unterkunft und Verpflegung einbehalten. Doch das in einem Monat erarbeitete Guthaben kam nur selten über diese Summe hinaus.

Sobald es für wenige die Möglichkeit zum Freigang gab, versuchte ich, mir Lektüre besorgen zu lassen. Weil ich Nichtraucher war, konnte ich meinen Tabak verkaufen oder ihn als Zahlungsmittel einsetzen. Auf diese Weise hatte ich etliche Rubel angespart. Eines Tages hatte ein Kamerad, dessen Name mir entfallen ist, zwei französische Bücher auf dem „Schwarzen Markt" in Selenodolsk erstanden. Dort hatte eine Russin die noch verbliebenen Bücher ihrer Hausbibliothek zu verkaufen versucht. Es waren Bücher aus dem 18. Jahrhundert. Verführt von dem Eindruck der prachtvoll im Stil des „Ancien Régime" gebundenen Lederbände hatte er nach einigem Feilschen zwei von ihnen etwas voreilig erhandelt. Nun suchte er im Lager einen Abnehmer für einen dieser Schätze mit dem Titel „Le voyage du jeune Anacharsis en Grèce" (1788). Ich war auf den ersten Blick in das Buch verliebt und kaufte es ihm sofort ab. Die Lektüre dieses Werkes hat mich für viele Stunden in die griechische Welt der Antike entführt und mich mit größter Freude erfüllt. Der Autor, Abbé Barthélemy, verfaßte diesen Bericht als Reise- und Bildungsroman kurz vor der französischen Revolution. Sein Kleinformat hat möglicherweise dabei geholfen, daß mir dieser Schatz nicht gleich wieder von den filzenden Soldaten abgenommen wurde so kurz vor der gefürchteten 1. Mai-Feier. Oder sollte sich auch hier die neue „weiche Welle" in der Behandlung durch die Sowjets gezeigt haben? Mancher von uns lebte in der ständigen Sorge vor der Wegnahme solcher Bücher durch die Posten, die jedes Buch lediglich deswegen schätzten und haben wollten, um seine Seiten zu Zigarettenpapier zu zerreißen.

Meine literarische Bereicherung empfand ich als einen Glücksfall, der einem Plenni ebenso gelegen kam wie etwa einem Bettler der Gewinn in einer Lotterie. Mit diesem Buch glaubte ich, so etwas Ähnliches in der Hand zu halten, wie wir es uns manchmal während der Marschstunden in anregender Unterhaltung als phantastische Wunschlektüre ausmalten zur Beantwortung der Frage: Was würdest du dir wünschen, wenn man dir das Buch deiner Wahl in die Gefangenschaft schicken dürfte? Wir diskutierten des längeren über verschiedene Wahlmöglichkeiten: Mein Buch über Anacharsis vereinigte etliche der gewünschten Qualitäten. Nach mehrfachem Studium dieser Lektüre tauschte ich sie mit dem Kameraden aus, der die beiden französischen Bücher erstanden und das eine selbst behalten hatte. So kam ich in den Besitz des Buches „Les ballets du roi Soleil". Es bot keine längere, erzählende Handlung. Dafür hatte es aber den größeren Reiz einer authentischen, historischen Dokumentation. Es vereinigte in einem Bande die Texte von mehreren Balletten, die in Schlössern an historischen Orten in der Nähe von Paris zu größeren festlichen Ereignissen getanzt und gesungen worden waren. Das Buch war eine Zusammenstellung von Programmheften, die sowohl die zu singenden Texte als auch die Namen der Mitwirkenden verzeichneten. Zahlreiche Details dieses Buches sind mir bis heute deutlich in Erinnerung geblieben. Dieses Buch hat mich in den folgenden Jahren ununterbrochen begleitet, wobei ich bis zuletzt hoffte, ich könnte es am Ende der Gefangenschaft mit nach Hause nehmen. Dieser Wunschtraum ist von den NKWD-Funktionären oft genug genährt worden: Immer wieder wurde uns versichert, den Heimkehrern würde die Mitnahme von bedrucktem Papier gestattet werden, wenn sie es nur rechtzeitig vorher prüfen ließen. Plennis mit langer Rußland-Erfahrung warnten uns aber stets davor, diesen Versprechungen zu glauben. Später fand ich eine Lösung, bei der ich das Buch zwar abgeben mußte, es aber wenigstens in guten Händen wußte.

Stalins lautstarkes Versprechen, das Ende des Jahres 1948 würde auch das Ende unserer sowjetischen Gefangenschaft sein, wurde nicht eingelöst. Mit dem Beginn des neuen Jahres war folglich unsere Hoffnung, überhaupt jemals wieder nach Hause zu kommen, auf den absoluten Tiefpunkt gesunken, und wir litten alle unter sehr starken Depressionen. In einer solchen Situation war es lächerlich, daß ich meine Gedanken weiterhin darauf richtete, wie ich das Buch „Les ballets du roi Soleil" vor einem Ende im Feuer sowjetischer Marchorka-Zigaretten bewahren könnte. Im Sommer 1949 sah ich einen Weg, dieses Dokument möglicherweise zu retten. Ich arbeitete damals in der Holzzeche der Dreschmaschinenfabrik „Serp i Molot" („Sichel und Hammer") in Charkow. Unsere abzuliefernden Werkstücke waren Metallsiebe mit Holzrahmen, die von einer Russin mittleren Alters aus der Abteilung „Technische Kontrolle" (OTK) geprüft wurden. Ihr Mann war zu vielen Jahren Zwangsarbeit in Kasan verurteilt worden. Unser beiderseitiges sentimentales Interesse an diesem Ort hatte eine Brükke zwischen uns geschaffen. Sie hatte Medizin studiert und war eine sehr gebildete Frau. Man hatte sie strafweise hierher nach Charkow verbannt, fernab vom Gefängnisort ihres Mannes. Dank unserer Gespräche faßte ich Vertrauen zu ihr und schenkte ihr mein französisches Buch. Sie verstand seinen besonderen Wert und nahm es gern an. Auf diese Weise habe ich seine Spur aus den Augen verloren, aber die leise Hoffnung bewahrt, damit vielleicht jemandem eine Freude gemacht und gleichzeitig zu seiner Rettung beigetragen zu haben.

Zwischenstation im Lager Kolomna

Das Lager „Aluminium"-Fabrik in Selenodolsk wurde vom NKWD nicht allzulange betrieben. Das Arbeiten Kriegsgefangener in einer sowjetischen Rüstungsfabrik war in der Tat kein vorzeigbares Propagandaprojekt. Das Lager wurde im Sommer 1948 aufgelöst und die Gefangenen auf andere verteilt. Mit über 100 Kameraden, in der Mehrzahl ehemalige Offiziere aus dem Selenodolsker Bereich, wurden wir im Mai 1947 in Güterwagen Richtung Moskau transportiert und nach Kolomna verlegt. Da es Richtung Westen ging, waren wir allgemein in guter Stimmung. Die Fahrt ging in ein Gebiet der Sowjetunion, von dem uns die Politinstrukteure der Tatarenrepublik immer wieder versichert hatten, dort in der Nähe von Moskau gäbe es keine Mängel mehr. Noch heute frage ich mich: Waren sie durch ihre eigenen Wunsch- und Zukunftsbilder dazu verführt worden, wider besseres Wissen an ihre eigenen Reden zu glauben? Oder war es ein bewußtes Vortäuschen falscher Tatsachen? Wir erlebten in Kolomna den gleichen deprimierenden Zustand, wie wir ihn in Jelabuga bereits kennengelernt hatten. „Die Schule des Lebens", als die man uns die Gefangenschaft in der Sowjetunion hatte vorgaukeln wollen, wies hier auch kein besseres Niveau auf. Wer hier wie überall im Lande einigermaßen durch das Leben kommen wollte, mußte seine Arbeitsleistungen in ein rechtes Licht rükken, was nichts anderes bedeutete als zu betrügen. Gewiß wurde dauernd gemahnt, nur ehrliche Abrechnungen abzuliefern. Daran hielt sich jedoch kaum jemand, wohin man auch schaute.

Wir standen in der Gefangenschaft von Anfang an unter dem Eindruck, wir würden betrogen. Wie in der sowjetischen Wirtschaft, so wurde auch in den Gefangenenlagern nach dem gleichen Prinzip gehandelt: Bei weitestgehender Energieeinsparung sollte ein möglichst hohes Ergebnis an Arbeitsleistung erzielt werden. Für uns war es das Geheimnis der sozialistischen Ökonomie. Unser Verpflegungssatz war auf ein Minimum herabgeschraubt. Wenn alle bestellten Produkte korrekt angeliefert worden waren, erhielten wir gerade so viel Verpflegung, wie wir zum Überleben brauchten. Aber auch davon wurde nicht selten noch etwas abgezwackt: zum Beispiel die zusätzlichen Essensportionen für die Bestarbeiter der Brigaden sowie für die Bestarbeiter auf ideologischem Gebiet, die Antifa-Aktivisten, die von uns verächtlich „Kaschtopfjäger“ genannt wurden, weil sie sich ihre politische Mitarbeit mit Essenszuschlägen auf Kosten der Mitgefangenen bezahlen ließen. Dadurch wurde die schon so magere Lagersuppe noch weiter verdünnt. Die Klagen über die ungenügende Quantität und Qualität der Ernährung sind vermutlich in allen sowjetischen Lagern die gleichen gewesen. Nirgendwo habe ich erlebt, daß die Anlieferungen für die Küche umfangreicher oder von höherem Standard waren. Eine Anhebung der allgemeinen Zuteilung an Brot und Fett hat es nicht gegeben. Wohl aber sind die Normen für die geforderten Arbeitsleistungen häufiger heraufgesetzt worden. Als Beispiel mag unsere Arbeitsstelle am Ufer der Oka, des Flusses, der Kolomna durchquert, vorgestellt werden.

Wir mußten hier große Baumwurzeln spalten und bis zu Brennholz zerkleinern. Das war eine sehr schwere Arbeit. Um die riesigen Hölzer zu bewegen und zu zerlegen, waren physische Anstrengungen erforderlich, für die nur sehr wenige noch die nötige Kraft mitbrachten. Woher sollten die mit Wassersuppen und Brot abgespeisten Hungergestalten diese Kraft und Energie nehmen? Deshalb wurde betrogen, wo immer es möglich war, insbesondere bei den Arbeitsnachweisen, den Narjaden. Hier herrschte das gleiche Prinzip, das in Rußland offenbar eine alte Tradition hat, Potemkinsche Dörfer zu bauen. Wir Plennis machten bei diesen Manövern eifrig mit, wenn wir durch sie einen Vorteil erlangen konnten. Alle hofften, daß ihr Arbeitsbrigadier den zuständigen Natschalnik bewegen konnte, der Brigade eine möglichst hohe Arbeitsleistung zu bescheinigen, also mehr anzuschreiben als wirklich geleistet worden war. Denn von der Höhe des Ergebnisses hing das Erlangen von Brotzuschlägen ab, die zu diesem Zweck zusätzlich geliefert worden waren, also nicht von der Normalverpflegung abgezogen wurden. Bei guter Normerfüllung konnte man mittags bis zu 200g Brot zusätzlich erhalten. Es kam nicht selten vor, daß sich zwischen einem Brigadier und seinem Arbeitsvorgesetzten, dem Natschalnik, ein harmonisches Verhältnis entwickelt hatte und dieser dann bereit war, nach einem friedlichen Arbeitsablauf eine geschönte Zahl von geleisteten Arbeitseinheiten zu bescheinigen. Es konnte aber ebenso gut ein gespanntes Verhältnis zwischen den beiden herrschen, so daß der Brigadier in zäher und langwieriger Auseinandersetzung um eine Kommastelle auf dem Narjad, der Leistungsbescheinigung, feilschen mußte. Dabei kam es sehr auf das Geschick des Brigadiers und seine russischen Sprachfähigkeiten an. Am beliebtesten waren diejenigen, die mit den Russen spaßen und Witze erzählen konnten. Davon profitierte dann die ganze Brigade.

Lastwagentransport durch Moskau nach Jarzewo

Mit heranrückender Sommerzeit verbreitete sich das Gerücht, ein neuer Transport in ein anderes Lager stünde bevor. Es wurde außerdem gemunkelt, wir könnten unser Interesse für die Teilnahme an diesem Transport äußern. Das war eine völlig neue Perspektive, denn so etwas hatte es noch niemals zuvor gegeben. Wir suchten nicht lange nach dem Warum dieser rätselhaften Wahlmöglichkeit, sondern stellten uns lieber die Frage, ob wir vielleicht einen Vorteil daraus ziehen könnten. Unsere große Unzufriedenheit mit dem Lager in Kolomna hatten wir schon oft untereinander geäußert. Wir waren eine größere Gruppe miteinander befreundeter Inhaftierter, von denen etliche sich schon seit der Lagerzeit in Jelabuga kannten. Wir wollten den Versuch wagen und meldeten uns bei der Lagerleitung zu dem neuen Transport. Zu unserer Gruppe gehörte mein Freund Rudi Eppe, der sich auch weiterhin für unser Zusammenbleiben einsetzte. Solche sich über einen langen Zeitraum erstreckenden gemeinsamen Lageraufenthalte wären noch ein Jahr zuvor undenkbar gewesen. Dieses Zusammensein erleichterte uns die schwere Gefangenschaftszeit ganz wesentlich. Wir konnten uns aussprechen, einander Mut machen und uns gegenseitig bestärken, in schwierigen Situationen uns gemäß unserer Leitlinie zu verhalten. Wir kannten einander als absolut zuverlässige Kameraden.

Obwohl die Lagerleitung natürlich keinerlei Angaben über das Ziel des bevorstehenden Transportes machte, erwarteten wir, daß es im Westen der Sowjetunion gelegen sei. Unsere freiwillige Meldung zur Teilnahme war ganz spontan erfolgt, also nicht im Sinne der alten Weisheit, die auch beim deutschen Kommiß verbreitet war: „Melde dich nur nicht freiwillig zu einem neuen Kommando!“ Meist ist man später enttäuscht bezüglich der erhofften Verbesserungen.

Eines Tages wurden etwa 100 Gefangene auf drei amerikanische Lastwagen der Marke Dodge verladen, die von den USA als Hilfslieferungen in die Sowjetunion gekommen waren. Wir saßen eng zusammengedrängt, der vordere zwischen den Beinen seines Hintermannes. Am hinteren Ende der Ladeflächen plazierten sich je zwei Posten, bewaffnet mit Maschinenpistolen. Schnell verbreitete sich die Nachricht, die Fahrt würde durch Moskau führen und dann weiter in Richtung Smolensk. Erwartungsvolle Neugier auf den Anblick Moskaus breitete sich aus. Je näher wir diesem Etappenziel kamen, umso nervöser wurden die Posten. Sie verlangten von uns, von der hinteren Ladeklappe weg noch weiter nach vorn zu rücken. Aber das war völlig ausgeschlossen, da wir ja schon extrem eng zusammengepfercht saßen. Vielmehr versuchten wir, ganz im Gegensatz dazu, recht weit nach hinten zu rutschen, um über die Ladeklappe hinweg einen möglichst umfassenden Ausblick auf die Straßen der Stadt zu erlangen. Nun erhoben sich die Posten, sei es, um selber Moskau besser sehen zu können, sei es, um uns am Ausblick zu hindern. Die Lastwagen fuhren unterdessen so schnell es nur ging weiter. Inzwischen war es Nacht geworden. Der breite Fluß, an dem wir entlangfuhren, mußte die Moskwa sein. Die Aufregung nahm merklich zu. Und da zeichnete sich auch schon die Silhouette der Kremlmauern am Himmel ab. Den krönenden Abschluß bildeten die riesig großen, blutrot leuchtenden fünfzackigen Sterne, die wie losgelöst über den Türmen zu schweben schienen und wie ein drohendes Sternbild zu uns herüberfunkelten: als ein Symbol für die drohende Allmacht des Kremls. Es war ein überwältigender und bedrückender Anblick. Wir achteten kaum noch auf das viel schwächer erhellte Straßenbild der Umgebung. Es blieb auch keine Zeit für Einzelbeobachtungen. Die Lastwagen bogen nach Westen ab, und die schrecklich-schöne Vision war vorbei. Sie hatte uns eine Weile die Mühsal des engen Zusammenhockens vergessen lassen. Irgendwann in der Nacht erreichten wir endlich das Hauptlager für den Bau der Fernstraße, die von Moskau nach Westen führen sollte. Hier wurden wir für eine Nacht abgeladen. Offenbar hatte man unsere Ankunft nicht erwartet. Wir wurden in einen Raum der Verwaltung eingesperrt. Es war so eng, daß viele von uns hockend oder stehend die restlichen Stunden der Nacht verbringen mußten.

Im Straßenbaulager Jarzewo

Früh am nächsten Morgen ging die Fahrt weiter auf einer breiten Asphaltstraße nach Westen zu dem uns noch unbekannten Ziellager. Gegen Abend rollten die Lastwagen in verlangsamtem Tempo einen abfallenden Fahrweg hinab durch eins der typischen russischen Lagertore hindurch und hielten vor einer niedrigen, unscheinbaren Baracke, wo wir endlich aussteigen konnten. Hier war der Zentralplatz des Lagers Jarzewo, das in der Mitte eines größeren Abschnittes der zu bauenden Fernstraße lag. Hier sollte eine wichtige Brücke über den Dnjepr und sein Sumpfgebiet gebaut werden. Gleichzeitig sollte in unmittelbarer Nähe eine große Rastanlage mit Übernachtungsmöglichkeit für Lastwagenfahrer entstehen.

Man ließ uns vor der nahen Eßbaracke antreten. Unser Hunger war so groß, daß jeder sich beeilte. Die gesamte Mannschaft unseres Transportes stand ungeduldig bereit. Wir hofften auf eine warme Suppe und schauten zu dem sehr kleinen, geöffneten Essensschalter in dem primitiven Barackenraum. In einiger Entfernung sahen wir zwei deutsche Lagerfunktionäre, die uns unfreundlich und mißtrauisch musterten. Beide waren von kleinem Wuchs. Einer von ihnen, der, wie sich später herausstellte, der Lagerführer Joseph war, hatte sich mit einem Knüppel bewaffnet. Es war kein vertrauenerweckendes Bild, das sich uns hier zum Empfang bot. Unsere Kolonne war während der Transportzeit von einem aus unseren Reihen befehligt worden. Das war der frühere Oberleutnant und ehemalige Jelabuga-Kamerad von Stockhausen, der jetzt bemüht war, die Essensausteilung in Gang zu bringen. Der Lagerführer Joseph, der alles beobachtete, mag in von Stockhausen einen bedrohlichen Rivalen gefürchtet haben, denn oft wurden die Anführer eines größeren Transportes nach dem Einzug in ein neues Lager gleich auch hier die neuen Lagerführer. Das war das einfachste Vorgehen bei einem wohl schon länger fälligen Führungswechsel. Von Stockhausen wußte nichts von einer möglichen Übernahme dieses Postens. Er hielt sich stets klug zurück und zog es vor, im Hintergrund zu bleiben. Da wurde er laut mit dem Ausruf „Herr von Stockhausen!“ zum Suppenschalter gerufen. Diese höfliche, alte Anredeform paßte so gar nicht in diese schäbige, kümmerliche Lagerumgebung von Jarzewo. Sie schien Joseph zu provozieren und rief bei ihm eine ganze Kette von klassenkämpferischen Parolen hervor. „Ah! Aristokrat! So einer seids ihr. Wartet nur, wir werden euch helfen und das abstellen! Wartet nur, ihr werdet schon bald sehen!“ Es folgte eine Serie von Beschimpfungen aus dem Wortschatz der antifaschistischen Vorurteile. Von Stockhausen reagierte nicht darauf. Ohne weitere Störungen konnten wir unsere Suppe auslöffeln, aber die Sorge, die sich unter uns ausgebreitet hatte, ließ sich nicht vertreiben. Sie bedrückte uns auch weiterhin, als unsere Transportkolonne nach dem Essen in Arbeitsbrigaden eingeteilt wurde für den Arbeitsbeginn am folgenden Morgen. Jeder Brigade wurde eine Unterkunft zugewiesen. Es waren lauter erdhöhlenartige Bunker, die während des Krieges der deutschen Wehrmacht gedient hatten. Sie waren mit einem

Satteldach abgedeckt, das auf der Erdoberfläche auflag und nur wenig nach oben ragte. In jeder dieser Erdhütten hatten etwa 20 Gefangene zusammengedrängt ihre Schlafplätze, die zu beiden Seiten des Daches angeordnet waren. Dazwischen lief ein sehr schmaler Gang.

Unsere Nachbarbrigade blieb konsterniert vor ihrer Erdhöhle stehen. Niemand wollte hineingehen, weil Wasser darin stand. Auf die Proteste über eine solche Unterkunft reagierte Joseph mit den sarkastischen Worten: „Schauts zu, wie ihr den Bunker in Ordnung bringt!“ Während die ganze Brigade in Lethargie verfiel, packten Rudi Eppe und Ernst Schwender als einzige aktiv zu: Mit Eimern versuchten sie, das Wasser aus dem Bunker zu schöpfen. Dieser deprimierende Anfang in Jarzewo machte jede Hoffnung auf eine Verbesserung unserer Situation zunichte, die uns zu der freiwilligen Meldung für diesen Transport bewogen hatte. Die verschärfte Bewachung dieses Lagers durch zwei laut bellende Hunde, die angekettet hinter dem Lagerzaun hin- und herliefen zur Abschreckung aller auf Flucht sinnenden Plennis verstärkte unsere Depression.

In seiner primitiven und übertriebenen klassenkämpferischen Haltung und aufgrund seiner mangelhaften sprachlichen Ausdrucksfähigkeit bot der Lagerführer Joseph den Spöttern unter uns viele Angriffsflächen. Er galt als Russenknecht. Schon deshalb herrschte zwischen ihm und den Gefangenen ein sehr gespanntes Verhältnis. Doch befand auch er sich in einer keineswegs einfachen Situation: Seine Aufgabe, die unterernährten Gefangenen zur Normerfüllung anzutreiben und dabei für eine gute Arbeitsmoral zu sorgen, überforderte ihn völlig. Außerdem war er ständig dem erbarmungslosen Spott ausgesetzt.

Die Ära Joseph ging im nächsten Winter zu Ende. Er wurde mit einem Heimkehrertransport nach Hause geschickt. Kurz vor dem Antritt der Heimreise richtete Joseph noch einmal das Wort an die Insassen seines Lagers. Für seine mit vielen Wiederholungen gespickte Abschiedsrede wählte er das Thema „Läuse“: „Also Leute, habts acht auf die Läuse. Haltets euch sauber und schauts, daß ihr gesund bleibt!“ Das Lachen der Spötter war nicht zu hindern. Das Hörvergnügen bei dieser gutgemeinten Ansprache bleibt unvergessen.

Der Nachfolger von Joseph als Lagerführer war Günther Busch. Er verstand es auf seine Weise, sich klüger zu verhalten und verzichtete darauf, mit einem Knüppel bewaffnet durch das Lager zu gehen. Er sprach ein gepflegtes Deutsch und wirkte zunächst sehr sympathisch. Sein erster spektakulärer Erfolg war, daß er die russische Ärztin des Lagers für sich zu gewinnen verstand. Diese Episode ist mir deshalb einigermaßen präsent, weil ich in meiner Naivität wesentlich zu seinem Erfolg beitrug. Nach langem Überreden willigte ich ein, ihm das Leder meiner Stiefelschäfte gegen eine größere Anzahl von Brotportionen zu überlassen. Daraus ließ er für die Russin beim Lagerschuster Schuhe machen. Von dem versprochenen Lohn erhielt ich letztlich nur drei Brotportionen.

Auf dem Weg zum Lagertor, wo sich die Arbeitsbrigaden für den Abmarsch zum Straßenbaugelände sammeln mußten, betrachteten wir in den ersten Tagen neugierig die verschiedenen Lagerunterkünfte, die von den übrigen Arbeitsbrigaden unseres Transportes aus Kolomna bezogen worden waren. Das gesamte Lagerareal war mit den schon beschriebenen Erdbunkern weitläufig übersät, die sich zwischen zahlreiche Birken duckten. Offenbar war das Gelände zuvor ein lichter Birkenwald gewesen. Uns war es strengstens verboten, weitere Bäume zu fällen. Wir übertraten jedoch in den kommenden Wochen gelegentlich dieses Verbot in aller Heimlichkeit. Diese Blitzaktionen waren alle erfolgreich, d. h. niemand reagierte darauf. Ob die Lagerverwaltung Augen und Ohren verschloß, wenn wir zu mitternächtlicher Stunde einen der dickeren Stämme fällten und in Windeseile zu kleineren Stücken zersägten? Ich möchte es glauben.

Das Lagertor öffnete sich zwischen den Verwaltungsbaracken des NKWD. Daneben befanden sich der Karzer und die tiefer in die Erde gegrabenen Erdbunker der Lazarett-Abteilung, in der der Mitgefangene Dr. Ott arbeitete. Er war ein sehr fürsorglicher und tüchtiger Arzt, dessen Heilkunst oft nur darin bestand, daß er hinfällige Kameraden krankschrieb; d. h. er verschaffte so manchem von uns einen kurzen Sonderurlaub im Lazarett zur Erholung unter irgendeinem Krankheitsvorwand. So wirkte er wie ein rettender Engel für viele, die oft nur eine moralische Aufrichtung brauchten. Dafür waren ihm alle sehr dankbar, denn er nahm ein großes Risiko auf sich mit seinen Diagnosen. Ich bin auch überzeugt davon, daß er oft im Einvernehmen mit der russischen Ärztin handelte, die offenbar große Sympathie und Verständnis für die physische und seelische Notlage der Deutschen aufbrachte.

In der Nähe der Ambulanz befand sich die Baracke für die beiden offiziellen Antifa-Funktionäre des Lagers, Kurt Schablowski und Günther Janzen.

Hier war eine rudimentäre Lagerbibliothek untergebracht, die vorwiegend aus Bänden politischer Literatur bestand. Dazu gehörte natürlich in erster Linie das viel gelobte Werk Stalins: „Kurzer Lehrgang der Geschichte der KPDSU (B)“. Dieser Titel wurde von allen eingeschworenen Antifaschisten stets penibel und äußerst genau zitiert, einschließlich des Zusatzes „in Klammern B“. Das „B“ steht für „Bolschewiki“. Ein Weglassen dieses Zusatzes wäre für diese Erfüllungsgehilfen in ihrer oft schlichten Denkungsart ein Sakrileg gewesen gegenüber Stalin, den sie wie ihre sowjetischen Gesinnungsgenossen „den weisesten Menschen des Erdballs“ nannten.

Obwohl ich eine große Abneigung gegen jede neue Bekanntschaft mit einem Antifa-Funktionär hatte, kam es zwischen Schablowski und mir gleich am Anfang meiner Lagerzeit in Jarzewo zu einer freundlichen Begegnung. Bei diesem ersten Zusammentreffen mit ihm in der Politbaracke lenkte ich unser Gespräch auf Heimaterinnerungen und erzählte ihm, daß in Harburg unserem Hause gegenüber ein Veterinär namens Schablowski wohne. Von der Existenz dieses Namensvetters wußte Schablowski. Damit war eine erste Brücke geschlagen. Bei den folgenden Begegnungen nickten wir einander freundlich zu. Inzwischen hatte ich die Bücher der Budka von Schablowski inspiziert und darunter das Werk Schopenhauers „Die Welt als Wille und Vorstellung“ entdeckt. Dieses Buch erweckte sofort mein Interesse. Da ich das Gefühl hatte, daß Schablowski kein engstirniger Funktionär war, faßte ich den Mut, ihm einen Büchertausch vorzuschlagen. Mit dem Argument, das Schopenhauer-Buch würde nur geringes Interesse bei den Gefangenen finden, bot ich ihm dafür meine „Münchner Lesebogen“ und das Buch mit den ausgewählten Texten von Novalis an. Er akzeptierte meinen Vorschlag. Hochzufrieden verließ ich ihn mit meinem neuen Schatz. In der folgenden Zeit vertiefte ich mich, so oft es eben ging, in die Lektüre Schopenhauers. Noch heute bin ich Schablowski dafür dankbar, daß er zu einer so unorthodoxen Handlungsweise bereit war.

Zu meiner großen Überraschung erhielten wir gleich am ersten Tag feste Arbeitshandschuhe. Solche Fürsorge war mir zu meiner Zeit als Arbeitsmann beim Reichsarbeitsdienst nicht begegnet. Vielmehr wurde dort der unsinnige Slogan gepredigt: „Ein deutscher Arbeiter scheut sich nicht, seine Hände schmutzig zu machen!“ Die Arbeitshandschuhe als Schutz für die Hände waren uns beim Anpacken und Weiterreichen der vielen Steine und Armierungseisen besonders willkommen.

Für die Planung und Organisation aller Bauarbeiten war der Architekt Peter Link verantwortlich. Ihm waren einige Räume in einer Lagerbaracke als Büro zugestanden worden. Er befand sich in keiner beneidenswerten Lage: Einerseits forderten die Sowjets gute Arbeit, pünktliche Planerfüllung und sogar Planübererfüllung vor großen Jahrestagen, andererseits hatte er ständig mit Schwierigkeiten bei der sowjetischen Materialanlieferung zu kämpfen. Bei jedem Mißlingen eines Planabschnittes schwebte die drohende Gefahr über ihm, angeklagt zu werden wegen Sabotage. Trotzdem war er stets freundlich. Wir bewunderten seine Fähigkeit, mit den Russen geschickt umgehen zu können. Trotz der Privilegien, die er in dieser Stellung vermutlich genoß, hätte niemand mit ihm tauschen wollen. Wir zogen weniger verantwortungsvolle Arbeiten vor, zum Beispiel das Abklopfen der Holzverschalungen, damit der dickflüssige Beton bis in die unteren Partien der Verschalung rutschen konnte.

Zu Beginn meiner Arbeitstätigkeit in Jarzewo war ich zunächst zusammen mit anderen Kameraden der Arbeitsstufe der Dystrophiker einer Feinmechanikerbrigade zugeteilt worden, die innerhalb des Lagerbereichs beschäftigt wurde. Vor uns wurde auf einem Arbeitstisch ein Berg von Feuerzeugteilen ausgebreitet, der von einem Läufer des NKWD herbeigeschafft worden war. Unter Anleitung eines Feinmechanikers mußten wir diese Teile säubern und möglichst viele gebrauchsfertige Feuerzeuge daraus zusammenbauen. Nach beendeter Arbeit sollte alles, auch die nicht verwendbaren Einzelteile, wieder zurück zum NKWD gebracht werden.

Jeder durchsuchte den ihm zugeschobenen Trümmerberg mit größter Aufmerksamkeit. Ein Feuerstein war im Gefangenenlager eines der wertvollsten Objekte, denn es gab viele Interessenten dafür, bei denen man ihn verkaufen oder eintauschen konnte. Wer das Glück hatte, einen so begehrten Schatz zu finden, versteckte diesen sorgfältig bei sich. Unser Brigadier seinerseits hatte seine eigenen Begehrlichkeiten. Mit Kennerblick überflog er den Schrottberg, fischte sich möglichst wenig beschädigte Feuerzeuge heraus und versuchte, sie mit den fehlenden Teilen zu reparieren. Sein Bestreben war, einen Teil davon für sich zu behalten. Am Ende der ganzen Aktion wurden ein paar gut aussehende, funktionierende Feuerzeuge auf die vielen gesäuberten Kleinteile verteilt und das Ganze zurückgegeben, wie um auf einen guten Erfolg der vorangegangenen Reparaturarbeiten hinzuweisen. Der Starschi (Vorgesetzter) beim NKWD ließ dann seinerseits befriedigt einige reparierte Exemplare in seiner Tasche verschwinden, und die Plennis konnten sich ihrer Suppe zuwenden. So etwa verlief diese sich über mehrere Tage erstreckende Aktion. Auf ähnliche Weise wie der Brigadier hatten es am Ende auch einige von uns zu einem eigenen Feuerzeug gebracht. Wollte man es nicht selbst behalten, so konnte man es auf dem „Schwarzen Markt" gewinnbringend wieder veräußern. Schon bei Beginn dieser Reparaturarbeiten hatten wir uns gefragt, wer diese Teile aufgespürt und eingesammelt haben mochte. Diese Frage ließ sich nur ganz pauschal beantworten: Es handelte sich gewiß um Beutegut aus dem von den Sowjets eroberten Teil Deutschlands. Erst jetzt, zwei Jahre nach Kriegsende, war es aus irgendeinem sowjetischen Lagerraum hervorgeholt worden und sollte nun von einem findigen NKWD-Funktionär versilbert werden.

Das gleiche Ziel hatte wohl auch der Auftrag, den wir im Anschluß an die Feuerzeugaktion erhielten. Jetzt ging es darum, einen Haufen erbeuteter Nagelscheren nach langer Lagerzeit zu säubern und in Ordnung zu bringen. Hierbei war ein Manipulieren nicht so leicht möglich, denn zum Schneiden braucht die Schere ihre beiden Scherenarme. Doch ich kann von einem betrügerischen Scherentausch berichten, den ich selbst bewerkstelligen konnte. In dem auf den Tisch geschütteten Haufen von Nagelscheren fiel mir sogleich ein ganz besonderes Exemplar auf. Es war eine kleine Schere aus Kruppstahl „V2A" von so schöner und gefälliger Form, daß ich sie heimlich und unbemerkt gegen meine eigene der Marke Zwilling tauschte, was mir ohne Schwierigkeiten gelang. Verwahrt in meinem Nähbeutel begleitete sie mich getreulich bis zu meiner Heimkehr. Erst in Deutschland habe ich sie leider irgendwann verloren. Bereits als Kind verspürte ich den Wunsch nach kleinen „schönen Dingen" des Alltags, die ich vor allem beim abendlichen Zu-Bett-Gehen bei mir haben wollte. Auf die Frage meiner Mutter: „Was möchtest du heute haben?" antwortete ich immer mit denselben Worten: „Was Schönes in die Hand." Erst damit konnte ich zufrieden einschlafen.

Zu Beginn des Sommers 1947 wurden wir eines Tages mit etwa 20 Gefangenen unter der Führung unseres Brigadiers Schulz zu einer Nachmittagsschicht auf den Bahnhof Jarzewo bestellt. Auf dem einzigen Gütergleis stand ein offener Güterwagen mit einer Ladung dicker Bündel von etwa zehn Meter langen, starken Armierdrähten, aus denen die Kissen für die Betonstützen der Dnjepr-Brücke geflochten werden sollten. Es hieß, bis zum Abend müsse der Waggon entladen sein, da er dann wieder zurückgeschickt werden sollte. Schulz ließ uns sofort an die Arbeit gehen. Offenbar hielt er den Auftrag für durchführbar. Zuerst wurden die Drähte gelöst, die das oberste Bündel zusammenhielten. Die schweren Armierdrähte mußten jeder einzeln von zwei gemeinsam hochgehoben und über die Seitenwand des Waggons nach draußen auf den Erdboden geworfen werden. Für mehr Arbeitskräfte war kein Platz an dem sperrigen Bündel, das fast die ganze Waggonlänge einnahm, so daß die übrigen Kameraden der Brigade gar nicht richtig beschäftigt werden konnten. Unser Brigadier erkannte schnell, daß auf diese Weise die Arbeit sehr lange dauern würde und daß außerdem die Armierdrähte durch das Hinabwerfen in erhebliche Unordnung gerieten. Es würde große Schwierigkeiten machen, sie anschließend auf einen Laster zu laden zum Weitertransport an die Baustelle. Der Brigadier hatte bei der Vorstellung dieser kommenden Schwierigkeiten ebenso wie wir alle ein sehr ungutes Gefühl. In seiner verzweifelten Lage wandte er sich an den Natschalnik und erklärte, für die folgende Schicht müsse unsere Brigade von einer anderen abgelöst werden. Die meisten von uns unterstützten Schulz dabei nachdrücklich. Für den Natschalnik waren solche Reden ein gefürchtetes Sakrileg. Es hieß, unsere Brigade verweigere die Weiterarbeit. Das bedeutete Streik, Sabotage! Die Posten wurden unterrichtet. Für sie als gute Rotarmisten gab es nichts Schlimmeres als eine Arbeitsniederlegung von Gefangenen. Sie zogen die große Alarmglocke und telefonierten mit der Lagerkommandantur. Von einer Instanz zur nächsten wurde die Situation immer mehr aufgebauscht. Die Posten wurden angewiesen, die Streikenden auf engstem Raum zu isolieren. Wir wurden von unserem Arbeitsplatz weggeholt und zu einem größeren Holzfeuer gedrängt. Nach etwa einer halben Stunde traf die Wachverstärkung aus dem Lager ein, zu der auch höhere NKWD-Offiziere gehörten. Wir mußten uns in einer Linie aufstellen und wurden einzeln aufgefordert, die Fragen der Offiziere zu beantworten, die der Dolmetscher Hendriksen aus unserer Brigade zu übersetzen hatte. In ermüdender Langsamkeit und Genauigkeit wurde der Sachverhalt festgestellt und protokolliert, während wir einen immer stärkeren Hunger verspürten. Die mitgeführten Hunde bellten uns grimmig an, so als sei auch ihnen diese empörende Tatsache „Streik am Arbeitsplatz“ klar geworden. Die langwierige Protokollaufnahme strapazierte uns alle immer mehr, bis schließlich der Kamerad Rothe, der für seine offenen Meinungsäußerungen bekannt war, erregt und voller Ungeduld hervorstieß: „Dann sollte man uns doch wenigstens erst einmal etwas zu essen geben!“ Der aufs höchste gereizte Offizier stellte sofort die bei solchen Widerspruchsreden immer gleiche Angriffsfrage: „Kak familia?“ „Wie heißen Sie?“ Rothes Name wurde sofort notiert. Sein „aufmüpfiger“

Ausruf hat ihm eine Anklage als Wortführer des Streiks und eine Strafe von acht Jahren zusätzlichen Straflagers eingetragen. Die Vernehmung ging schließlich zu Ende. Die Brigade blieb bei der Arbeitsverweigerung.

Uns wurde befohlen, sofort auf einen bereitstehenden Laster zu steigen, der uns ins Lager zurückbringen sollte. In der Aufregung mißachtete ich eines meiner Vorsichtsprinzipien und stieg als letzter auf die Ladefläche. Vor dem Lagertor wurde mir mein Fehler erschreckend klar. Ich mußte als erster vom Laster springen und wurde deshalb auch als erster von einem Posten aufs schärfste gefilzt. Wir mußten alle Kleider ablegen. Meine einzige Sorge war: Was soll ich tun, damit die Minox nicht bei mir gefunden wird? Soll ich versuchen, sie über den Zaun ins Lager zu werfen? Ich wußte es einfach nicht. Nach den strapaziösen Stunden und in dieser erneuten Aufregung war ich zu keinem klaren Gedanken mehr fähig und ließ alles Kommende widerstandslos geschehen. Der Posten sah, daß ich einen Gegenstand in der Hand hielt und mich bemühte, ihn zu verbergen. Er nahm mir die Minox ab, prüfte alle Kleidungsstücke und befahl mir, mich wieder anzuziehen. Dann wurde ich in den Lagerkarzer abgeführt, in den nach und nach auch alle übrigen Kameraden unserer Brigade gebracht wurden. Stumm und mit trüben Gedanken hockten wir hier bis zum frühen Morgen. Die uns vorenthaltene Abendsuppe war kein Thema mehr. Jeder sann nach über die zu befürchtenden Folgen der Arbeitsverweigerung. Nur bei mir drehten sich fast die ganze Nacht alle Gedanken allein darum, eine plausible Erklärung für den Besitz der Minox zu ersinnen. Am nächsten Morgen in der Frühe begann dann der zweite Akt dieses Dramas: Ein Politoffizier kam zu uns in den Karzer, zeigte die Minox und fragte nach ihrem Eigentümer. Blitzartig schoß mir eine neue Gedankenkette durch den Kopf. Sollte ich verschweigen, was der Offizier vielleicht gar nicht erfahren hatte von dem Posten, der uns gefilzt hatte? Vielleicht hatte dieser sogar vergessen, wem er den Gegenstand abgenommen hatte? Doch ich blieb bei der nächstliegenden Reaktion und meldete mich. Jede spätere Vernehmung würde vermutlich doch zu diesem Ergebnis führen. Damit war das erste Geständnis gemacht. Es war nicht mehr zu ändern, und ich regte mich nun nicht mehr länger darüber auf. Der Offizier wandte sich mir jetzt zu und erkundigte sich, wie dieses Gerät zu handhaben sei. Ganz umständlich und langsam zeigte ich ihm, wie man es öffnen und wieder schließen konnte. Er schaute genau zu. Dann nahm er den Apparat wieder an sich und verließ den Karzer. Damit war eine erste Last von mir genommen, und ich fühlte mich in gewisser Weise erleichtert. Aber nun begann das Gedankenkarussell von neuem, sich zu drehen. Pausenlos beschäftigte mich die Suche nach einer zufriedenstellenden Erklärung, wieso ich diesen Apparat bei mir hatte. Ich dachte auch an die vielen Ratschläge von Altgefangenen für den Fall eines Verhöres.

Inzwischen wurden wir alle aus dem Karzer entlassen und wieder zur Arbeit geschickt. Täglich war ich auf eine NKWD-Vernehmung gefaßt, zu der es jedoch nicht so schnell kam. Von meinen Kameraden hat niemand versucht, mich in ein Gespräch über dieses Thema zu ziehen. Nachträglich gesehen, bin ich allen Kameraden dankbar dafür. Ich hätte auch auf jeden Fall nichts dazu ausgesagt oder erklärt.

Unsere Arbeitsniederlegung hatte zur Folge, daß die drei Kameraden, Schulz, Hendriksen und Rothe aus unserer Brigade verschwanden. Niemand wußte zu sagen, was mit ihnen geschehen war. Gerüchte machten die Runde. Aber wir erfuhren auch weiterhin nichts Konkretes. Uns war klar, daß ihre Entfernung aus dem Lager nur der erste Schritt war, auf den gewiß die eigentliche Bestrafung folgen würde. Ein lähmendes Gefühl der Ungewißheit und der Besorgnis über das Schicksal unserer Kameraden, verbunden mit der Sorge um das eigene Schicksal lastete etliche Wochen hindurch auf uns.

Eine weitere Folge unserer Arbeitsniederlegung war die Verlegung der Restbrigade in eine andere Unterkunft. In dem geräumigen Vorraum der Lagerbanja, den schon zwei andere Brigaden bewohnten, und den wir abkürzend einfach nur „Banja“ nannten, wurden uns Schlafstellen zugewiesen. Wir empfanden jedoch diesen Tausch keineswegs als eine Bestrafungsmaßnahme, ein Wort, das uns gegenüber auch niemals geäußert worden ist. Hier herrschten weder die bedrückende Enge noch die rauhe Atmosphäre der Erdbunker. Es kam uns vielmehr wie ein Aufstieg in eine etwas lichtere und freundlichere Umgebung vor. Der Hauptvorzug war, daß der Raum permanent Wärme gewährte, dank der unmittelbaren Nachbarschaft zu den Banjaräumen für das Lager, wo eine große Heizanlage die Wascheinrichtungen und den Entlausungsofen versorgte. Unsere neue Unterkunft war eine mit Schindeln verkleidete, weißgetünchte Baracke, mit festem Asphaltboden ausgestattet und räumlich etwas höher gebaut als die eigentliche Banja.

Warum wurden wir hierher verlegt? Möglicherweise war diese Banjaunterkunft in den Augen der Sowjets erniedrigend und unwürdig, denn die Lagerlatrine lag gleich nebenan, was penetrante Gerüche vermuten lassen konnte. Jedoch wurden wir davon nicht belästigt. In den nächtlichen Stunden waren allerdings die zu lebhafter Betriebsamkeit erwachten Ratten unüberhörbar. Doch diese Nachbarschaft konnten wir ertragen. Nur gelegentlich kamen sie bis auf unsere Schlafplätze geklettert und, die menschliche Wärme suchend, legten sie sich auf die Decken der Schläfer, bis diese unerwünschte Last mit einer ärgerlichen Bewegung hinabgeschleudert wurde. Meist aber lockten die mit den Produkten („produkty" ist das russische Wort für Lebensmittel.) des Vortages abgestellten Dosen die Ratten an. Sie rissen diese zu Boden, um sie mit schepperndem Geräusch über den Asphaltboden näher an ihre Schlupfwinkel zu rollen. Davor konnte sich aber jeder schützen, indem er seine Produktendose fest zuschraubte. So litten wir nicht besonders unter den Ratten. Wir waren heilfroh über diesen Tausch der Unterkünfte. Kam doch der Winter näher, der mit seiner Kälte in den Erdbunkern viel schwerer zu ertragen sein würde als an diesem gewärmten Ort.

Das Bild unserer Banjaunterkunft hat sich fest in mein Gedächtnis eingeprägt. Viele Stunden habe ich oben auf meinem Schlafplatz gesessen, gewöhnlich in die Schopenhauerlektüre vertieft. Von dort oben sah ich den kleinen Blechofen auf dem freien Platz vor dem Bett des Brigadiers Tesan der Nachbarbrigade. Dieser freie Platz unterbrach die Reihe der in Viereranordnung entlang der Außenwand aufgestellten Betten. Tesans Bett stand quer davor und diente oft den einzelnen Brigademitgliedern als Sitzgelegenheit. Sie waren zumeist sehr redefreudig, etliche auch redegewandt. Es gab längere Debatten, denen ich von meinem höher gelegenen Bett aus gut zuhören konnte. Mir schien der Platz vor Tesans Bett fast wie ein kleiner Dorfplatz, wo sich die Diskutierfreudigen zum Gedankenaustausch trafen. Sie kamen oft und gern zu ihrem Brigadier, um über Arbeitsvorhaben zu sprechen oder neueste Nachrichten von daheim zu hören oder mitzuteilen. Es war ein Kreis von guten Kameraden, die fast alle noch recht jung waren und einigermaßen gut zusammenpaßten. Tesan war besonders gut für seine Rolle als Brigadier geeignet. Der Zusammenhalt seiner Gruppe wurde dadurch erheblich gefördert. Unvermeidlich erfaßte mich oft der heimliche Wunsch, einer solchen Gemeinschaft anzugehören, deren Kameradschaft das Leben in der Gefangenschaft bedeutend erleichtern konnte. In unserem Brigadebereich gab es ebenfalls einen vergleichbaren Raum vor der Schlafstelle unseres Brigadiers. Dort stand ein größerer Tisch, auf dem allmorgendlich die Produkte Brot, Zucker und Fett abgewogen und zugeteilt wurden. Der uns zugewiesene Brigadier hatte nicht die Gabe, durch persönliche Ansprache eine freundlichere Atmosphäre innerhalb unserer Brigade zu schaffen. Ich weiß nicht einmal mehr, wie er hieß. Auf meinem Schlafplatz lag ich, meiner Brigade den Rücken zugewandt. Ich blieb dort am liebsten allein mit meinem Buch.

Ein harmonisches Miteinander, wie es die Brigade Tesan kennzeichnete, war auch in einigen anderen Brigaden in Jarzewo zu beobachten. Günther Busch, der neue Lagerleiter, trug positiv dazu bei. Die beiden neueingesetzten Brigadiere, Herbert Thormann und Hans Thomke, konnten dank ihrer menschlichen und positiven Eigenschaften das Vertrauen ihrer Männer bald gewinnen. Ich habe nie erfahren, wie in ihren Brigaden der Kommandowechsel zustandegekommen war, vermutlich durch sanften Druck von unten. Ein solcher Druck hat jedenfalls niemals ein Auswechseln der Antifa-Leitung zur Folge gehabt. Der Antifa-Funktionär Günther Janzen hat weit über die Dauer des Lagers Jarzewo hinaus eisern an seinem Amt festgehalten. Wir merkten bald, daß seine Versuche politischer Beeinflussung nicht allzu ernst genommen werden mußten. Wenn ein neuer politischer Vortrag angekündigt worden war, blieben viele einfach passiv auf ihrem Strohsack. Janzen hatte dann die Mühe, durch die vielen Unterkünfte zu gehen, von einem Erdbunker zum andern, um die Liegengebliebenen hinauszuscheuchen. Diese aber, sobald er den Bunker verlassen hatte, legten sich wieder hin und erschienen einfach nicht zur Indoktrinationsstunde.

Es gab also doch in mancherlei Hinsicht eine Milderung der früher so strengen Disziplinierung. Ich meine, diese Veränderung der allgemeinen Lageratmosphäre zeigte sich auch darin, daß die bisher bis zum Überdruß verwendeten russischen Flüche ganz allmählich durch die zunehmende Verwendung der harmlosen russischen Gesprächsfloskel „Nu ladno!" „Na gut!" abgelöst wurden.

Die bange Sorge: Was werden die Sowjets tun, um die Entdeckung der Minox aufzuklären? belastete mich Tag und Nacht. Nach unserer Arbeitsniederlegung am Bahnhof Jarzewo hörte ich etwa sechs Wochen lang nichts. Dann wurde ich zum NKWD zur Vernehmung bestellt, die in einem der geräumigen Erdbunker innerhalb des Lagergeländes stattfand. Er war einigermaßen ansprechend eingerichtet, und es war überraschend warm hier unten. Auch die Gesprächsatmosphäre war nicht unfreundlich. Trotzdem blieb ich die ganze Zeit über in einem Zustand höchster Anspannung und Wachsamkeit. Auf alles, was ich sagen würde, kam es an. Der Vernehmungsoffizier gab sich mit meinen Antworten zufrieden und setzte mir nicht besonders zu. Die Vernehmung war bald zu Ende, und ich wurde wieder zurück in die Banja geschickt. Erleichtert und zufrieden, das so gefürchtete Verhör auf diese Art überstanden zu haben, konnte ich mich schlafen legen. Da es in der Folgezeit keine weiteren Vernehmungen gab, verfiel ich nach dieser anfänglichen Angst in eine Art Gleichmut. Andere Sorgen traten in den Vordergrund. Sie hingen vor allem mit den verschiedenen Arbeiten zusammen, die wir durchführen mußten: das Pflastern einer neuen Straße, die hinunter in das Dorf Jarzewo führen sollte, und besonders das Ausheben von 1-2 m tiefen Gräben zum Verlegen von Rohren für eine Wasserleitung. Es war fast üblich, daß wir Gefangenen solche Arbeiten in tiefstem Winterfrost auszuführen hatten. Der hartgefrorene Boden mußte sehr mühevoll mit Brechstangen aufgebrochen werden. Gesellte sich zu der grimmigen Kälte, die nicht selten bis nahe -40° sank, noch ein schneidender Wind, dann waren solche Arbeitstage fast unerträglich. Unser einziges Bestreben war unter diesen Umständen, ein großes Holzfeuer in Gang zu halten und möglichst oft in dessen Nähe Zuflucht zu suchen.

In diesen Wintermonaten gab es eine heißbegehrte Arbeitsplatz-Oase: Das war die Mitarbeit in der Arbeitsgruppe Flohr. Herbert Flohr, den wir schon von Jelabuga und Kolomna her kannten, war Landwirt und Kartoffelfachmann. Deshalb hatte ihn die Lagerverwaltung beauftragt, für die Einlagerung der Wintervorräte an Speisekartoffeln in mehreren Erdbunkern zu sorgen. Jeden Morgen ließ er sich eine kleine Mitarbeitergruppe aus dem Kontingent der Arbeitsgefangenen zuteilen. Mit diesen Mitarbeitern ließ er sich dann im Kartoffelbunker einschließen. Alle freuten sich, dort bis zum Abend bleiben zu dürfen. Der eigentliche Arbeitsauftrag war das Umschaufeln der Kartoffeln, das Ziel aller Mitarbeiter aber war, sich an den Kartoffeln sattzuessen. So wurde als erstes ein Holzfeuer angezündet und Wasser zum Kochen gebracht. Gleichzeitig schälten mehrere Kameraden etwa zwei Eimer voll Kartoffeln, die nach und nach gekocht wurden. Eine andere Gruppe schälte und rieb dann rohe Kartoffeln auf einer selbst hergestellten Reibe. Ohne Fett wurden daraus auf dem kleinen, glühendheißen Blechofen Kartoffelpuffer gebacken. Mit Salz und Kümmel gewürzt, wofür Herbert Flohr gesorgt hatte, wurden sie sofort

verteilt und verzehrt. Inzwischen waren die Kartoffeln des ersten Eimers gar, die man als Salzkartoffeln verspeiste, während der zweite Eimer voll Kartoffeln zum Kochen gebracht wurde. Daraus bereitete man als dritten Gang Stampfkartoffeln zu. Nachdem bei den meisten Kameraden so der größte Hunger gestillt war, wurden als letztes Pellkartoffeln gekocht. Diese verteilte man nach Arbeitsschluß an alle Mitarbeiter der Gruppe. Sie waren inzwischen abgekühlt, und jeder versteckte sie bei sich, sei es in den Hosen- oder Jackentaschen oder in der Kapuze, um sie am Abend im Lager essen zu können.
Man konnte höchstens an drei aufeinanderfolgenden Tagen in diesem „Schlaraffenland“ mitarbeiten. Dann wurde die Gruppe durch eine andere ersetzt. Auf diese Weise konnte sich wenigstens eine kleine Anzahl von Mitgefangenen während kurzer Zeit einmal richtig sattessen. Ich habe nie erlebt, daß der Magaziner Einspruch gegen diese scheinbare Produktenverschwendung erhob. Sicher hatte ihn der große Vorteil dieser Art der Kartoffeleinlagerung versöhnt. In den Lagern, die wir bisher kennengelernt hatten, ließen die Magaziner die Kartoffeln für den Winter einfach auf den nackten Erdboden schütten. Bald nach dem ersten Frost bekamen wir dann bis zur nächsten Ernte nur noch erfrorene, ungenießbare Kartoffeln vorgesetzt. In Jarzewo hatte Flohr offenbar die Lagerverwaltung davon überzeugt, wie vorteilhaft die frostsichere Einlagerung der Wintervorräte in Erdbunkern ist.

Das Winterhalbjahr 1947/48 war eine mühsame Zeit mit harten Arbeitseinsätzen. Erschwerend kamen demoralisierende Ereignisse hinzu wie zum Beispiel die wilde Filzungsorgie, die mobilisierte Wachsoldaten wieder rechtzeitig vor Stalins Geburtstagsfest in unserem Lager veranstalteten, um sich dadurch einen ungefährdeten Festablauf zu sichern.

Im Frühjahr 1948 sollten die Kriegsgefangenen offenbar von dem großen Straßen- und Brückenbauprojekt abgezogen werden. Wir haben nie etwas darüber erfahren, ob in der Folgezeit die Bauprojekte weitergeführt und fertiggestellt worden sind. Wahrscheinlich war der Bau der Dnjeprbrücke eine „streng geheime Sache“. Vielleicht sollten auch die Arbeiten zur Wiedergutmachung nicht publik werden. Das Schweigen den Gefangenen gegenüber, die am Bau mitgearbeitet hatten, war offenbar eine politische Entscheidung. Die Arbeitskolonnen aus dem Smolensker Bauabschnitt wurden nun für gleiche Baumaßnahmen in der Ukraine vorgesehen.

Meinen Bericht über die schwierigen Monate in Jarzewo möchte ich mit einem schönen Erlebnis abschließen, denn trotz allem gab es auch überraschende Lichtpunkte in dieser düsteren Zeit. Ganz deutlich zeigt sich noch heute vor mir ein sehr stimmungsvolles Bild des Frühlingshimmels über den frisch belaubten Birken Jarzewos. Es ist kurz vor Sonnenuntergang. Über dem Lager zeigt sich die schmale Mondsichel, in deren unvollendetem Kreis ein strahlender Stern leuchtet. Es ist ein vollkommenes, harmonisches, aber ganz flüchtiges Bild. Damals nahm ich mir vor, es ganz intensiv und fest in mein Gedächtnis einzuprägen, um es nie wieder zu verlieren. Das ist mir gelungen. Viele häßliche Vorkommnisse und Bilder von Jarzewo und anderen Lagerorten sind verblaßt oder beinahe vergessen. Was war schon Jarzewo? Eine Brücke und eine Straße, von deren Fertigstellung wir nie etwas erfahren haben. Aber das Bild vom abendlichen Frühlingshimmel über den Birken Jarzewos mit der einzigartigen Mondkonstellation lebt in meinem Gedächtnis fort.

In den ukrainischen Lagern Pokatilowka und Merefa bei Charkow

Nur kurze Zeit später wurden wir für den Transport zur Ukraine in Güterwaggons verladen und bis nach Pokatilowka gebracht. Hier erwartete uns das Zentrallager für den Bau der großen, nach Süden führenden Autostraße. Meine Erinnerungen an dieses Lager sind nur sehr unvollständig, weil ich nicht lange in Pokatilowka blieb. Ich weiß aber, wie wichtig für mich hier die Fortführung der freundschaftlichen und intensiven Gespräche mit Christoph Tesan waren, die uns schon in Jarzewo verbunden hatten. Unsere Ansichten stimmten auf vielen Gebieten überein. Am wichtigsten aber war, daß wir einander vertrauen konnten. Er war ein idealer Gesprächspartner. Frankreich, dem wir beide gleichermaßen zugetan waren, bot uns unerschöpflichen Gesprächsstoff. Tesan war ebenso wie ich als Soldat in verschiedenen Regionen Frankreichs bei Familien einquartiert worden. Als genauer Beobachter der französischen Lebensgewohnheiten und Sitten konnte er viel zu meinem rechten Verständnis für dieses Nachbarland beitragen. Die Tatsache, daß wir beide die französische Sprache einigermaßen gut beherrschten, erlaubte es, uns wenigstens in unseren Gedanken und Gesprächen möglichst weit von Rußland zu entfernen. Oft saßen wir im Kulturhaus des Lagers, im sogenannten „Club“, zusammen und tauschten unsere Erlebnisse und Erinnerungen aus, die uns mit Frankreich verbanden. Während dieser gedanklichen Ausflüge, die uns fast exotisch anmuteten, konnten wir die ermahnende Inschrift „Erholt euch kulturvoll!" lesen, die mit großen Buchstaben an einen tragenden Deckenbalken gemalt worden war und die wir ja schon aus anderen Lagern kannten. Genau diese Forderung erfüllten wir während unserer Gespräche und das sogar aus eigenem Antrieb.

Natürlich zeigte ich Tesan auch mein antiquarisches Buch „Les ballets du roi Soleil", dessen Inhalt uns oft beschäftigte. Er bestärkte mich in meinem Wunsch, dieses Buch am Ende der Gefangenschaft mit nach Deutschland zu nehmen. Für die dafür notwendige Überprüfung des Buches stellte sich Tesan, der gut Russisch sprach, der Dolmetscherin als Sprachkundiger zur Verfügung. Anschließend berichtete er vom Verlauf dieses Überprüfungsgespräches. Es fand im Büro des NKWD statt, in dem sich bei Tesans Betreten die Dolmetscherin, anspruchsvoll geschminkt und in Uniform, gemeinsam mit einer ihr offenbar befreundeten Russin befand. Nach kurzer Überprüfung seiner sprachlichen Kompetenz reichte sie Tesan mein französisches Buch. Er sollte es sich ansehen, während sie das Gespräch mit ihrer Besucherin fortführte. Nach geraumer Zeit wandte sie sich ihm wieder zu mit der entscheidenden Frage: „Was steht über Hitler in diesem Buch?" Tesan stutzte und konnte wohl ein Lächeln nicht unterdrücken. Dann erklärte er ihr, daß dieses Buch doch schon etwa 250 Jahre vor Hitlers Geburt gedruckt worden sei. Die Gesichtszüge der Dolmetscherin erstarrten, hatte sie sich doch soeben vor ihrer Besucherin und dem deutschen Gefangenen bloßgestellt. Gewiß empfand sie das als besonders peinlich, da Tesan ein sehr hübscher junger Mann mit südländischem Charme war, dem sie wohl lieber imponiert hätte. Das Interview fand ein schnelles Ende. Mein Buch wurde mir bald darauf wieder zurückgegeben. Ich war allerdings um eine Hoffnung ärmer. Man hatte mir nicht die Erlaubnis erteilt, das Buch bei meiner Heimkehr mit nach Deutschland zu nehmen. Für meinen Freund Tesan hatte die Szene ein böses Nachspiel: Ohne die geringste Erklärung wurde ihm während einiger Monate jeglicher Empfang von Heimatpost gesperrt.

Nach kurzem Aufenthalt in Pokatilowka wurde ich mit einer kleinen Gruppe von Kameraden in das nicht sehr weit entfernt liegende, relativ kleine Lager Merefa weitergeschickt. Hier waren nur etwa 200 bis 300 Personen untergebracht. So manches, was uns schon zu einer angenehmen Gewohnheit in Jarzewo geworden war, gab es hier in der Ukraine nicht: zum Beispiel die gute Banja-Unterkunft und das dichte Blätterdach, das die zahlreichen Bäume über den Lagerbereich ausbreiteten. Ein Teil der Lagerverwaltung war mit uns gekommen. Das bedeutete, daß die Lagerstrukturen uns in der neuen Umgebung wenigstens teilweise vertraut waren.

Besonders erfreulich für uns war die positive Veränderung im Postverkehr mit der Heimat. Unsere Angehörigen warteten nun nicht mehr passiv ab, bis sie von ihrem Gefangenen aus der Sowjetunion eine Rote-Kreuz-Postkarte erhielten, von der man eine Antwortkarte abtrennen und zurücksenden konnte. Sie wagten es, sich über das einschränkende Reglement hinwegzusetzen und taten etwas für uns Unvorstellbares: Sie schickten uns nun klein- und großformatige Familienfotos als Postkarten, auf deren Rückseite sie Name, Ort, Lagernummer und die Aufschrift „Kriegsgefangenenpost“ vermerkten. Die Deutsche Post beförderte diese Sendungen gebührenfrei. Wir waren sprachlos und natürlich hocherfreut. Auch ich zählte zu den Glücklichen, die völlig überraschend ein Portraitfoto als Postkarte erhielten. Das war damals die Sensation, die im Lager die Runde machte. Der Plenni, der die für Merefa bestimmte Post aus dem Hauptlager Pokatilowka abholte, erblickte in dem Raum, in dem die sortierte Post für uns bereit lag, das Porträtfoto eines jungen Mädchens. Er nahm es und las den Namen des Adressaten. Es war eine Karte für mich mit dem Porträt meiner Schwester Elisabeth, die sie im Sommer 48 abgeschickt hatte. Was so ein Foto nach mehreren Jahren der Trennung bedeutete, braucht wohl nicht extra erwähnt zu werden.

Eine andere freudige Überraschung erlebte ich in Merefa, als mir gleich zweimal nacheinander auf der Lagerstraße zwei gute alte Kameraden aus der Zeit unserer ersten Rekrutenjahre in Hamburg entgegenkamen. Zuerst lief mir Jürgen Theberat über den Weg und einige Tage später Helmuth Franz, so als sei ein solches Wiedersehen in dem ukrainischen Dorf Merefa die natürlichste Sache der Welt. Leider trennten uns wechselnde Arbeitseinsätze bald wieder, und es blieb bei den viel zu wenigen, aber lebhaften Stunden des gemeinsamen Erinnerns. Die Freude, die ein so unverhofftes Zusammentreffen mit alten Kameraden auslöst, ließ uns die Verbundenheit mit der Heimat plötzlich wieder ganz lebendig spüren. Um so schmerzlicher empfanden wir die Trennung.

Auch meine intensiven Gespräche mit Christoph Tesan waren aus arbeitstechnischen Gründen unterbrochen worden. Er bekam einen Arbeitsplatz außerhalb des Lagers in einer Autostanzia. Nach seiner Arbeitszeit fertigte er aus Pelzresten Fausthandschuhe an, die er unter der Hand mit Erfolg Russinnen zum Kauf anbot. Natürlich durfte der Natschalnik nichts davon merken. Das unerlaubte Ansprechen potentieller Käufer außerhalb des Lagers, das hier in der Ukraine gang und gäbe war, bedeutete für uns etwas Neues, das mancher erst lernen mußte. Man nannte es „pieseln gehen". Oft war es schlichte Bettelei, wenn ein Plenni nichts zu verkaufen hatte. Es gehörte ein erhebliches Maß an Selbstsicherheit, aber auch ein gutes psychologisches Einschätzungsvermögen dazu. Die ohne Zwischenfälle und erfolgreich beendeten Pieselgänge lieferten oft genug den Stoff zu erheiternden Erzählungen. So bekam der Kamerad Naumann, der Maler von Beruf war, häufiger die Erlaubnis, das Lager zu verlassen, weil er irgendwo im Ort einen Malerauftrag hatte. Eines Tages entdeckte Naumann unbewachte Bauholzlatten. Es gelang ihm, sie unbemerkt mitzunehmen und sie neben den Lagerzaun zu legen. Am nächsten Morgen klopfte Naumann, ohne lange zu suchen, an die nächste Haustür, um das Holz dort anzubieten. Es öffnete keine Russin, wie er es gehofft hatte, sondern einer der Lageroffiziere stand ihm gegenüber. Verwirrt trug Naumann ihm sein Anliegen vor. Der Offizier reagierte weder zornig noch überrascht, sondern ganz so wie wohl alle Russen in solch einer Situation: „Nu, gib her!" Naumann trug das Holz ins Haus und durfte mit einer entsprechenden Belohnung wieder gehen.

Aber auch ein offenes Betteln um Brot war nichts Ungewöhnliches und oftmals erfolgreich. Das bemerkenswerteste Glückslos beim Pieselngehen zog eines Abends ein Kamerad, der seinen Arbeitsplatz verlassen und bei einem Haus in der Nähe angeklopft hatte. Er wurde kurzerhand in die Wohnstube geführt und an den Eßtisch gesetzt, auf dem noch zahlreiche Schüsseln mit den Resten eines soeben beendeten Hochzeitsmahles standen. Hier durfte er sich in aller Ruhe sattessen. Zufrieden kam er vom Pieselngehen zurück, gerade noch rechtzeitig, um sich seiner ins Lager zurückmarschierenden Kolonne anschließen zu können.

Unser neuer Arbeitsplatz befand sich auf dem Bahnhofsgelände von Merefa. Der Bahnhof war nicht unbedeutend, denn ab und zu hielt hier „Der blaue Expreß", ein D-Zug, der von Moskau auf die Krim fuhr. Hatte er einen längeren Aufenthalt in Merefa, dann wurden alle Arbeitenden von den Wachsoldaten bis hinter das Gleisgelände zurückgedrängt. Die Reisenden sollten die Deutschen nicht zu Gesicht bekommen.

Wir arbeiteten am Abladeplatz der großen Bruchsteine, die zu kleineren Pflastersteinen zerschlagen werden sollten. Am Morgen unseres ersten Arbeitstages hier empfing uns der Natschalnik, ein kleines Hutzelmännchen mit bissigem Gesichtsausdruck. Der Bruder Lustig unserer Brigade, Hannes Schulz, verlieh ihm sofort den Spitznamen „Rattenkopf“, den er während der Dauer unserer Zusammenarbeit behielt.

„Rattenkopf“ kam gleich auf mich zu, wohl in der Annahme, bei meiner Körpergröße müßte ich auch über die rascheste Lernfähigkeit verfügen. Er hatte einen großen Vorschlaghammer bei sich und zeigte mir, wie man einen Pflasterstein aus einem größeren Bruchstein herausklopft. Mit aller Wucht schlug er mehrmals auf den Stein ein, bis dieser schließlich die gewünschte Größe hatte. Auf sein Arbeitsergebnis weisend meinte er: „Wot! Tak!“ „Sieh, auf diese Weise!“ Er gab mir den Hammer und hieß mich, ein Gleiches zu tun. Ich hatte noch niemals zuvor Steine geklopft und ging mit wenig Selbstvertrauen an diese Aufgabe. Mein erster Schlag war viel zu flau und blieb ohne sichtbaren Erfolg. „Rattenkopf“ resignierte, schüttelte den Kopf und rief laut: „Durak!“ „Dummkopf!“ Dann wandte er sich einer anderen Beschäftigung zu und überließ mich meinem Schicksal. Hannes Schulz sah das Groteske in dieser Minilektion, die so kläglich ohne jeden durchschlagenden Erfolg geblieben war. Er konnte sich das Lachen nicht verkneifen und steckte gleich mehrere Umstehende damit an. Es war mir schnell klar, daß ich in der Sowjetunion als ungelernter Steineklopfer niemals überleben könnte. Die Tagesnorm lag bei 1,3 Kubikmetern Pflastersteine. Am Abend waren auf meinem Haufen nur 0,3 Kubikmeter schlecht geklopfter Pflastersteine zusammengekommen. Ob jemand ein gutes Wort für mich eingelegt hat? Bald danach wurde ich mit befreundeten Plennis nebenan als „Pessokspezialist“, als Sandarbeiter, eingesetzt. Wir mußten eine Transportlore mit einer Mischung aus Sand und chemischen Beigaben füllen. Der Loreninhalt wurde dann in den Einfülltrichter einer Teermühle gekippt und über ein Förderband in die Öffnung der rotierenden Asphalttrommel transportiert. Ganz oben auf dem Kommandoturm der Teermühle stand Hannes Schulz, der uns rechtzeitig herbeiwinken mußte, wenn wir die nächste Lorenfüllung einkippen sollten. Der Spezialsand und die Beigaben lagen beiderseits des kurzen Schienenweges zum Einschaufeln bereit. Besonders anstrengend und schwer wurde die Arbeit dann, wenn wir die ganze Last der beladenen Lore, die fast jedesmal entgleiste, wieder auf den wackeligen Schienenstrang heben mußten, um sie dann im Eiltempo zum Trichter zu schieben.

Am Rande unseres Arbeitsplatzes am Bahnhof von Merefa befand sich neben der Asphaltmühle der sogenannte „Teersee“. Das war eine in den Sand gegrabene etwa zwei Meter tiefe quadratische Grube mit einer Seitenlänge von ca. 30 Metern, in die hinein ein großer Teervorrat abgeladen worden war. Wie es dann zur Entstehung des Teersees gekommen war, kann ich nur vermuten. Die Arbeitsbrigade, die die Teersäcke aus den Güterwaggons hatte ausladen müssen, war wohl mit dem immer gleichen, schwer erträglichen Antriebsgeschrei „Dawai! Dawai!“ auf Trapp gebracht worden. Da wurden dann alle Gedanken daran, wie der Teer später weitertransportiert werden sollte, verdrängt. Die Säcke wurden nicht sorgfältig gelagert, sondern von den Güterwaggons in die Kuhle hinabgeworfen, wo sie beim Aufprall zerplatzten. In der Sommerhitze hatten sich dann Teer und Papier zu einer schwer zu verarbeitenden Masse verklebt; und das Ergebnis war dieser Teersee mit seiner äußerlich fast glatten Oberfläche, der nun unser Arbeitsfeld wurde. Unsere Brigade unter der Führung von Günther Busch hatte die Aufgabe bekommen, den Teernachschub für die Asphaltmühle zu besorgen. Aus der erstarrten Teermasse mußten möglichst große Blöcke abgespalten werden, die dann auf Tragen zu den drei miteinander verbundenen Kesseln hinaufgeschleppt und dort hineingekippt wurden. Unter den Kesseln brannte ein ständiges Feuer, so daß der Teer flüssig wurde und in die rotierende Asphaltmühle gepumpt werden konnte. Das Abspalten der Teerbrocken wurde durch die verschiedenen darin verklebten Papierschichten zu einem großen Problem, zumal wir für diese Arbeit keine geeigneten Werkzeuge hatten. Es gab nur einige längere Äxte und eine größere Anzahl von langen und breiten Keilen. In der Tageswärme, wenn der Teer weich wurde, war die Ausführung dieser Aufgabe unmöglich. Deshalb mußten wir schon morgens um 2 Uhr mit der Arbeit beginnen, um in der nächtlichen Kühle den Teer besser spalten zu können. Eine weitere Schwierigkeit bereiteten die Sackpapierteile, die immer wieder die Teerkessel verstopften und das Abpumpen des flüssigen Teers unterbrachen, so daß die mannshohen Kessel ständig gereinigt werden mußten.

Unser Brigadier Busch sah sehr wohl, wie extrem mühsam diese Arbeit für uns war. Das einzige, was er für uns tun konnte, war der Versuch, bei dem Natschalnik eine entsprechend höhere Bewertung unserer Arbeitsstunden zu erreichen oder öfter mal einen unserer Brigade von der Arbeit weg in das nahe Dorf zu schicken. Das war dann meist auch für ihn und die beiden russischen Wachsoldaten ein lohnendes Geschäft.

Hatte Busch die acht Stunden unserer Arbeitszeit plaudernd mit dem russischen Posten an den riesigen, leise vor sich hin kochenden Teerkesseln verbracht, so wollte er die beiderseitige gute Laune auch weiterhin auf dem Heimwege wachhalten. Er wußte, daß der Russe den Gesang deutscher Lieder schätzte. Um ihm zu gefallen, gab er mit schneidigem Tonfall der ganzen Brigade das Kommando: „Ein Lied!" Aber nur ein schwaches Echo war daraufhin zu vernehmen. Selbst das beliebte Lied „Westerwald" erklang nicht mehr zur Zufriedenheit des Postens und wurde bald aufgegeben. Die Gefangenen verweigerten den Gesang. Sie hatten alles hier restlos satt. Nicht einen Schritt gingen sie schneller zum Lager zurück, sondern in dem typischen „Plennigang": so langsam und so bequem wie eben möglich. Nur wenige Kameraden hatten noch den Elan, ihre auf dem Marsch zum Teersee begonnene Unterhaltung mit einem Freund wieder aufzunehmen.

Für die russischen Arbeiterinnen auf dem Werksgelände am Bahnhof von Merefa schien der Teersee von besonderem Interesse zu sein. Wir beobachteten, wie sie sich am Rand des Sees kleine, mundgerechte Teerbrocken abmachten, auf denen sie dann lange Zeit kauten. Dies sei, wie sie sagten, ein gutes Mittel, die Zähne sauber und weiß zu erhalten.

Für uns war der in den Kesseln kochende Teer besonders zur Zeit der langerwarteten Zuckerrübenernte von hervorragender Bedeutung. Von dem kulinarischen Höhepunkt dieser Zeit hatten uns alle Kameraden mit längerer Merefa-Erfahrung schon bei unserer Ankunft berichtet. Dann war die Arbeit an den großen Teerkesseln bei allen äußerst begehrt, denn der kochende Teer wurde zum Garen der Zuckerrüben genutzt. Die dafür notwendigen Vorbereitungen mußten rechtzeitig geplant und durchgeführt werden. Um die Rüben für die Zeit des Garens in den Teer hängen zu können, mußte eine gewisse Menge an Draht beschafft werden. Daraus bog man Ringe so zurecht, daß sie etwa einen Durchmesser von einem halben Meter hatten. Die Rüben wurden dann wie Perlen auf die Ringe gezogen. Außerdem benötigte man einen gewissen Vorrat an Zementpapier, in das man später die gegarten Rüben einwickeln konnte, um sie anschließend an einem möglichst vor Diebstahl sicheren Platz abkühlen zu lassen. Neben diesen Vorbereitungen lief natürlich unsere eigentliche Arbeit am Teersee und an den Kesseln weiter. Allmählich nahm die Unruhe und Ungeduld zu, denn bald mußte der erste Zug mit den Zuckerrüben aus der Kolchose, die unterhalb von Merefa in der Ebene lag, hier vorbeikommen. Immer häufiger begab sich einer von uns an die Stelle des Arbeitsgeländes, von der aus man den Zug schon frühzeitig erkennen konnte. Sobald dann der laute Ruf: „Sie kommen!“ erscholl, war das wie ein Kommando an alle Arbeiter dieser Stelle. Ein jeder warf die Arbeitsgeräte, die für das nun Folgende unbrauchbar waren, beiseite und eilte zu jenem Gleis, auf dem der kleine Zug von unten her müde angekrochen kam und sich langsam näherte. Die russischen Wachposten, die durch jegliche Unordnung und lärmende Unruhe mißtrauisch wurden und dann die Gefahr eines plötzlichen Aufstandes der Gefangenen witterten, begannen, überlaute Kommandos zu schreien. Doch niemand beachtete sie, und mancher Plenni lachte gar in seinem Übermut darüber. Das war allerdings eine sehr heikle Situation, in der die ängstliche Überreaktion eines Postens leicht den ersten Schuß hätte auslösen können. Mittlerweile war das Bähnlein mit seiner begehrten Ladung auf den Plattenwagen bis an das Bahnhofsgelände herangekommen. Die Plennis, die nur noch ein Ziel vor sich sahen, standen dicht an dicht auf beiden Seiten des nur langsam vorüberfahrenden Zuges und rakten mit ihren Arbeitsgeräten so viele Rüben wie nur möglich über die niedrigen Seitenkanten der Plattenwagen herunter. Der Zug konnte anscheinend seine Geschwindigkeit nicht steigern, um diese Aktion zu verhindern oder weniger erfolgreich zu machen. Zum Schutz der Ladung saß ein Kolchosenarbeiter mit einer Schrotflinte auf dem allerletzten Waggon im Bremserhäuschen. Er schrie genauso wie unsere Wachposten und drohte mit der Faust und mit seiner Flinte, wovon sich aber niemand beeindrukken ließ. Sobald der Zug den Bahnhof Merefa durchfahren hatte, kehrte auf unserer Arbeitsstelle sofort wieder die gewohnte Ordnung und Ruhe ein. Auch die Posten beruhigten sich. Sie waren vermutlich froh, daß diese Aktion keinen weiteren Ärger mit sich gebracht hatte. Wir hatten unseren Beutezug glücklich beendet. Ein Teil der Rüben wurde nun auf die vorbereiteten Drahtringe aufgezogen, um sie gleich in den kochenden Teer zu hängen. Am nächsten Morgen konnte ich meine erste Zuckerrübe von dem Teer samt Papier befreien, wobei sich auch die Außenhaut der gegarten Rübe abschälen ließ. Diese hatte einen wunderbaren Karamelgeschmack und war außerordentlich sättigend. Da man nicht gleich mehrere Rüben auf einmal essen konnte, waren sie für die nächsten Tage ein Zubrot, das leider viel zu schnell verzehrt war. Ich kann mich nicht erinnern, daß in diesem Herbst noch ein weiterer Rübenzug durch das Bahnhofsgelände von Merefa kam. Vermutlich hat die Lagerleitung eine Wiederholung dieses Risikos verhindern wollen und deshalb veranlaßt, daß die Rüben erst dann in die Zuckerfabrik transportiert wurden, wenn wir das Gelände verlassen hatten.

Während diese Rübenaktion für uns eine einmalige Sache blieb, war das Pieselngehen eine Möglichkeit, die sich uns häufiger bot und die auf viele Gefangene eine gleichbleibende Anziehungskraft ausübte, obwohl es nicht ganz ungefährlich war. Ging man mit der nötigen Vorsicht ans Werk, verlief es auch meist ohne Zwischenfälle. Mein erster Gang ist ein Beleg dafür. Ich hatte irgendwie erfahren, in welchem Haus auf dem Weg zum Schwarzen Markt der orthodoxe Dorfpope wohnte. Eines Tages, es war kurz vor Weihnachten, nahm ich meinen Mut zusammen und meldete mich ab. Wo und wie ich das tat, kann ich heute nicht mehr sagen. Jedenfalls durfte ich das Lager allein verlassen, um auf den Markt zu gehen. Es war etwa um die Mittagszeit. Ich trug die normale Gefangenenkleidung, auf dem Rücken die russischen Buchstaben „WP" (Woina Plenni = Kriegsgefangener) groß und weiß aufgemalt. Unbehelligt gelangte ich zum Markt, den ich einige Male durchquerte. Dann begab ich mich in das Haus des Popen, ein unauffälliges Haus wie alle anderen in der Straße. Auch das verlief ohne Schwierigkeiten. Ein junges Paar mit einem kleinen Kind wartete hier auf ein Gespräch mit dem Popen, mit dem es einen Termin für die Taufe des Kindes vereinbaren wollte. Ich überlegte mir derweil einen triftigen Grund für meinen Besuch, denn ich hatte keinen. Mit meinen kümmerlichen russischen Sprachkenntnissen erkundigte ich mich dann bei ihm, wann in Merefa der Weihnachtsgottesdienst stattfinden würde. Ich wollte versuchen, daran teilzunehmen. Der Pope fragte, ob unter den Gefangenen gläubige Christen seien, die gleichfalls Interesse daran hätten. Am Ende unseres Gespräches gab er mir ein kleines metallenes Heiligenbildchen. Damit mein Besuch beim Popen nicht bemerkt wurde, verließ ich mit großer Vorsicht sein Haus und ging zurück ins Lager. Mir war durchaus klar, daß dem NKWD die Absicht, für den Weihnachtsgottesdienst das Lager verlassen zu wollen, niemals hätte zu Ohren kommen dürfen. Ganz zu schweigen davon, daß so etwas jemals erlaubt worden wäre. Noch vor Weihnachten wurden meine Freunde Rudi Eppe, E. Schwender und ich plötzlich in das Lager Pokatilowka zurückbeordert.

Kaum im Lager Pokatilowka angekommen, erzählte mir Rudi von dem beklagenswerten Schicksalsschlag, der Janzen in Merefa getroffen hatte. Dieses Ereignis war wie ein Paukenschlag und bildet den traurigen Abschluß unserer bis dahin erfolgreichen Freigänge in Merefa. Janzen, der sich nicht an unserer Jagd auf Zückerrüben beteiligt hatte, kannte das Pieselngehen bisher nur vom Hörensagen. Nun wollte er es endlich auch selbst einmal erleben. Er traf die nötigen Vorbereitungen und füllte einen

Behälter mit Kerosin, dem russischen Treibstoff, den er sich dafür beschafft hatte. Diesen band er sich auf den Leib voller Vertrauen darauf, daß er, der bislang noch niemals am Lagertor überprüft worden war, auch diesmal ohne Prüfung durchkommen würde. Aber dem Posten am Tor kam dann doch irgend etwas an Janzen verdächtig vor. Er tastete seine Kleidung ab und stieß auf den Behälter mit dem Kerosin. Janzen hatte keine passende Erklärung parat. Wahrscheinlich hatte er sich als Antifa-Funktionär des Lagers für mehr oder weniger unantastbar gehalten. Der Posten aber sah die Sache, so wie sie war: Diebstahl von sowjetischem Militärgut. Er meldete den Vorfall. Janzen saß in der Falle. Durch sein Ungeschick und seine ungenügende Vorsicht war er erwischt worden. Er kam schließlich vor ein sowjetisches Gericht und wurde verurteilt.

Wieder in Pokatilowka

Das Eintreffen unserer kleinen Gruppe von Merefa-Plennis in Pokatilowka war für alle, die wir uns nach halbjähriger Trennung wiederfanden, ein freudiges Ereignis. Wir waren zufrieden, über unsere inzwischen gemachten Erfahrungen sprechen und unsere Meinungen austauschen zu können, was uns besonders in der Zeit des bevorstehenden Weihnachtsfestes aufmunterte. In diesem Jahr hatte in den Wochen vor Weihnachten die Spannung immer mehr zugenommen, die durch das Versprechen Stalins, Ende 1948 würden alle Kriegsgefangenen wieder zu Hause sein, ausgelöst worden war. Alle Politinstrukteure, die immer wieder von dem Großen Stalin als dem „weisesten Menschen des Erdballs" sprachen, glaubten vielleicht fest daran. Die Realisten aber unter den erfahrenen Gefangenen beurteilten die Sache wesentlich anders: Es sei auch dies nichts weiter als eines der billigen, typisch sowjetischen Versprechen, die überhaupt keinen Wert hätten. So stand Stalins Voraussage, die unserem größten Wunsch entgegenkam und dadurch auch große Hoffnungen erweckt hatte, im Gegensatz zu allen realistischen Warnungen und auch zu unserem eigenen tiefen Mißtrauen.

Nach unserer Rückkehr wurde Günther Busch Lagerkommandant von Pokatilowka. Jeder nahm das überrascht zur Kenntnis. So fiel es auch ihm zu, alle Gefangenen über die weiteren Perspektiven unserer Gefangenschaft zu informieren. Am Morgen des 1. Januar 1949 hielt er eine Ansprache vor den angetretenen Gefangenen. Niemand beneidete ihn um diese unangenehme Aufgabe. Aber welcher geschulte Marxist würde in einer unerwarteten Situation sprachlos sein? Alle angetretenen Kameraden schwiegen. Wer durfte es auch wagen, darauf hinzuweisen, welch ein Widerspruch zwischen Stalins Versprechen und unserer aktuellen Lage bestand. Das wäre Selbstmord gewesen. Mir ist während der Gefangenschaft kein solcher Verzweiflungsakt bekannt geworden, denn der Wille zu überleben war bei fast allen Gefangenen eine sehr starke Kraft trotz der vielen Anlässe, die Depressionen und Verzweiflung hervorrufen konnten.

Unter dem Kommando von Günther Busch nahmen wir unsere Arbeit an der Weiterführung der Autostraße nach Süden wieder auf. Eine in die Trasse des zukünftigen Straßenverlaufes hineinragende Bergnase von 30 bis 40 Metern Höhe mußte beseitigt werden. Dazu wurden die Plennis auf verschieden hohe Niveaustufen verteilt, wo sie in langen Reihen die Erdmassen von ihrer Stufe auf das nächst höhere Niveau schaufeln mußten. Die auf diese Weise bis nach oben beförderte Erde wurde von der obersten Arbeitskolonne auf dem Gipfelbereich verteilt und mit groben Holzstampfern festgestampft. Es waren viele Arbeitstage nötig, bis diese störende Bergnase endlich abgetragen war. Nach dem Abschluß der Arbeiten hatten die Wachposten eine kurze Besprechung mit unserem Brigadier. Wir wurden angewiesen, unsere Arbeitsgeräte auf einen herangefahrenen Laster zu laden, mit dem dann einer der Posten wegfuhr. Erst als dieser nach einer geraumen Zeit ohne Arbeitsgeräte wiederkam und seine Bewachungsaufgabe wieder übernahm, durfte die ganze Brigade ins Lager zurückmarschieren. Wir waren überzeugt davon, daß er die Arbeitsgeräte, die alle einen mehr oder weniger großen Holzanteil hatten oder wie die Stampfer fast ganz aus Holz bestanden, im nächsten Dorf verkauft hatte. Schließlich hatten die Posten, die ja ebenfalls ein entbehrungsreiches Leben führten, ihrer Meinung nach eine Belohnung für den erfolgreich durchgeführten Arbeitsauftrag verdient. Auch Busch dürfte an diesem Handel beteiligt gewesen sein. „Nu, ladno!“ „Na, schön!“ war unser einziger Kommentar dazu.
Dieser Arbeitseinsatz war ein Beispiel für die mangelhafte technische Durchführung des Bauprojektes der Süd-Autostraße im Vergleich zum Straßenbau Moskau – Smolensk, den wir im Bereich von Jarzewo erlebt hatten.

Im Theaterlager Charkow / Ukraine

Noch im Winter 1948/49 wurde eine kleine Anzahl Männer nach Charkow in das sogenannte Theaterlager verlegt. Christoph Tesan, Rudi Eppe, Hans Gammel und ich gehörten zu dieser Gruppe. Vermutlich war Tesan auf die Transportliste gesetzt worden wegen seines gut gemeinten, aber mißglückten Dolmetschereinsatzes für mein französisches Buch. Die russische Lagerdolmetscherin von Pokatilowka, deren Stolz er ohne Absicht verletzt hatte, dürfte ihm diese Lektion erteilt haben.

Erst nachträglich erfuhr ich, daß dieses Lager ein Hospital war, für das die Sowjets aus dem sowjetischen Sektor Berlins eine Gruppe tüchtiger Ärzte ausgewählt und hierher gebracht hatten. Meine Kameraden und ich waren durchaus nicht krank. Was kann dann der Grund gewesen sein, uns umzuverlegen? Es blieb uns ein Rätsel.

Aus den Erzählungen der Insassen, die sich schon längere Zeit hier aufhielten, bekamen wir den ersten Eindruck von diesem Lager. Die meisten von ihnen waren in Außenkommandos tätig. Mich beeindruckte damals vor allem die lebhafte, oft wiederholte Schilderung der Klempnerbrigade von den erfolgreichen Ausführungen ihres Spezialauftrages: Um für das Theaterlager ein neues, funktionstüchtiges Heizungssystem erstellen zu können, sollten sie aus unfertigen Neubauten in der Nachbarschaft des Lagers die Rohrleitungen abmontieren. Das war natürlich ein illegaler Auftrag. Deshalb war es bei den dafür notwendigen Aktionen jedesmal besonders wichtig, daß man die abmontierten Rohrteile sehr sorgfältig unterhalb der offiziellen Transportladungen versteckte, die auf großen Handkarren ins Lager gebracht wurden, denn die Wachposten am Lagertor durften die gestohlenen Rohre auf keinen Fall entdecken. Diese Transporte kamen über lange Zeit immer gut an ihr Ziel. Im Lager bauten die Heizungsfachleute unter den Gefangenen ein komplettes neues Rohrsystem zusammen.

Durch Tesan erhielt ich bald wieder neue Lektüre. Bei einem Gang durch die Innenstadt entdeckte er einen Buchladen, den er auch sogleich betrat. Seine Gefangenenkleidung mit den Buchstaben „WP“ auf dem Rücken behinderte ihn nicht im geringsten. Im Laden wurde er sogar sehr freundlich angesprochen. Zunächst wunderte man sich über den kaukasischen Tonfall seiner russischen Aussprache. Nachdem er sich als Deutscher zu erkennen gegeben hatte, führte man ihn zu der Hauptverkäuferin, der Tesan dann seinen Wunsch vortrug: Er suche ein französisches Buch, vielleicht eine Schullektüre. Und er hatte Glück. Von den kurz zuvor eingetroffenen französischen Texten erstand er ein Exemplar für 10 Rubel: „Le mariage de Figaro“ von Beaumarchais. Hocherfreut zeigte er mir das Buch und erzählte von der freundlichen Behandlung, die er im Buchladen erfahren hatte. An den folgenden Tagen haben wir, auf dem Bette liegend, abwechselnd diese neue willkommene Lektüre verschlungen.

Sauter war schon in Merefa einer der erfolgreichsten Pieselgänger gewesen, vielleicht, weil ihm wegen seines jugendlichen Aussehens überall Sympathie entgegenschlug. Auch im Theaterlager setzte sich die Reihe seiner Erfolge fort. Rudi Eppe konnte hierzu von einer umwerfend komischen Szene berichten. Er war zum Brigadier einer zehn Mann umfassenden Eishackerbrigade bestimmt worden, zu der auch Sauter gehörte. Sie sollte aus dem direkt jenseits des Lagerbereiches verlaufenden, tief zugefrorenen Fluß Eisblöcke heraussägen. Sauter, der auf dem Weg zum Arbeitseinsatz mit den Kameraden der Brigade das Lagertor passiert hatte, verschwand bald. Eppe, der wußte, daß er zurückkommen würde, hinderte ihn nicht. Kein Wachposten führte Aufsicht. Statt dessen kam nach geraumer Zeit ein älterer Russe aus der Postenbaracke, der nachprüfte, ob die Brigade noch vollzählig sei. R. Eppe, der sehr schnell die Einfältigkeit des Russen bemerkt hatte, zählte ihm laut alle Arbeiter vor und schloß dabei sich selbst mit ein. Um das Ergebnis nachzuprüfen, wiederholte der Russe die Zählung. Nur neun Leute arbeiteten auf dem Eis. Wiederum wies Eppe mit seiner gewinnenden Freundlichkeit sich selbst als Nummer 10 aus. Seine überzeugende Art verwirrte den Russen derart, daß er den Zählbetrug nicht begriff und schließlich die Vollzähligkeit der Brigade in der Lagerbudka meldete. Der Plenni Sauter kam zum verabredeten Zeitpunkt zurück, zufrieden mit dem Ergebnis seines Unternehmens. Mit dieser Episode hat Eppe seinen Zuhörern einen unvergeßlichen Spaß bereitet. Er selbst unternahm hier in Charkow seinen ersten Ausgang. Im nächsten Brotladen kaufte er ein Stück Weißbrot. Das war überhaupt erst möglich durch die 1949 erfolgte Lockerung der Brotrationierung.

Auch bei der Gefangenenüberwachung kam es in dieser Zeit zu einer positiven Veränderung nach dem Raskonwoiierten-System. Die sowjetische Lagerführung erklärte den Sonntag zu einem Tag der Kultur für die Gefangenen. Sie zeigte ein deutliches Interesse, wenigstens einem Teil von ihnen

Einblicke in die ukrainische Theaterwelt zu ermöglichen. Nur so konnten wir uns damals den Namen „Theaterlager“ erklären. Es hieß, daß wir allein unter der Aufsicht eines Raskonwoiierten, der gewöhnlich ein linientreuer Antifa-Mann war, in die Stadt Charkow gehen dürften, um ein Museum zu besuchen oder an einer Theateraufführung teilzunehmen. Voraussetzung sei eine saubere und korrekte Bekleidung.

Ich meldete mich sofort für die Teilnahme an dem ersten Ausgang. Am Sonntagmorgen erschien ich zur verabredeten Zeit am Lagertor. Der Tagesoffizier musterte prüfend den Zustand meiner Kleidung. Schließlich schüttelte er mißbilligend den Kopf und schickte mich zurück in die Unterkunft. Als meine Kameraden mich wiederkommen sahen, konnten sie sich das Lachen nicht verkneifen. Was für ein Anblick! Meine allzu kurze Hose reichte kaum über die Knie hinweg und ließ die bloßen Waden sehen. Die Wachstuchschäfte meiner russischen Stiefel waren bis auf die Knöchelpartie hinab- und in Falten zusammengerutscht. Da man für meine Schuhgröße 47 keine passenden Stiefel hatte finden können, waren die Stiefelspitzen unförmig verlängert worden, was sie sehr komisch aussehen ließ. Ich sah das Lächerliche meiner Kleidung schon längst nicht mehr. Viele von uns hatten den Blick dafür verloren und legten keinen großen Wert mehr auf das äußere Erscheinungsbild. Für den Ausgang am nächsten Sonntag traf ich bessere Vorsorge. Ich lieh mir eine tief nach unten reichende Wattejacke aus. Dadurch konnte ich meine Hose entsprechend weit nach unten hängen lassen. Dank der Jacke sah niemand, daß mir der Hosenboden zwischen den Knien saß. Diesmal durfte ich passieren. Auf dem Programm stand ein Opernbesuch, und ich freute mich, daran teilnehmen zu können. Es gab die Oper (oder Operette) „Arschin mal' Alan“ mit einem kaukasischen Handlungsstoff. Obwohl der Titel mir unverständlich war, blieb er mir im Gedächtnis. Wegen des Dialektes verstand ich nichts von dem musikalischen Vortrag. Trotzdem war dieser Theaterbesuch sehr interessant für mich. Nur wenige Besucher saßen im Zuschauerraum auf hölzernen Klappstühlen. Die kaukasischen Schauspieler und Sänger waren bunt und grell kostümiert und geschminkt. Es handelte sich um ein Liebesdrama, das sich zwischen einem orientalischen Teppichhändler und seiner Geliebten abspielte.

Das Ziel, das man mit einem solchen Tag der Kultur bei uns Gefangenen angestrebt haben könnte, ist mir nicht recht klar geworden. Sollte an unserem arbeitsfreien Tag das Motto „Erholt euch kulturvoll!“ in die Tat umgesetzt werden? Wir hatten freien Eintritt in die Oper für diesen Besuch erhalten. Anschließend dehnten wir unseren Rückweg in das Lager so lang wie möglich aus, um uns die Innenstadt ansehen zu können. In geschlossener Gruppe gingen wir über den berühmten zentralen Platz von Charkow und betrachteten seine modernen und fortschrittlichen Hochhäuser. Unser Weg führte uns auch an der großen orthodoxen Kathedrale vorbei. Eine für unser Empfinden provozierend dicht an den Chor des Gotteshauses herangebaute Bedürfnisanstalt sollte wohl die abwertende Einstellung der Staatsideologie allen Kirchen gegenüber verdeutlichen. Die Kirche lag still und leblos an der Straße. Ein befremdlicher und deprimierender Eindruck. Aber niemand äußerte sich dazu. Ich unterließ es, unseren sicher linientreuen Konvoi-Verantwortlichen darum zu bitten, einen Blick in das Kircheninnere werfen zu dürfen.

Das Charkow-Lager „Hammer und Sichel", Dreschmaschinenfabrik

Dies war der einzige Stadtgang, an dem wir teilnehmen konnten. Kurz darauf mußten fast alle Kameraden unserer Freundesgruppe zur Verlegung in ein anderes Lager der Stadt Charkow abmarschieren. Nur Christoph Tesan blieb im Theaterlager zurück, wo er dann bald die ersehnte Fahrkarte zurück in die Heimat erhielt. Wir kamen in das Lager „Hammer und Sichel", das sich auf einem sehr weitläufigen Fabrikgelände befand, welches vollständig eingezäunt und durch Wachtürme gesichert war. Hier wurden vor dem Krieg die berühmten Traktoren „Stalinez" für die Kolchosen produziert. Später stellte man die Produktion auf Dreschmaschinenbau um. Während unseres Marsches schien die helle Frühlingssonne. Danach zu urteilen, muß es April 49 gewesen sein. Der erste Eindruck von dem neuen Lager „Dreschmaschinenfabrik" war überraschend freundlich: gleich hinter dem Lagertor öffnete sich ein breiter, platzähnlicher Weg, über den eine größere Schar Gefangener vom Broteinkauf kam. Der Brotkiosk mit Backwaren war dicht hinter dem Zaun sichtbar aufgebaut. Das schien uns ein vielversprechender Anfang zu sein.

Was die Ernährung betraf, erfüllte sich diese Hoffnung in gewisser Weise. Hier erlebten wir zum ersten Mal, daß man nach dem Verzehr der Mittagssuppe noch einen Nachschlag bekommen konnte. Das kam zwar nicht täglich, doch relativ häufig vor. Während meiner Hilfstätigkeit für den Banja-

Leiter Dr. Nagel stellte ich sehr bald fest, daß das Hilfspersonal in der Banja und der Entlausungsstelle oftmals Suppe zusätzlich erhielt. Die Essensportionen, die dem Banja-Chef in seine Dienststube gebracht wurden, waren im Vergleich zur normalen Lagersuppe meist gehaltvoller und mit Fleisch angereichert. Dieselbe Bevorzugung galt auch für die Chefs anderer Lagerfunktionsbereiche, die hier im Lager fast alle gut ernährt wurden. Eine bessere Verpflegungszuteilung war vermutlich dadurch möglich, daß hier viele Plennis ihre Suppe nicht mehr regelmäßig abholten, weil sie in Produktionsstätten tätig waren, in denen bei kluger und rationeller Arbeitsweise Bestergebnisse geschafft wurden. Wenn am Monatsende eine Plennibrigade ihre Leistung über die Mindestsockelhöhe hinaus hatte steigern können, so bekam sie auch einen entsprechenden Anteil des Arbeitslohnes, der dann an die Brigademitglieder verteilt und ausgezahlt wurde. Sie konnten sich also selbst etwas zu essen kaufen. Das kam der Lagerverpflegung zugute und bedeutete eine Anhebung des Ernährungsniveaus. Eine solche Verbesserung widersprach allerdings dem von den Sowjets im allgemeinen verfolgten Prinzip einer Minimalverpflegung. Gefangene, die am Existenzminimum dahinvegetierten und deren Lebensfunktionen nur noch bescheiden reagierten, konnte man leichter beherrschen. Bei ihnen waren seltener Revolten zu erwarten, vor denen die Lagerverwaltungen in ständiger Angst lebten. Zwar sprachen wir nicht darüber, aber natürlich hatten wir im Laufe der Zeit dieses Gesetz der Gefangenenpolitik erkannt, ebenso die sowjetische Maxime, Gefangene wie Verbrecher zu behandeln. Hier in Charkow war nun den Sowjets offenbar in erster Linie an der Leistungssteigerung der Gesamtproduktion der Fabrik gelegen, so daß das Prinzip der besseren Gefangenenbeherrschung in den Hintergrund trat.

Die allen NKWD-Maßnahmen innewohnende Härte verschonte auch Russen nicht. Das beleuchtete ein bewegender Vorfall, der mir zum Schlüsselerlebnis wurde. Eines Tages, während der Mittagspause wurden wir ohne Angabe von Gründen angewiesen, in der nächsten halben Stunde auf keinen Fall das Lager zu verlassen. Den Anlaß für diese Anordnung konnten wir bald mit eigenen Augen erblicken: Durch den Zaun hindurch sahen wir einen kleinen Saklutschonni-(Strafgefangenen) Konvoi herankommen. Die Straße, die unmittelbar an unserem Lager vorbeiführte, war der einzige Zugang zum Strafgefangenenlager, das im nördlichen Fabrikareal lag. Aus Sicherheitsgründen durfte niemand an der Straße stehen, wenn Strafgefangene abgeführt wurden. Drei Wachsoldaten begleiteten einen russischen Gefangenen. Sie marschierten in geringem Abstand hinter ihm her: in der Mitte der verantwortliche Sergeant, der in der rechten Hand eine schußbereit auf den Rücken des Gefangenen gerichtete Pistole hielt. Die beiden Soldaten rechts und links des Sergeanten hatten ihre Gewehre mit aufgepflanzten Bajonetten geschultert. Diese sehen in der russischen Version mit ihren langen, hoch aufragenden Spitzen besonders gefährlich aus. Erst beim Näherkommen konnten wir erkennen, daß der Sträfling eine noch junge Frau war. In ihren Schaftstiefeln mußte sie in der Straßenmitte in strammem Schritt vorweg marschieren. Ihr Blick war starr geradeaus gerichtet. Um den Kopf hatte sie ein Tuch gebunden. Ihr sympathisches Gesicht blickte sehr ernst und erweckte bei uns großes Mitleid. Wir konnten uns vorstellen, was diese Frau während ihrer Haftzeit würde erdulden müssen. Die Saklutschonnis wurden für sehr schwere Arbeiten eingesetzt und besonders hart behandelt.

Das Lager „Dreschmaschinenfabrik" in Charkow war vermutlich ein Verwaltungszentrum des NKWD der Ukraine. Das riesige Fabrikgelände „Hammer und Sichel" bot außerdem für verschiedene Gefangenengruppen Platz: für die russischen Strafgefangenen, für die Inhaftierten und für solche Personen, die nicht den internationalen Rote-Kreuz-Schutz für Kriegsgefangene beanspruchen konnten, sonst aber genauso behandelt und überwacht wurden wie wir.

Zunächst war auffällig, daß ein Großteil der Plennis ehemalige SS-Soldaten waren aus Wehrmachtseinheiten für bevorzugte Truppenteile, die nicht bloß mit Divisionsziffern gekennzeichnet waren, sondern Namen historischer Helden trugen. Ihre Unterkünfte waren räumlich getrennt von den anderen Gefangenen. Sie alle hatten keine Erlaubnis, in die Heimat zu schreiben. Deshalb waren sie bemüht, unter den anderen deutschen Plennis einen zuverlässigen Freund zu finden, dem sie ihre Heimatanschrift mitteilen konnten. Diese sollte er auswendig lernen, um im Fall seiner Heimkehr der Familie des zurückgebliebenen Kameraden ein erstes Lebenszeichen geben zu können. Das ist auch in etlichen Fällen gelungen.

Eine andere Gruppe bestand aus Zivilisten, z.B. Diplomaten aus der Mandschurei, die man während der Rückreise nach Deutschland durch die Sowjetunion gefangengenommen und eingesperrt hatte. Unter den Zivilisten befanden sich Frauen mit Kindern, die teilweise erst in der Gefangenschaft geboren waren.

Des weiteren gab es hier Rot-Spanier, die sich nach dem Spanischen Bürgerkrieg in die Sowjetunion hatten retten können und die man dann irgendwann wegen Aufmüpfigkeit festgesetzt hatte.

Nur die Schicksale weniger Kameraden sind mir im Gedächtnis geblieben. Der Plenni Grün, der uns als Leiter der Wäscherei aus Jelabuga wohlbekannt war, hatte auch im Lager Charkow dieselbe Funktion erlangt. Grün war Jude und stammte aus dem von den Sowjets annektierten polnischen Ostgebiet. Ihm gegenüber hatte ich stets ein besonders starkes Gefühl des Mitleids. Nach den Gefahren, die ihm während des Krieges von deutscher Seite gedroht hatten, mußte er nun fürchten, von den Sowjets als neuer Bürger ihres Staates angesehen zu werden. Als solcher waren seine Chancen nur gering, jemals wieder freigelassen zu werden. Ebenso intensiv empfand ich Mitleid für etliche Gefangene, die aus dem Baltikum kamen und denen die sowjetische Staatsangehörigkeit gleichfalls zudiktiert werden sollte. Ihnen war klar, daß man sie auf keinen Fall aus der Gefangenschaft nach Deutschland entlassen würde. Ein Kamerad, dessen Name mir leider entfallen ist, Sohn eines Pfarrers aus Riga, litt besonders unter dieser Sorge, die seine Heimkehr betraf. Von ihm stammen die zweisprachigen Verse, die er oft zitierte und in denen sich die Lebenslust eines Jugendlichen aus Riga widerspiegelt. Die Anfangsverse habe ich behalten:

W gorod Rigi ja radilsa
Hab ich erblickt das Licht der Welt.
I dolgo tam ja nachodilsa,
Weil mir uschasno tam gefällt

(In der Stadt Riga bin ich geboren, hab ich erblickt das Licht der Welt. Und lange habe ich dort geweilt, weil es mir da überaus gut gefällt.)

Auch die Erzählungen des Mitgefangenen Laun weckten zunächst spontanes Mitgefühl. Er war Wolga-Deutscher und hatte das Aussehen eines typischen russischen Muschik. In den Revolutionsjahren war er bis zum Volkskommissar aufgestiegen. Später lebte er in Deutschland. Dann hatte ihn der Krieg in sowjetische Kriegsgefangenschaft gebracht. Als Kenner der Lebensverhältnisse in Deutschland verurteilte er heftig und scharf die sowjetische Politik im allgemeinen und die der Lagerverwaltung im besonderen. Ich glaubte daraus schließen zu können, daß er von dem sozialistischen System nichts mehr wissen wollte. Um so mehr überraschte mich seine Reaktion beim Anblick meiner Schopenhauerlektüre. Mit den Worten „So was müßte verboten werden!“ begann er seine lebhafte Verurteilung jeglicher idealistischen Philosophie. Ich erschrak zutiefst, ließ mich auf keine Diskussion ein und brach alle Kontakte mit ihm ab, da er mir zu der Sorte von Menschen zu gehören schien, von denen man nicht wissen konnte, wo bei ihnen die Toleranzgrenze lag, und bei denen man lieber vorsichtig sein sollte.

Völlig unerwartet traf ich im Lazarett Charkow nach längerer Trennung unseren alten Bekannten Herbert Flohr wieder. Als das Straßenbaulager Jarzewo aufgelöst und nach Pokatilowka in die Ukraine verlegt wurde, war Flohr zurückgeblieben, weil er für einen Heimattransport vorgesehen worden war. Nun berichtete er mir von seiner mißglückten Heimkehr. Flohr war zusammen mit einem Kameraden, der aus derselben Gegend stammte, in einem Heimkehrertransport auf dem Weg nach Deutschland gewesen. Unterwegs erzählten sie sich gegenseitig Episoden aus ihrer militärischen Vergangenheit. In der Hochstimmung während eines solchen Transportes wägt mancher seine Worte nicht mehr mit der notwendigen Vorsicht ab. Kluge Zurückhaltung war nicht Flohrs Art. Schon in Jarzewo war sein besonders häufig gebrauchtes Schimpf- und Fluchwort: „Diese Pajuppen!“, womit er die Sowjets meinte. Außerdem neigte er zum Bramarbasieren. An der russisch-polnischen Grenzstation Brest wurde Flohr aus dem Transportzug herausgeholt und in Begleitung eines Wachsoldaten wieder in ein Lager gebracht. Von diesem hat er auch den Grund für seine Zurückholung erfahren: Es sei nicht gut, wenn man seinen Mitreisenden zu viel von seiner Vergangenheit anvertraut. Im Lazarett Charkow hatten die Ärzte bei Flohr eine akute Tbc diagnostiziert. Nun saß er blaß, abgemagert und völlig hoffnungslos auf seinem Bett. Auch seine Freunde waren überzeugt, daß er wohl die Heimat nicht wiedersehen werde. Diese pessimistische Prognose hat sich glücklicherweise nicht erfüllt, und Flohr kehrte im Januar 1950 nach Hamburg zurück.

Für mich ist sein Bericht eine nachdrückliche und unvergeßliche Warnung gewesen. Von Natur aus bin ich kein redelustiger Mensch. Aber während der drei Tage meines Heimkehrtransportes blieb ich eisern stumm, bis wir endlich in Friedland angekommen waren. Das Überschreiten der drei Grenzen, zuerst bei Brest, dann bei Frankfurt/Oder und schließlich bei Nordhausen war jedesmal für mich ein neues Befreiungserlebnis. Während der langen Fahrt durch die Sowjetunion saß ein Plenni an der offenen

Waggontür neben mir und erzählte mir pausenlos von seinen Erlebnissen in den verschiedenen Lagern. Ich dachte bei mir: „Rede du nur! Von mir bekommst du keine Antwort, keine!" Wußte ich denn, ob er nicht mit einem speziellen „Lockvogelauftrag" gegen mich angesetzt war? Ich hatte das Bild des armen Herbert Flohr vor Augen, wie er aus dem Heimkehrertransport herausgeholt wurde, und mißtraute dem unbekannten und unerwünschten Gesprächspartner an meiner Seite.
Der äußere Anblick des Lagers war für Neuankömmlinge, die bisher nur in primitiven sowjetischen Baracken gelebt hatten, sehr ungewöhnlich. Als es auf dem Gelände der Dreschmaschinenfabrik eingerichtet wurde, hatte man offenbar als erstes zwei der großen, hohen Fabrikhallen zu Gefangenenunterkünften umgebaut, deren kurze Seitenfassaden einander gegenüberlagen. Der Bereich dazwischen wurde als Lager- und Appellplatz genutzt, auf den das Eingangstor führte. Die beiden riesigen Hallen hatte man jeweils durch eine bis unter das Dach gehende Mauer in zwei Hälften geteilt. Die beiden zum Appellplatz hin liegenden Hallenbereiche waren für Unterkunfts- und Verwaltungszwecke eingerichtet worden. Dagegen dienten die beiden äußeren Hallenhälften weiterhin der Fabrik als Produktionsstätten. Die Banja, die sich innerhalb des Lagerbereiches befand, durfte nachts nur von den Kriegsgefangenen und tagsüber nur von den russischen Zivilarbeitern benutzt werden, wohl um jeglichen Kontakt miteinander zu verhindern. Diese zeitweise Absperrung war widersinnig, da wir mit den Zivilisten gemeinsam an denselben Arbeitsplätzen arbeiten mußten. Auf der dem Tor gegenüber liegenden Seite des Lagerplatzes befanden sich das Lazarettgebäude und die Wäschereibaracke.

Die Inneneinrichtung der Unterkünfte war für uns überraschend. Wir wurden für die erste Nacht provisorisch in der rechts vom Lagertor liegenden Halle untergebracht. An ihrer Stirnwand führte eine breite Treppe nach oben, wo sich auf den verschiedenen Treppenabsätzen kleine Zwischenetagen öffneten. Auf einem dieser Absätze sahen wir zu unserer Verwunderung verschiedene Sportgeräte stehen. Später erfuhren wir, daß hier sogar Boxkämpfe stattfanden. Auf einer anderen Zwischenetage befanden sich links eine geräumige Toilette mit großen, hellen Fenstern, rechts die Werkstätten für Schneider und Schuster. Am oberen Ende der Treppe öffnete sich eine Tür zu einer Etage, die bis an die Außenwand des Lagers, nämlich bis an die hochgemauerte Trennwand innerhalb der Halle reichte. Sie war in viele Räume aufgeteilt, deren Zwischenwände aus dünnen, grauen Blechen bestanden. Diese Räume, in denen jeweils etwa 50 bis 60 Leute untergebracht waren, hatten eine Größe von ungefähr 20 mal 20 Metern.

Am folgenden Tag erhielten wir unsere Schlafstellen. Sie befanden sich in einer Baracke neben der Fabrikhalle. Hier war auch die Unterkunft der sogenannten Rotspanier. Diese waren aus dem Spanien Francos auf dem Seewege bis in die „brüderliche“ Sowjetunion geflohen. Aber hier warteten bittere Enttäuschungen auf sie. Die Sowjetunion erwies sich nicht als das erträumte Land, in dem man sie wie Brüder empfing und behandelte. Viele Spanier lebten im Lager Charkow als Gefangene, die als lästige Teilhaber in der allgemeinen Not betrachtet wurden. Unsere Verständigung mit ihnen blieb sehr rudimentär. Das schweigsame Nebeneinander lag aber nicht nur an den mangelnden Sprachkenntnissen ihrer- und unsererseits, sondern vor allem an der zurückhaltenden Einsilbigkeit der Spanier. Sie sprachen nicht über den Kulturschock, den sie hier in der Sowjetunion erlebt hatten. Möglicherweise war es anfangs durch die unterschiedlichen Lebenserwartungen von Spaniern und Russen häufig zu Mißverständnissen gekommen. Die Rede- und Kritikfreudigkeit der Spanier hatte wohl kaum die vielen russischen Alltagsmängel verschont und dadurch die russische Empfindlichkeit verletzt. Die harten Folgen hatten sie verstummen lassen. Und so saßen sie im Sommer 1949 noch immer hinter Stacheldraht, durften keinen Briefverkehr mit der Heimat haben und waren enttäuscht, verbittert und völlig resigniert. Dachte man über ihr tragisches Schicksal nach, mußte man sie bedauern.

Gemeinsam mit anderen wurden Rudi Eppe und ich für die ersten Wochen in Charkow der Holzverarbeitungsabteilung, der sogenannten DO-Zeche (drowa = Holz) zugeteilt. Sie lag außerhalb des Lagers an der gegenüberliegenden Straßenseite. Hier verrichteten wir gemeinsam mit vielen russischen Frauen die gleiche Arbeit. Wir fertigten zwei verschiedene Arten von Sieben für die Dreschmaschinen an: metallene Worfelsiebe zum Trennen von Korn und Spreu und Schutzsiebe aus Holz. Zur Herstellung der hölzernen Siebe, die später bei den Dreschmaschinen als Schutz vor die sich drehenden Teile angebracht werden sollten, mußten wir schmale Holzleisten auf hölzerne Rahmen schrauben. Um die Norm möglichst schnell zu schaffen, kürzten manche den Arbeitsvorgang ab, indem sie die Schrauben zur Befestigung einfach wie Nägel in das Holz hineinhämmerten. Natürlich war das nicht erlaubt. Wurde ein auf diese Weise hergestelltes Sieb entdeckt, wurde es als „brak“ (Ausschuß) aussortiert. Die Werkskontrolle führte eine Russin mittleren Alters durch, die von Anfang an freundlich zu uns war. Wie schon berichtet, war ihr Mann zu einer langjährigen Haft verurteilt worden war, und zwar in der Gegend von Kasan, aus der wir kamen. Sie selbst, eine gebildete Ärztin, war hierher nach Charkow zu einer Arbeit in untergeordneter Funktion verbannt worden. Da wir ihren Namen nie erfuhren, war sie für uns immer nur die „OTK", die Kontrolleurin.

Der Beginn der Mittagspause wurde durch ein Sirenensignal angezeigt. Alle Inhaftierten gingen rasch ins Lager zum Essen. Als wir am ersten Tag an unseren Arbeitsplatz zurückkamen, standen die russischen Arbeiterinnen noch um den Politinstrukteur der Zeche herum und mußten sich seine Belehrungen anhören. Ihre Blicke verrieten ihr Mißvergnügen, denn auf diese Weise hatte man sie eines Teils ihrer Mittagspause beraubt. Wir hatten großes Verständnis für ihren Unmut und waren froh, selbst in Ruhe gelassen worden zu sein. An unseren Arbeitstischen angekommen, wurden wir sogleich mit unserem eigenen Mißgeschick konfrontiert, das uns während der Mittagspause ereilt hatte. Die Tische waren restlos abgeräumt worden. Alle Schrauben und sämtliche Werkzeuge hatte man gestohlen. Niemand konnte oder wollte einen Hinweis geben. Wir mußten uns mit der unabänderlichen Tatsache abfinden. Während der verbleibenden Arbeitsstunden irrten wir durch sämtliche Räume der DO-Zeche, nun selbst auf der Suche nach Ersatzwerkzeugen, denn am Ende des Arbeitstages mußte jeder die Geräte, die man ihm am Morgen ausgehändigt hatte, zurückgeben. Eigentlich hätten wir nach unseren langjährigen Erfahrungen in der Sowjetunion wissen müssen, daß alles, was man unbewacht herumliegen läßt, sofort einen neuen Besitzer findet und damit endgültig verloren ist. Künftig traf jeder nicht nur die nötigen Vorkehrungen, seine ihm anvertrauten Geräte vor Diebstahl zu bewahren. Die Vorsorge wurde so weit getrieben, daß man alles erreichbare Werkzeug nun seinerseits an sich nahm und für den Notfall versteckte. Das Endergebnis solcher Vorsorgeaktionen zeigte sich wenige Monate später, als gegen Ende August das Lager aufgelöst werden sollte.

Wir alle waren auf dem Lagerplatz angetreten und erwarteten die Instruktionen des Lagermajors Lipschitz. Dieser erinnerte an die gute Behandlung durch die Fabrikverwaltung und bat uns mit freundlichen Worten, alle vom Fabrikgelände mitgenommenen Werkzeuge aus den vielen Verstecken hervorzuholen und sie in der Mitte des Appellplatzes abzulegen. Es könne sie ja doch niemand auf den bevorstehenden Transport mitnehmen. Diese so bemerkenswert freundlich vorgetragene Aufforderung fand erstaunlicherweise Gehör: Bis zum nächsten Tag waren die Werkzeuge, die aus allen Zechen der Fabrik stammten, zu einem großen Berg angewachsen.

Für die deprimierte Stimmung, die nicht nur bei den Inhaftierten, sondern auch unter den Arbeiterinnen herrschte, mag die Bemerkung einer jungen Russin Ausdruck geben. Sie kam aus der DO-Zeche mit einer Holzlast im Arm und stieg vor mir die Treppe zur Straße hinauf. Als ich meinem Unmut mit einer dementsprechenden Aussage Luft gemacht hatte, drehte sie sich um und antwortete nur: „Mnje wsjo rowno!" „Mir ist alles gleich!" Dann setzte sie ihren Weg fort. Obwohl diese Antwort nicht viel aussagt, glaubte ich damals doch, einen starken Ausdruck von Mut- und Hoffnungslosigkeit darin zu spüren.

Zu uns hatten die russischen Arbeiterinnen im allgemeinen eine positive Einstellung. Hatte man eine längere Zeit nebeneinander gearbeitet, entwickelten sich sogar sehr gute Kontakte. Wir redeten sie mit dem Vornamen an und sprachen mit ihnen über unsere Familien und unser Leben zu Hause, soweit das unsere russischen Sprachkenntnisse erlaubten. Des öfteren brachten sie uns Konservengläser mit eingekochtem Gemüse oder Obst mit, die sie zunächst heimlich in einem Versteck abstellten. Dort konnten wir sie dann in einem günstigen Moment an uns nehmen. Diese Frauen lebten alle unter sehr unbefriedigenden, oftmals sogar schweren Bedingungen. Jedoch fast nie klagten sie oder breiteten ihre Notsituationen ausführlich vor uns aus. Im allgemeinen waren sie vorsichtig, manche auch ängstlich.
Um so überraschender war es festzustellen, daß viele junge männliche Arbeiter das Problem der Normerfüllung bei der Fertigung der Siebe nicht sehr ernst nahmen. Sie wollten auch ihren Spaß haben. Während einiger Zeit arbeiteten neben meinem Arbeitsplatz zwei Jugendliche, die ungefähr 15 oder 16 Jahre alt waren. Ungewöhnlich reichhaltig war ihr Vorrat an Witzen und Versen, die sie zum besten gaben und die sie dann in Lachen ausbrechen ließen. Das folgende Verspaar ist mir im Gedächtnis geblieben:

Woina prima, woina gut,
Matka doma, pan kaputt.

(Krieg ist prima, Krieg ist gut, die Frau ist zu Hause, der Mann ist kaputt.)
Bei etlichen Frauen zeigte sich besonders während der Spät- und Nachtschichten ein starkes Ruhebedürfnis. So manche verließ für ein Stündchen

ihren Arbeitsplatz und legte sich auf einen Haufen Sägemehl zum Schlafen nieder. Es kam auch vor, daß sich Frauen mit ihrem Liebhaber in die langen Gänge der Trockenöfen zurückzogen, wo die Holzstöße auf Rollenwagen hineingeschoben und konditioniert wurden, denn die Werkspolizisten vermieden es möglichst, bei ihren Kontrollgängen dort hineinzugehen. Die auf ihren Sägemehlhaufen ertappten Schläferinnen wurden brutal mit Knüppelschlägen geweckt und an ihre Arbeitsplätze zurückgetrieben. Dann war ein lautes Klagegeschrei zu hören. Trotz vermehrter Kontrollgänge und rücksichtsloser Prügelstrafe ließ sich die Disziplinlosigkeit nicht abstellen.

Viele Frauen versuchten, am Ende ihrer Arbeitsschicht einige Stücke Abfallholz, unter ihren Röcken versteckt, aus der Zeche mit nach Hause zu bringen. Grundsätzlich wurden alle Arbeiter und Arbeiterinnen beim Verlassen des Geländes am Fabriktor gefilzt. Trotzdem wagten sie es immer wieder und präparierten sich mit einfallsreichem Geschick, in der Hoffnung, daß es ihnen doch gelingen würde, das Holz unbemerkt durch die Kontrolle zu bringen. Dementsprechend versuchte die Fabrikleitung mit viel Spürsinn, den Betrug zu verhindern, wobei sie natürlich nicht immer erfolgreich war. Jedes gelungene Schmuggelunternehmen war Anlaß zu spöttischer Freude bei den Plennis.

Einer der eklatantesten Betrugsfälle in der Arbeitsorganisation ereignete sich hinter der Montagehalle, wo die fertiggestellten Dreschmaschinen gezählt und zur Verladerampe gefahren wurden, an der schon Güterwaggons bereitstanden. Montagearbeit und Endablieferung wurden von einer Brigade ehemaliger holländischer SS-Mitglieder durchgeführt, die zu den kräftigsten und aktivsten Plennis gehörten. Ihre Risikobereitschaft bei dem Unternehmen, eine Dreschmaschine zu unterschlagen, läßt sich mit ihrer Aussage kurz und bündig resümieren: „Das Risiko wird nicht gescheut, sondern mit Intelligenz ausgeschaltet!“ Und wirklich ist es dieser Brigade gelungen, eine komplett fertiggestellte Dreschmaschine aus der Halle und an der Kontrolle vorbeifahren zu lassen. Auf irgendeine Weise wurde sie aus dem Lager gebracht und dann verkauft. Natürlich waren diese „schwarzen Wege“ gründlich und mit Bestechungen vorbereitet worden. Das „Wie“ blieb uns verborgen, und wir wollten es auch gar nicht wissen. Dieser gewiß einmalige Vorfall sprach sich schnell herum und bot noch oft Anlaß zu Heiterkeit. Für die gewitzte Montagebrigade brachte er einen erheblichen materiellen Gewinn.

Ein anderer Vorfall mag als Beispiel dienen für die oftmals mangelnde Koordinierung der Arbeitsorganisation durch die Lagerverwaltung. Der Ober-Starschi der DO-Zeche war ein ehemaliger Oberstleutnant der Roten Armee. Ein bevorstehender Wechsel hatte sich herumgesprochen. Inhaftierte vieler Brigaden und alle ehemaligen Stabsoffiziere sollten abgezogen und in ein Lager nach Kiew transportiert werden. Die DO-Zeche und ihr Starschi mußten also auch davon Kenntnis gehabt haben. Hier war eine fortlaufende Arbeit nur möglich, wenn die täglich anfallenden Riesenmengen an Sägemehl regelmäßig und pünktlich abtransportiert wurden, was auch bisher geschehen war. Als die dafür zuständige Transportbrigade abgezogen wurde, hatte der Ober-Starschi die notwendige Vorsorge nicht getroffen. Nach einigen Arbeitsstunden waren alle Wege zwischen den Sägen mit Bergen von Sägemehl versperrt. Das Unerhörte geschah: Die Zeche mußte ihre Arbeit einstellen. Sie wurde geschlossen. „Prostoi“ (Stillstand), und wir hatten dadurch drei arbeitsfreie Tage. Das geschah in einer Fabrik, die sich Höchstleistung und Übererfüllung der Normen zum Ziel gesetzt hatte.

Rudi Eppe wurde bald von unserem Starschi als technisch versierter und aktiver Mitarbeiter erkannt und mit dem Einfärben der Dreschmaschinenzubehörteile mit hellem blau-grauen Nitrolack betraut. Vermutlich hatte auch die Tatsache, daß Rudis Vater Malermeister war, zu dieser Entscheidung beigetragen. Empfehlungen solcher Art waren oft die Grundlage dafür, an welcher Stelle der Natschalnik einen Gefangenen vorzugsweise einsetzte. Rudi und ich arbeiteten nahe beieinander. Er stand an einer sehr breiten Metallwanne und mußte die Siebe für die Dreschmaschinen in den Farblack eintauchen und sie dann zum Trocknen aufstellen. Danach verpackte er die zu einer Maschine gehörenden getrockneten Siebe in einem Paket, das zusammen mit der Maschine zum Versand kam. Häufig wurde nun zu Stoßarbeitszeiten oder wegen der Normerfüllung ein schnelleres Arbeitstempo verlangt. Dann blieb nicht genügend Zeit zum Trocknen der Farbe, und die noch feuchten Siebe wurden ohne Rücksicht aufeinandergestapelt und verpackt. Das Antreiben zur Zeiteinsparung führte nicht selten so weit, daß Rudi schließlich einen ganzen Stapel Siebe auf einmal ergriff und ihn in die Farbe tauchte. So widersinnig durfte man jedoch nur die Zubehörteile derjenigen Dreschmaschinen behandeln, die für die Sowjetunion bestimmt waren. Ging es dagegen um einen Exportauftrag, mußte auf jeden Fall bis zuletzt ganz vorschriftsmäßig und korrekt gearbeitet werden.

Dankbar erinnere ich mich an den russischen Werkmeister Baranow in der DO-Zeche. Er war der einzige Starschi, der jemals ein freundliches Gespräch mit mir begann. Er interessierte sich für den Beginn meiner ursprünglich geplanten Ingenieurslaufbahn als Modelltischler-Praktikant in einer deutschen Firma. Als er sich nach meinem Verdienst hier in der DO-Zeche erkundigte, war er sehr überrascht, daß es bei mir noch nie zu einer Barauszahlung am Monatsende gelangt hatte. Er versprach mir seine Hilfe und sorgte dafür, daß ich dazu eingesetzt wurde, eine Vorarbeit für ihn zu leisten, deren Ergebnis mir gutgeschrieben wurde. An der Außenseite der Dreschmaschinen mußten an bestimmten Stellen Fußbretter mittels Bolzen befestigt werden. Mit Hilfe von Schablonen mußte ich die Markierungen für die in die Außenwand der Dreschmaschinen zu bohrenden Löcher anzeichnen. So hatte ich, allerdings nur für kurze Zeit, eine relativ leichte Aufgabe zu erledigen, die mir sogar etwas Geld einbrachte.

Etwa gleichzeitig nahm ich für den Banja-Chef Dr. Nagel eine Hilfsarbeit während der Nachtstunden an, obwohl mir Warnungen zugetragen worden waren, daß Nagel mit dem NKWD zusammenarbeite. Wahrscheinlich überzeugte mich der Verdacht gegen den ehemaligen Wehrmachtspfarrer nicht. Gleichwohl blieben die Warnungen gegenwärtig und mahnten zur Vorsicht.

Eine andere Art Warnsignal blitzte in diesen Wochen auf, als ich zufällig auf ein literarisches Zitat stieß, das mich außerordentlich beeindruckte. Ich erhielt den Auftrag, das Registrierbuch mit den Auflistungen aller Daten der Plennis dieses Lagers von der Wäscherei zu holen. Das Buch war relativ dick und hatte ein ungewöhnlich breites Format. Das für die damaligen sowjetischen Verhältnisse Bemerkenswerte waren die weißen, glatten Papierseiten, ein äußerst seltener, ja unerhörter Luxus für ein Buch, das nichts weiter enthielt als Daten. Sie fielen mir sofort auf, als ich das Buch aufschlug und mit der Hand schnell blätternd über die Seiten strich. Näheren Einblick wagte ich nicht zu riskieren. Ich warf nur einen kurzen Blick auf die erste Seite, in deren Mitte allein der berühmte Vers aus Dantes Höllenbeschreibung kalligraphisch eindrucksvoll niedergeschrieben war: „Lasciate ogni speranza, voi ch'entrate!“ Sicher hatte die Tatsache, daß bisher kein Marxist diesen Satz verstanden hatte, ihn davor bewahrt, herausgerissen und als bösartige Feindpropaganda vernichtet zu werden. Das deprimierende Gefühl der Hoffnungslosigkeit, das dieses Zitat wie ein Keulenschlag in mir verursachte, konnte ich nicht so schnell wieder loswerden. Es wurde noch verstärkt, als bei der Auflösung des Lagers ein Kamerad den russischen Lagermajor Lipschitz fragte, wohin wir nun gebracht würden. Lipschitz antwortete, ohne lange zu zögern: „Das Ziel dieses Transportes wird sein entweder innerhalb des Bereiches der Sowjetunion oder außerhalb.“ Diese nichtssagende Antwort war typisch für einen NKWD-Offizier.

Mein Einsatz als Hilfskraft des Meisters Baranow und in der Banja dauerte nur kurze Zeit. Dann wurden alle Stabsoffiziere aus dem Dreschmaschinenlager abtransportiert. Heute weiß man, daß sie vor ein sowjetisches Tribunal zur Aburteilung gebracht wurden. Mit ihnen ging auch Dr. Nagel. Ich erhielt den Auftrag von der Lagerleitung, vorläufig seinen Posten als Banja-Chef zu übernehmen. Zu dieser Arbeit gehörte es, Seife auszugeben und die zu entlausende Kleidung in die dafür vorgesehenen Öfen zu hängen. Meine Kameraden redeten mir zu, den Auftrag anzunehmen. Ich tat es nur widerwillig, da ich mögliche Erpressungsversuche befürchtete. Glücklicherweise blieb ich unbehelligt. Die Banjaversorgung lief mit dem eingearbeiteten Personal problemlos weiter. Alles klappte wie bisher. Man lieferte sogar noch ein paar Tage die Zusatzverpflegung.

Im Sommer 1949 wollte man offenbar im Dreschmaschinenlager die Anzahl der Wehrmacht-Gefangenen verringern. Rudi Eppe und ich hatten nicht den geringsten Hinweis auf eine reelle Chance zur Heimkehr. Trotzdem sprachen wir des öfteren darüber, was zu tun sei, sollte uns dieses Glück beschieden sein. In allen Kriegsgefangenenlagern, die wir durchlaufen hatten, wurden für die Heimkehrer die gleichen Veranstaltungsprozeduren durchgeführt. Die Vorbereitungen auf den Heimkehrertransport wurden dazu benutzt, den einen oder anderen noch einmal gründlich moralisch weichzuklopfen. Wir hatten nicht nur einmal als zurückbleibende Augenzeugen mit ansehen müssen, daß ein Kamerad während des so sehnlichst erwarteten letzten Marsches durch das Lagertor aus der Heimkehrerkolonne herausgeholt und ins Lager zurückgeschickt wurde. Ich selbst war schon einige Male zur Heimkehr eingekleidet worden. Es ist unmöglich zu beschreiben, unter welcher seelischen Hochspannung ein Mensch vor solch einem Transport steht. Mancher zittert am ganzen Leibe. Der Einkleidung mit Hose und Jacke in blauem Drillich folgen noch Versammlungen unter der Leitung der Politinstrukteure mit Resolutionen, denen fast alle Heimkehrer schließlich noch zustimmen, mit der obligaten Dankadresse an den Genossen Stalin und andere Lobhudeleien.

Im Juli erhielt Rudi die Mitteilung, daß er für einen Heimkehrertransport vorgesehen sei. Bevor sich die betreffenden Kameraden auf dem Appellplatz zum Abmarsch versammelten, nahmen wir beide sehr herzlich voneinander Abschied. Es fiel mir zu schwer, ihn noch bis zum Lagerplatz zu begleiten. Ich hatte Angst vor den kommenden Tagen und Wochen. Rudi und ich waren etwa drei Jahre hindurch in verschiedenen Lagern zusammen gewesen und einander Trost und Stütze geworden. Wie sehr würde er mir nun fehlen. Einige Wochen später erhielt ich eine Karte von meiner Mutter, die mir mitteilte, daß Rudi sie besucht habe. Also hatte er es geschafft, und ich freute mich für ihn.

Der Hof zwischen dem Lazarettgebäude und dem Fabrikhallenteil, in dem sich die NKWD-Büros befanden, war der ruhigste und abgeschirmteste Winkel des gesamten Lagers. Neben den NKWD-Räumen war der Strafzug untergebracht. Das waren Männer, die unter verschärften Bedingungen arbeiten mußten und eingesperrt waren. Darüber hatten die deutschen Generäle ihre Unterkünfte. So waren die Abteilungen, die man unter besondere Bewachung stellen wollte, hier konzentriert.

Im August 1949 wurde ich eines Tages in das NKWD-Büro kommandiert zu einer erneuten Vernehmung, der ersten nach langer Zeit. Seit dem Verhör im Anschluß an die Entdeckung meiner Minox war nichts mehr in dieser Sache geschehen. Ich hatte mich danach allmählich beruhigt und mir meine damals gemachten Aussagen genau gemerkt, damit ich jederzeit dementsprechend antworten könnte. Trotzdem versetzte mich nun diese neue Vorladung in heftige Unruhe. Alte Ängste und Sorgen erwachten in mir. Mit Rudi hatte ich oft diese schwierige Angelegenheit erörtert, um sie dann vorläufig beiseite zu schieben, bis der Fall wieder akut werden würde. Der Augenblick war nun gekommen, und ich stand ganz allein davor. Pünktlich zur angegebenen Zeit begab ich mich zum Eingang der NKWD-Abteilung und wurde auch sogleich eingelassen. Nachdem ich durch eine mächtige Tür hindurchgegangen war, fiel mein Blick auf eine zweite, eine Metalltür mit der Aufschrift „Isolator“. Hier also war der Ort, wo man die Gefangenen für eine gewisse Zeit von der Außenwelt absonderte, um sie mürbe zu machen. Beeindruckt von dieser Bedrohung, ging ich den Gang zum Ende. Der Gedanke, hier vielleicht für unbestimmte Zeit und völlig isoliert eingesperrt zu werden, verstärkte meine Ängste. Schließlich kam ich in das geräumige Vernehmungszimmer. Quer vor der Fensterfront, die auf den Lazaretthof zeigte, stand ein breiter Schreibtisch, hinter dem der

Vernehmungsoffizier mit dem Rücken zum Fenster saß. Er wies auf den Stuhl vor dem Schreibtisch. Ich setzte mich, bemüht, meine innere Anspannung und Angst nicht merken zu lassen. Links hinter mir hatte ein weiterer NKWD-Offizier, vermutlich der Dolmetscher, Platz genommen. Dieser griff jedoch kaum in die Vernehmung ein. So unauffällig wie möglich versuchte ich festzustellen, welches Material zu meiner Vernehmung auf dem Schreibtisch ausgebreitet lag. Beim Anblick meiner Akte hatte ich den Eindruck, daß man sich mit meinem Fall seit meiner letzten Vernehmung beschäftigt hatte. Der Offizier ließ sich Zeit, ehe er die ersten Fragen zur Person und zur Sache stellte. Da er mich zunächst nicht mit neuen Behauptungen konfrontierte, auf die ich mich dann hätte einstellen müssen, gelangte ich zu einer gewissen inneren Ruhe. Vielmehr stellte er mir Fragen, die ich immer erwartet und deren Beantwortung ich mir längst zurechtgelegt hatte. Ich wußte genau, was ich sagen wollte und was ich schon früher ausgesagt hatte. Plötzlich fragte er unvermittelt: „Welchen Auftrag hatten Sie?“ Mit gutem Gewissen konnte ich zurückweisen, je einen Auftrag erhalten zu haben. Das war eine für die Sowjets unvorstellbare Tatsache, war ich doch als Schüler mehrmals in England gewesen, wie es in meiner Akte vermerkt war. Wiederholt stellte er die gleiche Frage, jedesmal anders formuliert. Ich blieb bei dem, was ich gesagt hatte, und faßte mich so kurz wie möglich. Der Offizier spürte, daß seine Vernehmung im Leerlauf angekommen war. Ungeduldig versuchte er es mit einer anderen Art der Einschüchterung. Ich sollte ein Protokoll unterschreiben, das er mir nun vorlegte und von dem ich annehmen mußte, daß es schon vorbereitet war. Er drohte mir, daß, sollte ich nicht unterschreiben, in kurzer Zeit meine Eltern in einem Lager in der Sowjetunion sein würden. Da ich das in meinem Fall für völlig unmöglich hielt, hatte ich von diesem Augenblick an ein Gefühl von innerer Überlegenheit. Mein Denken und meine sichtbaren Reaktionen liefen nun quasi auf zwei verschiedenen Ebenen ab. Ich war einerseits überzeugt davon, daß diese längst bekannte Art von Drohungen und Einschüchterungen keinerlei realen Hintergrund hatten. Andererseits mußte ich nach außen hin zeigen, wie sehr ich davon beeindruckt war. Außerdem hatte ich die innere Genugtuung, von einem NKWD-Offizier selbst vernommen zu haben, daß Entführungen solcher Art zur Praxis des NKWD gehörten. Ich war fest überzeugt von der Realität dieser Sowjetpraxis, glaubte aber nicht, daß sie in jedem beliebigen Fall angewendet werden könnte. Ich blieb bei meiner Weigerung, das Protokoll zu unterschreiben. Wie lange meine Vernehmung insgesamt gedauert hat, weiß ich nicht. Mir kam es wie eine kleine Ewigkeit vor. Die ausgestoßenen Drohungen blieben im Raum stehen. Die Vernehmung wurde schließlich abgebrochen, und ich verließ, scheinbar niedergeschlagen, das Büro.

Im August 1949 wurde im Dreschmaschinenlager der Abtransport aller Wehrmacht-Gefangenen zu einem uns unbekannten Ziel vorbereitet. Die Inhaftiertengruppen, die einen Sonderstatus hatten, blieben zurück. Niemand wußte zu sagen, was mit ihnen geschehen würde.

Ich stieg noch einmal die große Treppe hinauf zu den Handwerkerstuben, um mich von Markus Pahl zu verabschieden. Er war es gewesen, der mich gleich nach meinem Eintreffen im Lager Charkow als einen Landsmann aus Hamburg ausfindig gemacht und mir die Hilfe der Schuhmacher vermittelt hatte. Dadurch bekam ich endlich nach langer Zeit wieder festes Schuhzeug. Seit dem Winter in Jarzewo hatte ich Holzlatschen tragen müssen, da für meine Schuhgröße 47 nichts Passendes aufzutreiben war. Die neuen Schnürschuhe aus Wachstuch mit Gummisohlen wurden mir hier im Lager ohne jede Bezahlung und Bestechung angefertigt.

Einige geringe Barmittel hatte ich durch den Verkauf meiner Tabakrationen zusammensparen können. Davon hatte ich zunächst ein ziemlich voluminöses russisch-deutsches Wörterbuch erworben, um endlich mein spät erwachtes Interesse an der russischen Sprache auf solidere Basis zu stellen. Da meine Hoffnungen, jemals wieder aus diesem Land herauszukommen, extrem tief gesunken waren, sah ich es inzwischen als dringende Notwendigkeit an, die Landessprache intensiv zu erlernen. Ein Bücherkauf war in der Sowjetunion ein relativ billiges Vergnügen. Dafür waren nur wenige Rubel nötig. Außerdem hatte ich mir einen ganz besonderen Luxuswunsch erfüllt: eine Armbanduhr. Denn schon bei der ersten Filzung in Königsberg waren mir meine beiden Taschenuhren abgenommen worden. Diesen Erwerb betrachtete ich auch als eine Art Notversicherung: In Zeiten größeren Mangels würde ich sie wieder verkaufen oder eintauschen können.

Im Lager Bogdanow am Donez

Derart ausgerüstet verließ ich mit den Plennis das Lager Charkow. Der Transport, bei dessen Beginn uns das Ziel noch immer unbekannt war, brachte uns in die südliche Ukraine an den Donez. Die Fahrt durch eine weite, endlos erscheinende Steppe war sehr monoton. Endlich hielt der

Zug, und das Kommando zum Aussteigen ertönte. Nach einem längeren Fußmarsch erblickten wir am Horizont eine Reihe flacher Giebel. Es waren die Baracken des Lagers Bogdanow, ein typisch sowjetisches Gefangenenlager. Vom Dreschmaschinenlager mit seinem relativ hohen Standard „verwöhnt", sank unsere Stimmung beim Anblick dieser neuen Bleibe, denn auch das Lagerinnere und unsere erste Verpflegung machten keinen ermutigenden Eindruck auf uns. Die Suppe war mager und minderwertig wie fast alle sowjetischen Lagersuppen. Am Eingang der primitiven Unterkunftsräume stand zur nächtlichen Entsorgung ein großer Holzbottich, der am Morgen von Inhaftierten geleert wurde.

Das Lager Bogdanow war an dieser Stelle errichtet worden, weil man für den Bau des Wolga-Don-Kanals viele Arbeitskräfte benötigte. Hier waren Erdarbeiten in sehr großem Umfang zu leisten. Es wurde in mehreren Schichten gearbeitet. Wir Neuankömmlinge wurden sofort in Arbeitsbrigaden eingeteilt. Ich gehörte zu einer Frühschichtbrigade mit dem Auftrag, Lastkraftwagen mit Sand und Steinen zu beladen. Eine längere Wegstrecke führte uns vom Lager hinab zum Donezufer, wo viele LKWs bereitstanden und teilweise auch schon von einer anderen Brigade beladen wurden. Da die LKW-Fahrer wohl wegen der Normerfüllung keine Verzögerung hinnehmen wollten, herrschte hier große Hektik. Es war noch dunkel, als wir mit der Arbeit begannen. Deshalb konnten wir die Männer, die einen LKW neben uns beluden, nicht erkennen, vernahmen aber ihre Stimmen. Plötzlich erkannte ich den Berliner Akzent eines alten Kameraden: Es war der Stalingrader Plenni Koltermann, den ich in Jelabuga kennengelernt und dessen lateinische Grammatik ich mit anhaltender Bewunderung und Freude studiert hatte. Mit viel Mühe, Geduld und Hingabe hatte er dieses lateinische Lehr- und Lesebuch auf Zementpapier geschrieben. Ich war damals überglücklich, als einer der ersten Kameraden in einer Reihe von weiteren Bildungshungrigen dieses Heft ausleihen zu dürfen. Nun gab es in der Dunkelheit ein erstes freudiges Wiedererkennen. Fast alle aus Koltermanns Brigade waren Stalingrader Gefangene, die von Jelabuga über Kasan zurück nach Stalingrad in das Lager Begetowka transportiert worden waren, um am ersten Bauabschnitt des Wolga-Don-Kanals eingesetzt zu werden. Ich fragte mich, ob es Absicht war, die noch verbliebenen Reste der Armee des Generals Paulus zum Arbeitseinsatz an den Ort ihrer Niederlage zurückzubringen. Außerdem traf ich in dieser Nachbarbrigade, die ebenfalls zum Lager Bogdanow gehörte, den mir in Selenodolsk liebgewordenen Kameraden

Fritz Ohly wieder, den Germanisten, der damals bei unserer ersten Begegnung eine Art Literatur-Lektion für Interessierte abhielt. Dazu hatte er das Gedicht „Früh im Wagen“ von Eduard Möricke ausgewählt. Der erste der sechs kurzen Vierzeiler lautet: „Es graut im Morgenreif / in Dämmerung das Feld, / da schon ein blasser Streif / den fernen Ost erhellt.“ Diese Lektion war für mich ein unvergeßliches Erlebnis.

Ein unvermutetes Wiedersehen in der Fremde mit Kameraden, die einem wichtig geworden sind, erweckt eine besonders belebende Freude. Andererseits ist eine solche Begegnung auch mit Trauer und Enttäuschung verbunden, nämlich durch die Tatsache, daß man sich nach so langer Zeit immer noch in derselben deprimierenden Gefangenensituation befindet.

Der Steinbruch am nördlichen Donezufer, den wir vom Lager aus auf einem langen, langsam abfallenden Weg erreichten, war unser Arbeitsplatz während der folgenden Monate. Er umfaßte einen großen Abschnitt der Uferpartie, die an dieser Stelle ein S-förmiges Steilufer bildet. Dieses wurde durch Sprengungen vom Fluß weg nach Norden allmählich fortlaufend abgebaut. Um Zeit und Arbeitskraft zu sparen, wurde uns die Mittagssuppe vom Lager hierher in Kübeln angefahren. Nach einer Sprengung häufte der Baggerführer Dr. Herold die nicht durch Menschenkraft zu bewältigenden Felsbrocken zu einem länglichen Abraumdamm auf. Die anderen Bruchstücke mußten von den Plennis zerkleinert werden. Dafür erhielt jeder von uns bei unserem ersten Arbeitseinsatz einen neuen Vorschlaghammer. Dieser sollte abends nach der Arbeit beim Magaziner wieder abgegeben werden. Da man aus Erfahrung wußte, wie wichtig gutes Werkzeug ist, und man am nächsten Tag mit seinem neuen Hammer weiterarbeiten wollte, versteckten viele ihn zwischen den Felsbrocken des Abraumdammes. Es war unvermeidlich, daß viele dieser Verstecke durch die laufenden Baggerarbeiten verschüttet wurden. So waren nach wenigen Tagen alle neuen Vorschlaghämmer verschwunden, und wir mußten uns mit alten, abgenutzten zufriedengeben.

Bald wurde ich dazu eingesetzt, die durch Sprengung entstandenen Felsstollen von den Steinbrocken freizuräumen. Ich mußte die Bruchstücke auf eine Schubkarre laden und an den dafür vorgesehenen Abladeplatz bringen. Das war eine schwere und sehr unangenehme Arbeit, die ich wegen der niedrigen Stollendecke nur in gebückter Haltung ausführen konnte. Auch der Steinstaub war eine anhaltende Belästigung. Diese Faktoren trugen wohl dazu bei, daß die Norm für diese Arbeit niedriger angesetzt und dadurch etwas leichter zu erfüllen war.

Nach kurzer Zeit wurde mir ein anderer Arbeitsplatz zugewiesen, der allerdings nicht leichter oder weniger unangenehm war. Ich mußte nun in die hinteren Stollenwände die Löcher für die nächste Sprengung bohren. Der Umgang mit dem sehr schweren Preßluftbohrer, der bei der Arbeit heftig hüpfende Bewegungen ausführt, erfordert eine nur mühsam zu beherrschende Technik und Erfahrung. Es geschieht allzu leicht, daß der Bohrer, mit dem man ein Loch in genau senkrechter Richtung bohren möchte, abweicht und sich in der Bohrwand festfrißt. Uns war es damals in vielen Fällen unmöglich, den Bohrer wieder herauszuziehen. Wir hatten einfach nicht die dafür erforderlichen Kräfte. Man mußte dann den Bohrer von der Maschine lösen und im Fels stecken lassen, was jedesmal den Starschi in Wut versetzte. Am schwierigsten war das Bohren waagerecht in die Felswand hinein. Es erforderte viel Geschicklichkeit und Kraft, den schweren und wild tanzenden Preßluftbohrer immerfort genau in der waagerechten Ausgangslage hochzuhalten und ihn so in dem Bohrloch arbeiten zu lassen, daß er sich nicht festfressen konnte. So mancher steckengebliebene Bohrer in den Stollenwänden zeugte davon, daß hier die meisten mit einer viel zu schwierigen Arbeitstechnik betraut worden waren. Noch lange Zeit nach jedem Arbeitsschluß wirkten die anhaltenden Erschütterungen in uns nach.

Gegen Ende des Sommers 1949 schien die Verpflegungssituation in der Ukraine recht schwierig zu sein. Eines Morgens sahen wir beim Abmarsch zum Steinbruch einen Bauern am Lagertor stehen, der eine Kuh am Strick führte. Inmitten der Steppe wurden wir Zeugen einer kleinen Schwarzmarkt-Szene, wie sie sich in jedem beliebigen Nachbarstädtchen hätte ereignen können. Bald erfuhren wir, welche Dramen sich hinter solchen Szenen verbargen. Jeder Bauer mußte für jedes Stück Vieh, das er aufzog und das doch einen gewissen Reichtum für ihn darstellte, pro Jahr eine festgesetzte Steuergebühr an den Staat entrichten. Viele Bauern hatten aber oftmals nicht genügend Bargeld sparen können, um imstande zu sein, diese Summe bei Fälligkeit zu zahlen. Dann blieb ihnen nichts anderes übrig, als das Tier auf dem Schwarzen Markt zu verkaufen. Unser Bauer stand auch an den folgenden Tagen mit seinem Rind am Lagertor in der Hoffnung, irgendwann vom Küchenchef oder von der Lagerverwaltung ein interessantes Kaufangebot zu erhalten. Es dauerte einige Tage, bis sich die zuständigen Lagerinstanzen endlich dazu entschlossen hatten, dem Bauern die Kuh abzukaufen. Dieser konnte trotz des langen Wartens zufrieden sein, in dieser fast unbewohnten Einöde am Donez überhaupt einen Käufer gefunden zu haben. Der Küchenchef ließ bei den Interessierten Geld einsammeln, um den Kaufpreis wieder hereinzubekommen. Das Fleisch der Kuh wurde zu Wurst verarbeitet und an uns verkauft. Zu ähnlichen Schwarzmarktkäufen am Lagertor kam es noch häufiger.

Auch der Lagermagaziner hatte große Mühe, die nötige Vorsorge für die Verpflegung der kommenden Wintermonate zu treffen. Zur Zeit der Kartoffelernte organisierte das Lager eine längere Einkaufsrundfahrt zu den Kolchosen nördlich des Donez. Man suchte nach Freiwilligen, die die Kartoffeln auf Lastwagen laden sollten. Ich meldete mich sofort, denn ich hoffte, auf diese Weise die typische Ukraine-Landschaft erleben zu können. Wir waren vier oder fünf Inhaftierte, die einen Lastwagen bestiegen, nachdem wir für mehrere Tage Marschverpflegung in Empfang genommen hatten. Jeder von uns aß sofort seinen gesamten Proviant auf, denn der Magen war der dankbarste, sicherste und bequemste Aufbewahrungsort. Wir hofften natürlich, daß wir auf den Kolchosen schon irgendwann etwas zu essen bekämen. Aber das war eine Illusion mitten im Land der so oft gepriesenen Kolchosenwirtschaft. Jeden Tag klapperte der Magaziner mit uns von morgens bis abends die Produktionsgenossenschaften der Umgebung ab, aber nicht eine konnte ihm Kartoffeln verkaufen. Seine Wut und unser Hunger nahmen immer mehr zu. Ärger und Enttäuschung waren auf einem Höhepunkt angelangt, als unser Lastwagen in Millerowo, unserem nördlichsten Ziel, den letzten längeren Halt machte. Während der Magaziner Erkundigungen einzog, betrachteten wir von der Ladefläche aus das Markttreiben, das sich auf einem sehr weitläufigen Platz abspielte. Nicht weit von uns befand sich der obligate Straßenlautsprecher, der die gesamte Ortsbevölkerung informieren und unterhalten sollte. Es wurde gerade eine Musiksendung des staatlichen Rundfunks ausgestrahlt. Da kündigte plötzlich der Sprecher Beethovens 8. Symphonie an. Wie elektrisiert richtete ich mich auf. Es war die einzige Beethoven-Symphonie, die ich noch nicht kannte. Die pochenden Holzbläserakkorde, die am Anfang das Thema des zweiten Satzes skandieren, faszinierten mich damals ganz besonders. Bei jedem Hören rufen sie bis zum heutigen Tag in mir die Erinnerung an jenes großartige musikalische Erlebnis auf dem Marktplatz in Millerowo wach. Für mich war es damals der größte Gewinn dieser Fahrt durch das angebliche „Kartoffelparadies“.

Zurückgekehrt ins Lager Bogdanow, veranlaßte mich mein extrem ausgehungerter Magen, so schnell wie möglich meine als Notversicherung in Charkow erstandene Armbanduhr an den nächsten Wachsoldaten zu verkaufen. Das gelang ohne Schwierigkeit. Ich verlor nicht einmal einen Teil meiner eingesetzten Kaufsumme. Der Posten war mir gegenüber ehrlich und gutwillig.

Im Spätherbst 1949 durften wir zum ersten Mal Pakete aus der Heimat empfangen. Natürlich waren wir sehr aufgeregt, als wir von der Ankunft der ersten Pakete informiert wurden. Für die Ausgabe und Kontrolle der Sendungen wurde ein größerer Raum vorbereitet, in dessen Mitte mehrere Tische wie zu einem langen Tresen aneinandergeschoben wurden. Dahinter standen mehrere Posten, mit Magazinerkitteln bekleidet. Jeder hatte ein Messer in der Hand, um damit die Pakete und Dosen zur Überprüfung öffnen zu können. Der Posten, dem ich zugewiesen wurde, lächelte mich freundlich an. Auch er schien sehr gespannt zu sein in der Erwartung der Waren aus dem kapitalistischen Ausland. Als ich mein Paket erblickte, war ich überwältigt von seiner Größe. Man konnte es kaum unter einem Arm halten. Der Posten überprüfte meinen Namen und die Paketaufschrift. Dann schnitt er die Verpackung auf und sagte: „Nu, wot, passmotrim!“ (Na, dann wollen wir mal sehen!) Rudi Eppe hatte meine Eltern bei seinem Besuch beraten, welche Dinge wir am nötigsten brauchten. Nun kamen die wunderbaren Schätze zum Vorschein: geräucherter Speck und Dauerwurst, Dosen mit Milch-, Ei- und Kaffeepulver, Zucker und Backwaren, alles keine leicht verderblichen Waren. Der Posten öffnete die Dosen nur vorsichtig, um hineinzuschauen. Er zerstörte nichts. Ich war ganz sprachlos über die liebevolle, umsichtige und fürsorgliche Auswahl des Inhalts. Auf dem Paketboden befanden sich noch kleinere, sehr nützliche Dinge, wie zum Beispiel ein Heftchen mit Näh- und Stopfnadeln. Bei dessen Anblick brach der Posten sein Schweigen: „Darf ich mirr klau'n ‘ne Nidl?“ fragte er mit den wenigen jiddischen Wortbrocken, die ihm zu Gebote standen. Ich war gerührt von der freundlichen und rücksichtsvollen Art seiner Paketkontrolle und von seiner sehr bescheidenen Frage und gab ihm eine solide Stopfnadel, die er sich an die Brusttasche seiner Gymnastiorka, seines Uniformhemdes, steckte. Er half mir noch, den Inhalt wieder in dem Karton zu verstauen. Dann zog ich mich, reich beschenkt und sehr dankbar, auf unsere Stube zurück. Nun mußte ein Ort gefunden werden, wo man diese Kostbarkeiten am besten und sichersten aufbewahren konnte.

Während ich den Empfang des Paketes von meinen Eltern ohne einen Augenblick zu zögern mit meiner Unterschrift quittierte, verweigerte ich konsequent meine Unterschrift unter jede Lagerresolution, welcher Art auch immer sie gewesen war. Rudi Eppe und ich hatten uns schon zu Beginn unserer Freundschaft zu dieser absoluten Verweigerungshaltung fest entschlossen, und ich hielt sie auch während meiner letzten Monate durch, trotz der ständigen Versuche des NKWD, alle Kriegsgefangenen mit ihrer Unterschrift ihre prosowjetische Einstellung bekunden zu lassen. Um die gewünschten Unterschriften doch noch zu erhalten, wurden auch psychische Terrormethoden angewendet. Die Texte der sich häufenden Resolutionen wurden schließlich so formuliert, daß man durch ein offen deklariertes NEIN sich selbst als ein unverbesserlicher Sowjetfeind zu bekennen schien. Sie waren auf weißem Schreibpapier ausgefertigt. Stets war unterhalb der Resolution für jeden eine Extrazeile reserviert mit seinem Namen und seiner vollen Heimatadresse. Am Ende dieser Zeile war für seine persönliche Unterschrift genügend Platz gelassen. Trotz des ständig ausgeübten Druckes wurde immer wieder betont, daß es sich hier um eine freiwillige Abstimmung handele.

Sehr gut erinnere ich mich an unsere Märsche hinunter zum Steinbruch in den klaren, winterlichen Novembernächten 1949. Ich kann allerdings nicht mehr sagen, mit welchem Arbeitsauftrag sie verbunden waren. Über uns wölbte sich ein wunderbarer, ungetrübter Sternenhimmel. Eines Nachts erblickten wir einen rötlichen Schein hoch über uns. Rührte er von einer Feuerstelle her, die wir aber nirgends ausmachen konnten? Das Licht verstärkte sich immer mehr und dehnte sich bald über den ganzen nördlichen Himmel aus. Schließlich meinte einer, daß es sich wohl um ein Nordlicht handele. Es hatte sich inzwischen bis zu einem dunkelroten Licht gesteigert, wechselte aber seine Farbe nicht. Wir alle waren fasziniert von dieser herrlichen Erscheinung am ukrainischen Winterhimmel und konnten unsere Blicke nicht davon lösen. Sie trat auch in den folgenden Nächten wieder auf, wurde aber bald nicht mehr von allen mit der anfänglichen Begeisterung betrachtet.

Dagegen pflegten wir im Sommer bei den Märschen tagsüber unsere Blicke vornehmlich auf den Erdboden zu richten. Nicht, daß wir dabei mit irgendeinem Glücksfund in dieser kargen Landschaft rechneten. Wir achteten vielmehr insbesondere auf die verschiedenen Steppenkräuter am Wegesrand. Vor allem hielten wir Ausschau nach dem Wegerich, von dem wir wußten, daß man mit Kompressen aus seinen Blättern eitrige Schürfwunden am Fuß kurieren konnte, die bei vielen während der ungezählten Märsche immer wieder auftraten. Von den damals bei uns gebräuchlichen, oftmals laienhaft angewandten Kräuterheilmethoden ist mir eine in schlimmer Erinnerung geblieben. Auf einem Wiesengelände in der nahen Umgebung des Lagers wuchs besonders viel Wermut. Ich versprach einem an starkem Durchfall leidenden Kameraden im Lazarett, ihm ein paar dieser Kräuter mitzubringen. Ich selbst hatte sie schon mehrfach mit Erfolg verwendet. Zu dieser Zeit war ich tagsüber in der sowjetischen Garnison beschäftigt. Dort wurden für die Winterversorgung die Weißkohlvorräte geraspelt, die anschließend in eine Salzlauge kamen. Die Garnison befand sich in der Nähe unseres Lagers. Auf dem Weg dorthin, den ich allein und unbewacht zurücklegte, kam ich an besagtem Wiesengelände vorbei und pflückte auf dem Rückweg eine gute Handvoll der Wermutblätter. Mein Kamerad setzte von der gesamten Menge einen Aufguß an und trank ihn restlos aus. Das Ergebnis war niederschmetternd. Plötzlich konnte er nichts mehr sehen und blieb zunächst blind. Beide waren wir zutiefst erschrocken und voller Angst, und ich machte mir die schlimmsten Vorwürfe.

Der Transport der Bruchsteine auf Lastwagen vom Steinbruch bis zur Baustelle des Wolga-Don-Kanals war eine aufwendige Aktion. Man sprach von dem bevorstehenden Bau einer Stichbahnlinie zum Steinbruch. Zunächst sollte eine Telegraphenlinie errichtet werden. Gemeinsam mit einem anderen Plenni und einem russischen Zivilisten als Vorarbeiter wurde ich hier eingesetzt. Wir mußten die Löcher graben, in die die Telegraphenmasten eingesetzt werden sollten. In den Arbeitspausen kamen wir bald mit dem Russen ins Gespräch. Er schien ein deutliches Interesse zu haben, sich mit uns zu unterhalten. Zunächst war es eine Unterhaltung über Belanglosigkeiten. Nach einigen Tagen stellte er plötzlich ohne Umschweife die ganz direkte und völlig unerwartete Frage: „Wann werden die Amerikaner kommen?“ Meinte er diese Frage ehrlich? Oder wollte er uns in eine Falle locken? Wir wußten es nicht. Auf jeden Fall mußten wir eine politische Debatte mit ihm vermeiden, sprachen wir doch selbst untereinander nicht über solche riskanten Themen, wenn sie uns auch sehr beschäftigten, denn jeder wußte, wie gefährlich es war, irgendeine politische Meinung zu äußern. Mit einem kurzen: „Nje snajem!“ „Wir wissen es nicht!“ machten wir diesem Gespräch ein rasches Ende, vielleicht zur großen Enttäuschung des russischen Arbeitskameraden.

Eines Morgens fuhr ein Panjewagen ins Lager und hielt vor einer der Lagerbaracken. Kurt Hoppe und ich arbeiteten ganz in der Nähe. Der Kutscher schien für längere Zeit in den Lagerbetrieben beschäftigt zu sein. Hoppe war stets schnell entschlossen und hatte ein gutes Gespür für sich bietende Gelegenheiten, im Vorübergehen etwas Nützliches zu erspähen und es, wenn möglich, auch gleich mitzunehmen. Er war bei der berittenen Artillerie gewesen und war ein guter Pferdekenner. Der Anblick des unbewachten Panjepferdes veranlaßte ihn zu raschem Handeln: Ohne zu zögern, schnitt er ihm den Schwanz, der bis auf den Boden reichte, sauber und fachgerecht ab. Um dem Tier keinen Schmerz dabei zuzufügen, muß man am Schwanzstummel, an der sogenannten Rübe, entlangschneiden. Dank seiner Kenntnisse und einer Schere, die er bei sich hatte, konnte Hoppe sein Vorhaben ohne große Schwierigkeiten ausführen. Ich erinnere mich noch gut an den sonderbaren Anblick des derart entblößten Pferdehinterteils. Dann machten wir uns schnell und unentdeckt davon. Es war die letzte erzählenswerte Aktion, die ich im Lager Bogdanow miterlebte.

Im Lager Rostow am Don

Kurze Zeit später, etwa Anfang Dezember, wurde ein bedeutender Teil der hiesigen Gefangenen in einen Güterzug gesperrt und nach Rostow verfrachtet. Fast alle gehörten nach sowjetischer Diktion zur „Intelligenzia". Unter ihnen waren auch Fritz Ohly, Max Kühn und eine Reihe von Juristen. Wir erlebten das schrecklich deprimierende Gefühl, einem „Linkstransport" zugeteilt zu sein, d. h. in Richtung Osten transportiert zu werden. Im Gefangenenjargon hieß das: „Ab nach Sibirien!" Die schmalen Waggonfenster waren mit Stacheldraht abgesichert. An einigen Waggonenden hatte man über den Puffern Holzbohlen zu einer Art Plattform angebracht zur Postierung von Maschinengewehren und Bedienungssoldaten. Man wollte jeglichen Ausbruchsversuch unmöglich machen. Wir fragten uns, warum gerade bei diesem Transport eine erhöhte Ausbruchsgefahr bestehen sollte. Die NKWD-Funktionäre wußten wohl, warum sie so etwas befürchten mußten. Des Rätsels Lösung wurde uns im Lager Rostow bald deutlich. Dort befand sich ein Sowjettribunal zur Aburteilung von Kriegsgefangenen. Um die uns bevorstehenden Ereignisse wenigstens zunächst noch zu verheimlichen, wurden wir sofort nach unserer Ankunft verschiedenen Arbeitsbrigaden zugeteilt. Das Lager arbeitete ebenfalls für eine

Dreschmaschinenfabrik. Die hektische Arbeitsatmosphäre sollte die Aufmerksamkeit aller Neuankömmlinge in Anspruch nehmen. Ein ganz besonderes Ablenkungsmanöver aber wurde dadurch veranstaltet, daß für einen Teil der Lagerinsassen ein Heimkehrertransport organisiert wurde mit den üblichen propagandistischen Vorbereitungen. Trotz dieser Täuschungsmanöver hatten wir die anlaufende Schauprozeßinszenierung bald durchschaut, und jeder mußte sich sehr ernsthaft darauf einstellen. Aus unserer Gruppe wurden einzelne Kameraden schon kurz nach der Ankunft von dem Rostower Tribunal abgeurteilt. Uns wurde nun klar, daß dies der Grund für die verschärfte militärische Bewachung unseres „Linkstransportes" gewesen war.

Von den dramatischen Erlebnissen während der letzten Dezemberwochen im Lager Rostow sind mir vor allem Bilder von Abschiedsszenen auf dem Lagerhof und in den Unterkunftsräumen unvergeßlich geblieben, Szenen, die sich vor unser aller Augen abspielten. Da waren zum einen die von der Heimkehrerliste in allerletzter Minute wieder gestrichenen und in ihre Unterkünfte zurückkehrenden Gefangenen. Sie schwiegen und mühten sich, ihre Fassung zu bewahren. Vom höchsten Gipfel ihrer Hoffnung heruntergestoßen, mußten sie jeder für sich diesen schlimmen Tiefpunkt durchstehen. Da waren zum anderen die zu 25-jähriger Zwangsarbeit Verurteilten. Sie wurden nach der Gerichtsverhandlung von je zwei Posten an das Lagertor begleitet, wo sie anderen Wachtposten übergeben und in das Rostower Stadtgefängnis abgeführt wurden. Auf dem kurzen Weg zum Lagertor riefen sie ihren Kameraden, die alles von fern genau beobachteten, noch Abschiedsworte zu und resümierten die ihnen zudiktierte Strafe: „Zu 25 Jahren verurteilt, weil ich als Student der Medizin schon vor dem Kriege angeblich an den Kriegsvorbereitungen gegen die Sowjetunion beteiligt war." Alle Verurteilungen durch das Tribunal waren mit mehr oder weniger absurden Anschuldigungen dieser Art begründet. Die Tonart der letzten Mitteilungen unserer verurteilten Kameraden waren die des bittersten Galgenhumors oder eines traurigen Sarkasmus. Diese Szenen im Gefangenenlager Rostow ließen mich unwillkürlich an jenen Vers Dantes denken: „Lasciate ogni speranza, voi ch'entrate!", den ich auf der ersten Seite des Registerbuches der Lagerbanja in Charkow entdeckt hatte. Das Erstaunlichste an diesen sich sehr oft wiederholenden Szenen ist die Teilnahmslosigkeit, mit der die NKWD-Funktionäre solche laut über den Lagerhof gerufenen Mitteilungen zuließen. Diese und ähnliche Zurufe, in hilfloser Kürze von Gefangenen ausgestoßen, die soeben ihre Verurteilung zu 25 Jahren Zwangsarbeit vernommen hatten, waren Ausbrüche des Zornes und des Eifers.

Die sowjetischen Kriegsgerichtsurteile dürfen bislang nicht veröffentlicht werden. In diesem Zusammenhang kann man auf den Bericht „Gerichtsprozesse gegen Kriegsgefangene der deutschen Armee in der UdSSR 1943–1952“ des Moskauer Nikita Petrov verweisen. Dieser spricht davon, daß in der UdSSR „Verletzungen der Gesetze im Interesse der politischen Ziele eine grundsätzliche Einstellung darstellten“. Weiter heißt es: „Auch das außerordentlich stark politisierte Prozeßverfahren [...] hatte an sich nichts mit Recht zu tun. Aufgrund dieser Tatsache nahm die gerichtliche Verfolgung deutscher [...] und anderer Kriegsgefangener, die auf seiten Deutschlands und seiner Verbündeten gekämpft hatten, monströse Formen an.“ (Stefan Karner, Hrsg., „Gefangen in Rußland“, Bd.1 der Veröffentlichungen des Ludwig-Boltzmann-Instituts für Kriegsfolgen-Forschung, Graz, Wien, 2.Aufl., 1996, S.176)

Nach der Abfahrt eines ersten Heimkehrertransportes wurden bald die Vorbereitungen für einen weiteren begonnen, wiederum vermutlich, um von den weiterlaufenden Verurteilungen abzulenken. Immer mehr wurden zum NKWD kommandiert, was bedeutete, daß sie vor Gericht gestellt und verurteilt werden sollten. Die täglich neuen Aufregungen riefen bei mir eine gewisse Abstumpfung und Ermüdung hervor, vielleicht unbewußt als eine Art Selbstschutz. War das der Grund, daß ich nicht mitbekommen hatte, daß mein Name beim Verlesen einer neuen Zusatzliste zum Heimkehrertransport aufgerufen worden war? Erst die Kameraden auf unserer Stube informierten mich davon. Eigentlich hätte diese Nachricht ein Höchstmaß an Freude in mir auslösen müssen. Da ich aber durch die Erfahrungen anderer begriffen hatte, daß man bis zum Erreichen Westdeutschlands nicht sicher sein konnte, wirklich nach Hause zu kommen, verbot ich mir selbst Gefühlsregungen solcher Art, denn im Grunde war ich fest davon überzeugt, daß ich niemals aus der Gefangenschaft entlassen werden sollte.

Mein erster Weg führte mich zu dem Kameraden Fritz Ohly, dessen Bett sich oberhalb meiner Schlafstelle befand. Er hatte ebenfalls meinen Namen aufrufen hören. Ich blieb weiterhin unaufgeregt und überlegte in stoischer Ruhe, was jetzt alles zu erledigen sei. Zunächst wollte ich meine wenigen Habseligkeiten an die zurückbleibenden Kameraden verteilen.

Wer konnte meine Produktendosen, wer mein illegales Schnitzmesser gebrauchen? Unbedingt mußte ich noch einmal die auswendig gelernten Adressen der Freunde wiederholen. Wen sollte ich als den neuen Empfangsberechtigten für ein bald zu erwartendes Paket von zuhause benennen? Mein Wörterbuch erhielt Fritz Ohly, der so fleißig Russisch lernte. Meinen Seesack, den ich erst unlängst erworben hatte, gab ich Max Kühn, der ein geräumiges Behältnis zum Aufbewahren seiner Sachen gebrauchen konnte. Leider stellte ich erst ganz zuletzt fest, daß der Sack völlig verwanzt war. Man hätte ihn eigentlich verbrennen sollen.

Erst als ich in der Kleiderkammer mit neuer Hose und Jacke eingekleidet worden war, stellte sich zunehmend eine konkretere Hoffnung, nun doch nach Hause zu kommen, bei mir ein. Trotzdem beschäftigte mich vor allen Dingen der Gedanke, die Freunde zurücklassen zu müssen. Erst an zweiter Stelle kam die Freude über den Platz auf der Heimkehrerliste. Die Transportleitung drängte zur Eile. Dadurch verringerten sich die üblichen rituellen Vorbereitungen. Mir blieb nur wenig Zeit, mich von den Kameraden zu verabschieden, und das war auch gewiß besser so. Als nächstes war die unerläßliche und sehr gründliche Filzung durch mehrere Posten zu überstehen. Sie prüften alles, was wir an uns und bei uns hatten, vor allem die Kleidung. Die letzte, entscheidende Kontrolle war die Überprüfung aller Heimkehrernamen, für die wir uns einen beschleunigteren Ablauf gewünscht hätten. Aber unsere Namen wurden sehr langsam, deutlich und mit monotoner Stimme vorgelesen. Dafür hatten wir uns so aufstellen müssen, daß die Anfangsbuchstaben unserer Familiennamen der Reihenfolge des russischen Alphabets entsprachen. Damit auch ja kein Plenni, der nicht auf der Heimkehrerliste verzeichnet war, sich unbemerkt einreihen konnte, mußte jeder Aufgerufene einzeln vortreten und laut und deutlich nach russischer Manier seinen eigenen Vornamen rufen und den des Vaters hinzufügen. War das zur Zufriedenheit des verantwortlichen Offiziers geschehen, konnte er sich in die Kolonne der Heimkehrer einordnen. Jeder von uns wartete hinter seinem Vordermann ungeduldig und voller Spannung darauf, daß dessen Name endlich verlesen wurde. Danach mußte dann doch der eigene folgen, oder sollte er etwa ausgelassen werden? Mehrere Namen der angetretenen Heimkehrer waren bereits übergangen worden. Man hatte sie also in letzter Minute wieder von der Liste gestrichen. Während sie ihre unendlich große Enttäuschung kaum verbergen konnten, mußten sie beiseite treten, da schon der Nachfolgende in seiner übergroßen Ungeduld an diesen Platz aufrücken wollte.

Inzwischen hatte der sowjetische Offizier meinen Vordermann aufgerufen. Gleich waren die Namen mit dem russischen „S“ an der Reihe. Meine innere Anspannung hatte sich bis auf das äußerste Maß gesteigert. Mit unbeteiligter, monotoner Stimme verlas der Offizier den nächsten Namen, der aber mit dem russischen „I“, dem im Alphabet folgenden Buschstaben begann. Ich war wie vor den Kopf gestoßen. Ich wollte laut dagegen protestieren, daß mein Name übergangen worden war. Doch die Kehle war mir wie zugeschnürt. Ich schaute mich im Kreise um. Aber niemand schien meine Erregung zu bemerken. Jeder war allein mit sich und seinem eigenen Schicksal beschäftigt. Ich mußte, wie schon manch anderer Kamerad vor mir, aus der Reihe treten und meinem Hintermann den Platz überlassen. Dieser eine Schritt bedeutete das Zurück in die Misere des Gefangenenlebens, die Zerstörung einer gerade eben erst wiedererwachten Hoffnung. Er führte mich zurück in die alte Resignation, bewirkte aber keinen völligen moralischen Zusammenbruch bei mir. Wie oft hatte ich mir eine solche Szene ausgemalt, wie ich sie jetzt wirklich durchleben mußte. In diesem trostlosen Zustand trat ich zu meinen Schicksalsgenossen, die gerade die gleiche bittere Enttäuschung erlebten. Wir verharrten wie versteinert, bis das laute Kommando „Schagom marsch!“ „Im Gleichschritt marsch!“ ertönte und die Heimkehrerkolonne sich zum Bahnhof Rostow in Marsch setzte.

Bei der Rückkehr und Wiedereingliederung in das Heer der Lagerinsassen erhielt ich von den hier zurückgelassenen Freunden meine nun wieder dringend benötigten Gefangenenutensilien zurück, ein deprimierender und sehr schmerzlicher Augenblick.

An den weiteren Verlauf dieses so traurigen Tages kann ich mich nicht mehr erinnern. Die Zermürbungstechnik des NKWD hatte bei mir eine innere Erstarrung und Lähmung bewirkt. So weiß ich auch nicht mehr, ob ich dieser eben beschriebenen Selektionsszene noch weitere Male ausgesetzt worden war. Schließlich erging ein erneuter und für mich letzter Aufruf an eine kleine Gruppe. Die ganze Prozedur mit ihrem Psychoterror verlief auf gleiche Weise wie beim ersten Mal. Es war kurz vor Weihnachten 1949, als wir endlich im Entlassungszug saßen und Rostow verließen.

Auf dem Heimweg

Nun rollten wir in unserem Güterwaggon, diesmal ohne Bewachung, gen Westen, der Heimat entgegen. Nur ein sowjetischer Offizier begleitete uns als Verantwortlicher des Transportes. Wir vermochten es noch nicht recht zu glauben. Die Gefangenschaft war in uns und um uns herum noch allzu lebendig. Davon konnte man sich nicht so schnell freimachen, wenn man es auch wollte. Auch lastete auf vielen von uns noch immer die Angst, man könnte plötzlich aus dem Zug herausgeholt und wieder zurückgeschickt werden. Dieser Alptraum begleitete uns nicht nur während des langen Transportes durch die Sowjetunion, sondern quälte nachts viele ehemalige Kriegsgefangene noch jahrelang nach ihrer Heimkehr.

Während der Fahrt blieb die Schiebetür unseres Waggons weit geöffnet. Auch das war ein Zeichen dafür, daß wir nun nicht mehr als Gefangene galten. Wenn der Zug unterwegs in Bahnhofsnähe hielt, verließen viele Kameraden ihren Wagen und versuchten, sich von den ihnen verbliebenen Rubeln etwas Eßbares zu kaufen. Ich ließ mich zu derartigen Exkursionen nicht verleiten. Die Angst, der Zug könnte plötzlich ohne mich weiterfahren, hielt mich zurück. Der Leichtsinn mancher ging sogar so weit, daß sie unter den Wagen eines auf dem Nebengleis haltenden Zuges hindurchkrochen. Als dann dieser Zug plötzlich anfuhr, ohne ein Signal zu geben, wurde einer dieser Männer überrollt und war sofort tot.

Während der ersten Reiseetappe saß ein mir unbekannter, sehr redseliger Kamerad neben mir an der Waggontür. Er erzählte aus dem unerschöpflichen Vorrat seiner Gefangenschaftserlebnisse. Gewarnt durch die negativen Erfahrungen meines Freundes H. Flohr, schwieg ich zu allem, was er sagte und zwang mich die ganze Zeit über zu dieser ungeselligen Verhaltensweise.

Endlich rollte unser Transport in den Bahnhof von Brest, der russisch-polnischen Grenzstation, ein. Hier sollten wir in einen Zug mit europäischer Spurweite umgeladen werden. Nachdem wir ausgestiegen waren, mußten wir uns aufstellen, um eine Dankadresse an den Genossen Stalin anzuhören. Noch einmal ergriff ein sowjetischer Politinstrukteur des Wort und wiederholte vor uns den unvermeidlichen, in der Gefangenschaft so oft angehörten Superlativ: „Stalin ssami mudri tschelowjek w mirje!“ „Stalin ist der weiseste Mensch des Erdballs!“ Schweigend und ohne jeden Beifall ließen wir die Ansprache über uns ergehen und verbargen nur mühsam unsere Ungeduld. Wir wollten endlich nach Hause!

Während der Fahrt durch Polen fiel mir auf, wieviel kleiner und enger zusammengedrängt hier alles im Vergleich zu den fast unendlichen russischen Weiten war. Wir mußten uns erst wieder an die beschränkteren westlichen Raumverhältnisse gewöhnen. Die Kommentare zu dem, was rechts und links der Strecke zu sehen war, wurden jetzt zunehmend lebhafter. Dann rollte der Zug schließlich ganz langsam über die Oderbrücke bei Frankfurt, als wollte uns der Lokführer Gelegenheit geben, diesen so lang ersehnten Augenblick ganz intensiv zu erleben. In Frankfurt verließen wir den Zug und passierten eine Kontrollstelle der DDR. Jeder von uns erhielt seinen Entlassungsschein und 40 Mark Entlassungsgeld in ostdeutscher Währung. Jetzt endlich konnten wir unsere Angehörigen benachrichtigen. In der Baracke war eine Poststelle eingerichtet. Ich gab ein Telegramm an meine Eltern auf mit der kurzen Mitteilung: „Komme! Klaus". Alles andere konnten wir uns bald persönlich erzählen. Nachdem ich bezahlt hatte, gab ich das übrige Geld einem Kameraden, der in der DDR zu Hause war. Im westdeutschen Friedland würde mir schon weitergeholfen werden.

In Frankfurt übernachteten wir zum ersten Mal wieder auf deutschem Boden. Am nächsten Tag fuhren wir in einem Personenzug der Deutschen Reichsbahn nach Nordhausen am Harz. Hier, unweit der Grenze, die uns noch von Westdeutschland trennte, verbrachten wir die letzte Nacht, die Silvesternacht 49/50, in einem Schulgebäude. Man hatte sogar ein Unterhaltungsprogramm organisiert, an dem aber die meisten von uns gar nicht interessiert waren.

Den Weg bis zur Grenze gingen wir am Morgen zu Fuß, begleitet von Nordhauser Bürgern, die uns mit ihren Bollerwagen helfen wollten, unsere Gepäckstücke zu transportieren. Aber wir hatten nicht viel zu tragen. An der Grenze mußten wir noch einmal an einem Zivilisten vorbeischreiten, der kritisch unsere Entlassungsscheine überprüfte. Niemand wurde aussortiert. Wir durften alle die Grenze passieren. Endlich, endlich waren wir frei! Statt ein lautes Freudengeheul anzustimmen, warfen wir unsere russischen Pelzmützen in die Luft, von denen einige an den Zweigen der Chausseebäume hängen blieben. Mochten doch diese Zeichen unserer Plennikleidung wie tote Blätter im Winde baumeln. Uns hatte der 1. Januar 1950 zu neuem Leben erweckt.

Nachwort

Und zu guter Letzt komme ich noch einmal an den Anfang zurück. Was vor fast 50 Jahren meinem Vater nicht gelang, das hat Herr Dr. Friedrich Korte aus Bielefeld mit seinem Spürsinn und seiner Überzeugungskraft erreicht: Er nahm zunächst telefonisch Kontakt mit mir auf und hat während eines anschließenden Besuches meinen noch nicht erloschenen Widerstand gegen ein Heraustreten aus der Anonymität beseitigt. Das Gespräch mit ihm hat mir den Mut gegeben, meine Erinnerungen niederzuschreiben. Der vorliegende Text ist eine überarbeitete Fassung. Meine liebe Frau Elisabeth hat mir bei der Redaktion des Textes sehr fleißig und wirksam geholfen.

Frau Professor Dr. Ruth E. Mohrmann und Herr Professor Dr. Dietmar Sauermann von der Volkskundlichen Kommission für Westfalen-Lippe in Münster haben die Publikation dieses Erinnerungs- und Dokumentationsbandes möglich gemacht. Gemeinsam mit Frau Dr. Ursula Heckel vom Waxmann Verlag in Münster haben sie entschieden, ihn als Band 2 in die Reihe „Rückblick“ aufzunehmen. Den Anstoß dazu gab Herr Dr. Ernst Helmut Segschneider vom Kulturgeschichtlichen Museum in Osnabrück, der schon die Ausstellung der hier veröffentlichten Fotos in seinem Hause im Juli und August dieses Jahres vorbereitet und durchgeführt hat. Bei der Realisierung dieses Buches hat er mich von Anfang an mit Rat und Tat begleitet.

Allen hier genannten Personen und Institutionen gilt mein sehr herzlicher Dank!

Hamburg, im Oktober 1999
Klaus Sasse

Bildteil

Einführung

Die nachfolgenden Kommentare zu den Abbildungen sind in Zusammenarbeit von Dr. Sasse, Dr. Korte und Dr. Segschneider erstellt und formuliert worden. Insgesamt mußten sie aus Platzgründen noch einmal gekürzt werden. Zusätzliche Kommentare und Literaturhinweise, gekennzeichnet durch ein *, am Ende der Bildlegenden, schließen sich in den „Anmerkungen zum Abbildungsteil" an.

Für die Abfassung der Kommentare wurden nicht nur die hier wiedergegebenen 84 Fotos von Klaus Sasse benutzt, sondern alle in Königsberg und in russischer Kriegsgefangenschaft heimlich aufgenommenen Fotos. Es wurden ferner Sasses Erläuterungen auf Tonbändern, besprochen im Juni 1997, zu Grunde gelegt. Sie wurden von Dr. Segschneider aufgenommen und schriftlich niedergelegt. Im April 1998 hat Dr. Sasse zusätzlich einen Kurzkommentar zu von ihm ausgesuchten 108 Fotos schriftlich vorgelegt. Aus Platzgründen mußte diese Auswahl der wichtigeren Fotos noch einmal reduziert werden, und zwar auf 84. Sie wurde andererseits erweitert um Fotos zum Lager Jelabuga aus russischen Archiven, die besonders geeignet sind, die Sasse-Fotos zu ergänzen und die Situation in Jelabuga zu erhellen.

Selbstverständlich wurden für diese Kommentare auch Sasses hier abgedruckte „Erinnerungen" (so hier zitiert): „In sowjetischer Kriegsgefangenschaft 9. 4. 45 – 1. 1. 1950" (Das Manuskript hat Sasse 1998 in Hamburg fertiggestellt und im November desselben Jahres überarbeitet) herangezogen. Zur Datierung einzelner Fotos wurden auch Angaben verwendet, die Sasse in den fünfziger Jahren maschinenschriftlich gegenüber Bestellern seiner Fotos gemacht hat. Als prominentester mag Henry Nannen genannt werden. Die meisten Bilder gingen aber an Mitgefangene aus Jelabuga, denen die Fotos zum Selbstkostenpreis zugesandt wurden. Die Mitgefangenen wollten ihre Erinnerungen aus der Kriegsgefangenschaft vermutlich mit Hilfe der Fotos von Klaus Sasse, die durch den „Stern" bekannt geworden waren, konkretisieren und sichern. Schließlich sind in diese Kommentare auch Berichte, Zitate und Angaben aus den „Erinnerungen 1944–48" zu Jelabuga des verstorbenen Bielefelders Peter Wiegmann eingegangen, die etwa 1950 niedergeschrieben wurden und eine Reihe frischerer, z.T. emotionalerer Eindrücke wiedergeben.

Sie erlauben – zusammen mit den zweifellos genauen Darstellungen Sasses – dem Historiker wie dem historisch interessierten Betrachter Einsichten und Fragestellungen auch über die Kriegsgefangenschaft hinaus, nämlich welche Rolle unser Erinnerungsvermögen, aber auch eine distanzierte Verarbeitung des Erlebten und welche Rolle das Urteilsvermögen bzw. Vorurteile bei einer zeitlichen Differenz von 50 Jahren spielen (vgl. Erfahrungen und methodische Verfahrensweisen von Ernst Helmut Segschneider: Jahre im Abseits, Erinnerungen an die Kriegsgefangenschaft, Bramsche 1991, S. 12).

Betrachtet man rückblickend die zeitintensive Arbeit an den Kommentaren (und zwar an Sasses mündlichem Tonband-Kommentar, dem späteren schriftlichen Kurz-Kommentar, den Notizen aus den fünfziger Jahren, den ausformulierten „Erinnerungen" sowie Sasses Erläuterungen in Gesprächen), so wird deutlich: In erster Linie ist es den Fotos zu verdanken, daß die Erinnerung so produktiv war, daß sich Klaus Sasse bei der gemeinsamen Arbeit immer wieder an vergessen geglaubte Details erinnerte und so das Gesamtbild immer mehr vervollständigt werden konnte.

1
Königsberg, am 6. April 1945, drei Tage vor der Kapitulation der „Festung“ (9. 4.). Blick von der Universität. Die Rauchwolken der brennenden Stadt lassen das Schloß nur schemenhaft erkennen. Links die Fassaden der Häuser des Paradeplatzes, wo der Bunker des Kommandanten General Lasch lag.*

2
Funker Hasenbeck und Unteroffizier Schupp versuchen, den Brand der Funkstelle ihrer Nachrichtenkompanie in der Krugstraße 8 zu löschen. Auch die Nachbarhäuser haben keine Dächer mehr. Leutnant Sasse hat seinen Funkern den Auftrag gegeben, brennbare Holzreste vom Dach zu entfernen, bevor sie bei weiteren Beschießungen Schaden anrichten könnten.

3
Erste Aufnahme mit der „Minox Riga 38" in der Kriegsgefangenschaft – noch in Ostpreußen kurz nach dem 9. 4. 45, dem Tag der Kapitulation Königsbergs, auf dem Marsch vom ersten Auffanglager, dem Eisenbahnausbesserungswerk Ponarth, zum zweiten Auffanglager Stablack, aufgenommen von Sasses Offizierskameraden Heinz Wehner.

4
Auf dem Hof des Gutes Loyden bei Bartenstein in Ostpreußen. Die Selbstaufnahme zusammen mit seinem Offizierskameraden Arno Gotthart, entstanden zwischen dem 20. und 30.4.1945, dokumentiert, daß Sasse von Anfang an Vertraute in die Geheimhaltung und den Gebrauch seiner Minox bewußt einbezog, ungeachtet des Risikos.

5
Durchgangslager Loyden bei Bartenstein in Ostpreußen. Mit verborgen gehaltener Kamera aufgenommen. Sasse: Niemand hat das Fotografieren bemerkt oder beachtet. Er nennt die Tage zwischen dem 20. und 30. 4. 45 seine „depressive Phase“.

6
Klaus Sasse hat vom Hof des Gutes Loyden aus den Eingang dieses Durchgangslagers fotografiert. Der Posten öffnet das Tor für einen Pferdewagen, der Verpflegung bringt. Die sowjetische Wachbrigade ist außerhalb der Umzäunung in einem Möbelwagen untergebracht. Deutlich ist das Provisorische des Lagers zu erkennen.

7
Foto zwischen dem 1. und 10. 5. 45: Georgenburg bei Insterburg/Ostpreußen. Vor der Reithalle des Trakehnergestüts wurden zwei Leutnants aufgenommen, von denen der sich tiefer beugende Sasses Freund Jochen Mücke aus seiner Nachrichtenkompanie ist. Aus dem Fallrohr wird Regenwasser in einem Kochgeschirr aufgefangen. Rangabzeichen und Auszeichnungen (Eisernes Kreuz 1 und Infanterie-Sturmabzeichen) sind noch nicht abgelegt worden.

8
9. Mai 1945, am Tag nach der Kapitulation Deutschlands. Georgenburg/Ostpreußen, vor der Reithalle des Trakehnergestüts. Alle Offiziere hatten sich zu versammeln, um die Rede des deutschen Emigranten Wagner, Beauftragter des „Nationalkomitees Freies Deutschland", anzuhören. Er versuchte durch eine Auflistung von Annehmlichkeiten, die es in den Gefangenenlagern geben sollte, Beruhigung und Disziplin auf dem Transport in die Sowjetunion zu erwirken. Wagner trat in sowjetischer Uniform auf.*

9
Kurzer Halt auf freier Strecke während des Transportes mit unbekanntem Ziel, aufgenommen kurz vor dem Wiedereinstieg. Rechts im Bild Leutnant Riedel aus Sasses Kompanie. Er weiß offenbar von der Minox. Dauer des Transportes „gute zwei, zweieinhalb Wochen" bis Kasan, dann mit dem Wolgadampfer „Felix Dscherschinsky" bis Jelabuga (Tatarische Republik). *

10
Juni 1945: Appellplatz des „Klosterlagers" Jelabuga. Generalsdelegation aus Kasan. Vordere Reihe, Mitte: der Innenminister der Tatarischen Republik. Links: Gardeoberstleutnant Kudriaschow, der sowjetische Lagerkommandant, von den Kriegsgefangenen der „Gardebulle" genannt. Rechts dahinter das „Pumpenhäuschen", von wo durch Gefangene tags und nachts durch die Betätigung von großen Hebeln die Wasservorräte des Lagers aufgefüllt werden mußten. Vgl. die offizielle russische Aufnahme S. 271.

11
Jelabuga, Juni 1945: eine ebenfalls riskante Aufnahme in Richtung Lazarettgarten. Die Fahrzeuge des Innenministers und der sowjetischen Inspekteure aus Kasan stehen auf der Lagerstraße in Richtung Lagertor. Hinter dem Lazarettgarten und dem Lazarett rechts ist die Mauer des B-Lagers mit Wachturm und einem Posten darauf zu erkennen. Die Lagerleitung legte größten Wert auf die Pflege der Rabatten – nicht nur vor Kommissionierungen.

12
Jelabuga, Juni 1945: am Stacheldraht vor dem „Todesstreifen“. Arno Gotthart, Freund von Sasse, beim Schnitzen mit – nach Filzung aller Wertsachen und Werkzeuge – inzwischen besorgtem Schnitzmesser. Pfeifen, Bleistiftverlängerer und dergleichen waren beliebte Geschenke an Geburtstagen von Freunden. Die Haare sind aus hygienischen Gründen geschoren, aber bereits etwas nachgewachsen.

13
Jelabuga, Lazarettgarten des B-Lagers. Theateraufführung einer Laienspielgruppe von Gogols „Revisor“ vor der Südwand der „Deutschlandhalle“. Großer Beifall der eingeladenen Kriegsgefangenen. Die Bemühungen um ein Bühnenbild mit Bettwäsche ist zu beachten. Sasse konnte hier unbeobachtet fotografieren.

14
Jelabuga, Juli 1945: Waschanlage und Latrine „Onkel Dohms Hütte", genannt nach dem kriegsgefangenen Architekten J. Dohm, unter dessen Bauleitung diese Einrichtung tief in die Erde eingelassen wurde. Die langen Schatten der Gefangenen in der Wasch- und Duschanlage zeigen den frühen Morgen als Tageszeit an. Links von der Latrine Erdbunker als zusätzlicher Wohnraum für ein paar hundert Mann. Vgl. die offizielle russische Aufnahme S. 271.

15
Jelabuga, Juli 1945: Appellplatz neben der „Deutschlandhalle“, die von den Gefangenen selbst erbaut worden war. Die Bataillone der Gefangenen sind in Fünferreihen zum Zählappell angetreten. Dem deutschen Lagerältesten und dem russischen Tagesoffizier wird gemeldet. Erst danach folgte die für die Gefangenen zeitaufwendige und entnervende, im Winter durch Zusammenbrüche oft verlustreiche Zählung durch russische Wachsoldaten. Die „Deutschlandhalle“ war mit rund 500 Gefangenen überbelegt.

16
Jelabuga, Sommer 1945: Foto aufgenommen von Sasses Freund Arno Gotthart. Im Vordergrund Klaus Sasse bei der Lektüre in der sogenannten „Gesprächsecke“, dem Treffpunkt von Diskussionsgruppen, besonders des theologischen Gesprächskreises von Pastor Dr. Schlemmer, einem schattigen Platz nahe dem „Club“ im Block IV, wo trotz des Antifa-Sitzes „so mutig gesprochen wurde“. *

17
Jelabuga, Sommer 1945: Ein Foto mit großem Risiko für den Fotografen. Sasse nennt es „Letztes Geleit bis ans Lagertor“. Folgendes war vorausgegangen: „Beim Rückmarsch des Holzkommandos sagte einer der russischen Posten zum Leutnant Führer, er sollte doch mal dahinten an den Waldrand gehen. Ich weiß nicht, zu welcher Besorgung. Als der Leutnant dorthin lief, hat der Posten seine Maschinenpistole genommen und den Gefangenen einfach erschossen. Das hat natürlich eine große Empörung im Lager erweckt.“ Der Augenzeugen-Bericht ist in Sasses Erinnerungen S. 68 wiedergegeben.*

18
Jelabuga, Sommer 1945: „Lagermeeting" – Versammlung aller kriegsgefangenen Offiziere vor der „Deutschlandhalle", um eine einstimmige „Willensäußerung" zur Wiedergutmachung, d.h. zur Beseitigung aller Kriegsschäden durch „freiwilligen" Arbeitseinsatz der nicht zur Arbeit verpflichteten Offiziere zu erzielen. Es sprachen mehrere Offiziere der Antifa. Dann erfolgte die Annahme der Resolution mit 100% und keine Meldung auf die Frage nach Gegenstimmen. Die wirkliche Einstellung der kriegsgefangenen Offiziere war unterschiedlich. *

19
Jelabuga, August 1945: Foto aufgenommen unmittelbar nach dem „Lagermeeting“, nachmittags. Sasses Schwanken zwischen Gutgläubigkeit und Vorsicht beim Fotografieren charakterisieren gut seine Äußerungen zu diesem Foto: „Es passierte ja im Laufe des Fotografierens öfter, daß ich Freunden sagte: ‚Ihr wißt ja, daß ich eine Kamera bei mir habe, schweigt darüber, erzählt das bitte nicht weiter, aber ich will Euch die Gelegenheit geben, mit auf so ein Bild zu kommen…‘. Es waren im Grunde nur wenige, die ich eingeweiht habe.“
Links stehend Helmut Kunath, Sasses Kompaniechef; durch die Tür kommt der ev. Pfarrer Laake aus Renntweinsdorf bei Bamberg.

20
Jelabuga, August 1945: Pastor Schlemmers theologischer Zirkel vor dem Pumpenhaus in der „Gesprächsecke". Überwiegend Theologen. Distanz zum nationalsozialistischen Deutschland. Personen: Links Schlemmer, ev. Theologe aus Tübingen, spricht. Hauptmann Schiwek ohne Kopfbedeckung. Rechts neben ihm Gerloff, beide Pastoren. Schlemmer sei aus der reformpädagogischen Bewegung hervorgegangen und habe, so Sasse, „die politische Erneuerung Deutschlands, das jetzt nach dem verlorenen Krieg zu einem Neuanfang kommen mußte", gewollt.

21
Jelabuga, Sommer 1945: das Holzkommando; Rückkehr der „Waldläufer“ vom Arbeitsplatz, der 15 bis 20 km vom Lager entfernt war. Nach der Frühsuppe „strömten die langen Kolonnen der Arbeitsbrigaden über den Appellplatz. Am Nordende des Lagers vor der Bäckerei stellten sie sich in Zugordnung paarweise an die Zugknüppel und warteten auf das Abmarschkommando“. Brigadiere verdankten ihren Posten teils ihrer beruflichen Qualifikation, teils aber auch ihrer Antifa-Mitgliedschaft.*

22
Jelabuga, Sommer 1945: Der Königsberger Botanik-Professor Mothes hält eine Vorlesung. Die Organisation dieser Veranstaltung hatte die deutsche Lagerleitung. Der Kriegsgefangene vorn links trägt ein Pflaster aus Gazestoff im Nacken. Er wird vermutlich mit Ichthiolsalbe gegen Furunkulose behandelt worden sein. Solche Motive der Lagerrealität wären auf von sowjetischer Seite veröffentlichten offiziellen Fotos undenkbar gewesen.*

23
Auf dem Marsch ins Waldlager Kosyltau bei Jelabuga, am Südufer der Kama, einem „Strafzentrum der sowjetischen Justiz“ und „Verbanntendorf“ im Wald. Unter den Kriegsgefangenen hatte sich der Name „Todeslager“ etabliert. Zum Glück hat Sasse dort nur vier Wochen zugebracht, da er schon als Dystrophiker angekommen war. Dystrophie ist eine durch unzureichende und einseitige Ernährung hervorgerufene Krankheit, die zum Tode führen kann. Klaus Sasse beschreibt die Situation treffend in seinen Erinnerungen S. 65f. und S. 74–79.

24
Jelabuga, Teillager Kosyltau, Herbst 1945: Arbeitsstelle am Ufer der Kama. In der Mitte des Stroms ein verankertes Floß, an das in den nächsten Arbeitstagen weitere Baumstämme befestigt werden mußten. Die Flöße wurden flußabwärts nach Jelabuga bewegt, wofür kleine Motorboote eingesetzt werden konnten. Klaus Sasse sitzt auf einem Gerüst für den Floßbau. Sein Freund Arno Gotthart hat ihn fotografiert.

25
Jelabuga-Kosyltau, Herbst 1945: Sasses Freund Arno Gotthart taucht zwei Wassereimer in den Fluß Kama, um anschließend das Wasser zur Banja des Waldlagers Kosyltau zu tragen. Dort wurden die Kessel mit Wasser aufgefüllt. Eine große Waschaktion wurde angeordnet, „weil das Waldlager ein halbes Jahr lang kein einziges Mal zum Benutzen der Banja dahingeführt wurde“. Jetzt aber stand eine „ärztliche Überprüfung“ bevor.

26
Jelabuga-Kosyltau, Herbst 1945: Arno Gotthart trägt zwei Eimer Wasser von der Kama in die Banja des Dorfes Kosyltau, „eine kleine Holzbude", zum Auffüllen der Kessel. Jeder von den „Plennis" (russische Bezeichnung für Kriegsgefangene) bekam bei dieser erstmaligen Bademöglichkeit nur eine Konservendose voll heißen Wassers für den ganzen Körper. Ein Lazarett gab es in Kosyltau nicht. Das war wohl der Grund, weshalb die „als Dystrophiker krankgeschriebenen Gefangenen aufgefordert wurden, nach Jelabuga zurückzumarschieren". Immerhin war das eine verantwortungsbewußte Entscheidung der Lagerleitung.

27
Jelabuga-Kosyltau, Sept. oder Okt. 1945: Floßbauplatz am Ufer der Kama. Die Brigade sitzt am Feuer, um sich in einer Arbeitspause zu wärmen. Das kleine Motorboot diente dem Bugsieren der Stämme bzw. Flöße. Bei dieser Arbeit ist es häufig zu tödlichen Unfällen gekommen.*

28
Jelabuga, Teillager Kosyltau, Herbst 1945: Floßbauplatz am Kamaufer. Kriegsgefangene bringen ihre Holzfuhre ans Ufer. Der lockere Ufersand erschwert das Ziehen. Während der Aufrechtgehende den Druck der Deichsel aushalten und lenken muß, gehen die Ziehenden in die Knie. Die Panjewagen waren für diesen Dienst nur wenig geeignet.*

29
Jelabuga, Teillager Kosyltau, Herbst 1945: Sasse fotografiert die „Waldläufer“ von Kosyltau auf dem Weg vom Einschlag der Bäume bis zum Kamaufer. Eine Zugbrigade rastet, die nächste zieht ihren Stamm auf einem vierrädrigen Karren über den Waldweg. Man erkennt deutlich die auch von Sasse beschriebene Einteilung der Brigade: ziehende Paare mit Steuermann. *

30
Die Zugpaare, die Sasse auf Abbildung 29 von außen fotografiert hat, sind hier aus der Perspektive des Steuermanns Sasse zu sehen und innerhalb der Zugbrigade aufgenommen. Die Anstrengung wird auf dem bereits durchfurchten Weg noch anschaulicher. Der Kriegsgefangene rechts trägt noch seine Offizierslederhose. Leder war ein begehrtes Tauschmaterial.
Kurt Tappert, dessen Name vermutlich ein Pseudonym ist (vgl. Eva Berthold, Einleitung zu „Kriegsgefangene im Osten“ S. 7), hat zu diesem Foto auf S. 94 interessante Erläuterungen notiert, die ihn m.E. als „Waldläufer“ ausweisen, auch wenn Klaus Sasse ihn nicht kennt bzw. sich nicht an ihn erinnern kann. Er hat, auch durch weitere intime Kenntnisse der Arbeits- und Lagerverhältnisse in Kosyltau und später in Selenodolsk, erheblich zum Verständnis der Fotos beigetragen. Auf der anderen Seite ist festzustellen, daß die vielen Aufnahmen aus der Sasse-Serie, die er kommentiert bzw. Berthold zur Verfügung gestellt hat, ohne Genehmigung von Klaus Sasse veröffentlicht wurden.
Kurt Tappert: „Diese Aufnahmen entstanden im September 1945 in der Nähe der Ortschaft Kosyltau. Wir arbeiteten im Wald und transportierten Holzstämme. Am Ufer der Kama arbeiteten die Floßbau-Komman-

dos. Beim Ziehen der Holzwagen hatten wir eine Methode ersonnen, um zu verhindern, daß der eine oder andere beim mühseligen Schleppen der Last durch den Schlamm es sich leichter machte. Wir hatten nämlich beobachtet, daß mancher seinen Strick nur spannte, aber nicht richtig mitzog. Also haben wir uns Draht besorgt und haben ihn an einem Holzknüppel befestigt – meistens waren es Birkenknüppel – und an so einem Knüppel zogen jeweils zwei Mann. Auf diese Weise merkte man sofort, wenn einer nicht mitzog."*

31
Jelabuga, Januar 1946: vor der Küche des A-Lagers, Kama-Lager, im Innenhof des ehemaligen Bischofspalastes. Sasse war zuvor aus dem Arbeitslager Kosyltau nach Jelabuga zurückgekommen, aber nicht ins Klosterlager, sondern ins Kama-Lager. Und so galt diesen Baumstämmen aus „seinem" Arbeitslager Kosyltau die besondere Aufmerksamkeit. Den Winter 1945/46 hat Sasse als extrem kalt in Erinnerung. *

32
Jelabuga, Januar 1946: erster Teil eines Panoramabildes. Der „Tatarenturm“ am Westende von Jelabuga, über dem Steilufer der Kama emporragend, war für die zum Lager zurückkehrenden Gefangenen das schon von ferne sichtbare erste Zeichen dieser Stadt. Die Bäume im Vordergrund standen bei Tauwetter im Wasser der Kama.

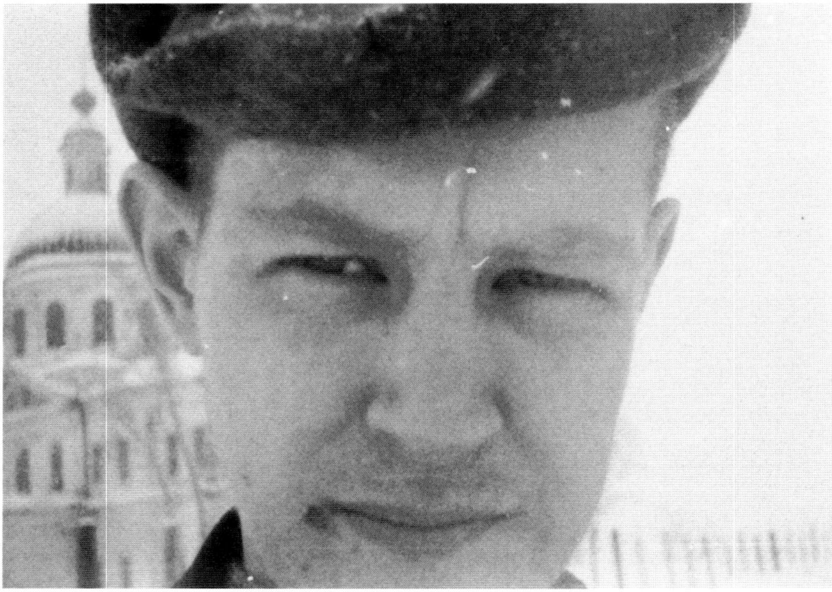

33
Jelabuga, Winter 1945/46: Klaus Sasse, Selbstportrait vor der östlichsten der drei Kirchen auf dem Höhenufer. „Man sieht hier auf meinem Foto die einzige noch erkennbare Spur der Bartflechte.“ Die Kirche wurde als Magazin für Vorräte benutzt. Diese Kirche hatte für die Kriegsgefangenen eine besondere Bedeutung: Kurz vor Weihnachten 1944 hatte es hier einen Hungerstreik der Gefangenen gegeben: „Kirchgang von Jelabuga“, vgl. S. 36, Anm. 26.

34
Jelabuga, März 1946: Blick aus dem A-Lager auf die Kamaebene von Block 1 aus. Dicht vor dem doppelten Stacheldrahtzaun mit Scheinwerfern und besetztem Wachtturm ist der Weg freigeschaufelt, damit die Wachen jederzeit leicht die Absperrung erreichen konnten.*

35
Jelabuga, Winter 1945/46: Blick in das A-Lager und auf die größte der drei Uferkirchen am Hang vor der Kamaebene. Sie diente damals der sowjetischen Garnison als Versammlungsraum. Das A-Lager wurde auch „Bischofslager“ genannt, wohl wegen des Bischofspalastes innerhalb des Lagergeländes und wegen der Nähe der drei Kirchen. Die Häuser links im Bild gehörten ebenfalls zum Lager. Im Haus links vor der Kirche, dem „Kulturhaus“, fanden von Gefangenen aufgeführte Musikveranstaltungen statt. *

36
Das Haus am linken Bildrand ragt in das vorangegangene Foto 35. Es handelt sich hier um „Handelshöfe, die mit einer gewissen Hofeinfassung noch erkennen ließen, wo früher die Waren untergebracht und abgeliefert wurden. Hier war eines der Häuser zur Banja umgenutzt worden, ein anderes zur Unterbringung von Gefangenen. Man sieht, wie die Schneeschmelze die jungen Bäume schon aus dem Schnee herausragen läßt.“ Nähere Beschreibung in Sasses Erinnerungen S. 80.

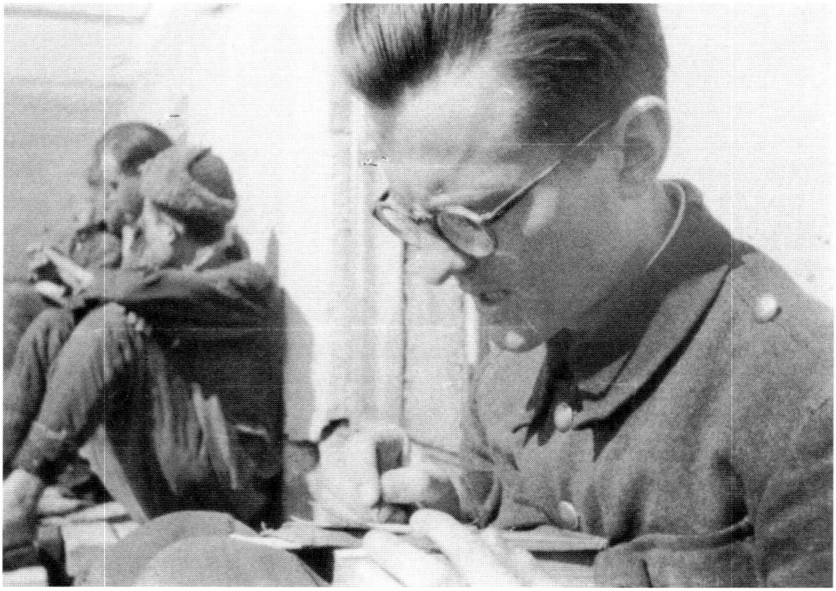

37
Jelabuga, Mai 1946: Der Kriegsgefangene Dr. Klaus Jung schreibt etwas mit einem offensichtlich sehr kurzen Bleistiftstummel. Im Regelfall war eine Sperrholzplatte das „Papier“. Hier aber scheint tatsächlich ein Stück Papier auf einer Unterlage zu liegen.

38
Jelabuga, Mai 1946: vor der vorderen Fassade des A-Lagers. Rechts der Eingang zum ehemaligen Bischofspalast. Sasse: „Eine Massenszene, die sich auf ähnliche Weise alle Monate wiederholte. In der Kriegsgefangenensprache wurde das ‚Großdawai' genannt. Das war eine Aktion zur Säuberung der Stuben. Alles Inventar wurde nach draußen getragen. Drinnen war dann Platz, um Fußboden und Wände zu säubern."

39
Jelabuga, im Mai 1946: auf dem Innenhof des A-Lagers. Die Gefangenen wärmen sich in der Sonne, während in ihren Stuben das große Reinemachen begonnen hat. Man kann hier gut erkennen, daß sie noch Uniformteile tragen – ein (nicht durchgängig praktiziertes) Privileg der Offiziere.

40
Jelabuga, im Mai 1946: Szene auf dem Innenhof von Block III während des „Großdawai“. Sasse wird beim Fotografieren offensichtlich von Kameraden beobachtet (siehe unten rechts). Der stehende Gefangene will mit einem Brillenglas, das er als Brennglas benutzt, seine Zigarette anzünden.*

41
Jelabuga, 16. 05. 46: Frühmorgens warten rund 500 Kriegsgefangene auf das Schiff, das gerade angelegt hat und das sie auf der Kama nach Kasan (Hauptstadt der Tatarenrepublik) bringen wird. Von dort aus ging es weiter zum Furnierlager Selenodolsk, einem Teillager Jelabugas.
Sasse: „Die meisten hatten Strohsäcke, eine Errungenschaft. Vorher hatten wir auf nackten Holzplanken liegen müssen.“ *

42
Jelabuga, 16. 05. 46: Über den Schiffsanleger gehen die Gefangenen im Gänsemarsch, in den Händen Strohsack oder Beutel, in denen sie ihre Sachen trugen. „Der oben sichtbare Gebäudeteil gehört zum Anleger. Die Reise auf dem Kamadampfer nach Kasan dauerte eine Nacht.“

43
Auf dem Bahngelände von Kasan am 17. 05. 46: Die Gefangenen hatten den Kamadampfer verlassen. Stunden später brachte sie ein Zug nach Selenodolsk, „Grüntal“ in der Sprache der deutschen Gefangenen. Selenodolsk, eine Industriestadt, lag etwa 50 km weiter westlich am Übergang der Transsibirischen Eisenbahn über die Wolga.

44
Kasan am 17. 05. 46: Die Gefangenen marschieren in Kolonne unter sowjetischer Bewachung durch die Stadt. Die Postenreihe der Wachmannschaft ist weit auseinandergezogen. Fluchtgefahr bestand nicht. Sasse hielt seine Minox „in Bauchhöhe"; die Aufnahme ist deshalb verwackelt.

45
Kasan am 17. 05. 46: mitten im Kasan der Nachkriegszeit. Schnappschuß von einer der Straßenbahnen, den die aufmerksame Chauffeurin bemerkt zu haben scheint.

46
Kasan am 17. 05. 46: Fahrdamm an der Wolga mit dem Blick auf den Kreml von Kasan und die Altstadt. Links zwei russische Posten, rechts angeschnitten Sasses Vordermann mit seinem Gepäck.

47
Kasan am 17. 05. 46: Marsch der Kriegsgefangenen durch die Innenstadt Kasans. In der Bildmitte sieht man den russischen Posten auf ungepflastertem, unebenem und vom Regen aufgeweichtem Gelände. Gut zu erkennen bei einem der Vordermänner das Kochgeschirr, der wichtigste Begleiter des Kriegsgefangenen.

48
Mai 1946: Kasan. Marsch der hier nicht sichtbaren deutschen Kriegsgefangenen durch die Innenstadt. Mitte rechts der russische Posten, der die Kolonne begleitete. Unter den Fahrzeugen ist ein Panzerwrack zu erkennen. Der unbefestigte Platz war nach der Schneeschmelze aufgeweicht.

49
Selenodolsk, Teillager Jelabugas, am 18. 05. 46: In der Nähe des Bahnhofs, im Hintergrund der Wasserturm. Sasse: „Ich hab mich da niedergekniet und in Schuhhöhe ein Bild auf die an der Seite stehenden russischen Zuschauer, die die Plennis mal vom Nahen betrachten wollten, gemacht." Ein angetrunkener Russe wollte die Gefangenen angreifen. Die Szene eskalierte, bis schließlich der russische Posten den Angreifer außer Gefecht setzte. *

50
Bahnhofsgelände Selenodolsk am 18.05.46: Nicht wenige neugierige, z.T. barfüßige russische Frauen und Mädchen kommen aus ihren Güterwagen vom Nachbargleis eines rangierenden Transportzuges. Da sie wohl keine direkte Bewachung hatten, kamen sie näher, konnten sich aber nur wenig mit den Kriegsgefangenen verständigen, „während wir regungslos sitzenblieben". *

51
Furnierlager III in Selenodolsk, Ende Mai 1946: Aus entästeten Stämmen wurde Sperrholz hergestellt, und zwar aus den auf Normlänge (1,20 m oder 1,40 m) gekürzten Stämmen. Nach dem Schneiden wurden die Holzschichten mit aus Kasein hergestelltem Holzleim zusammengefügt, gepreßt, getrocknet und auf gewünschte Normen von Sperrholzplatten zersägt. Eine der damals größten Sperrholzfabriken der SU, 1928 von amerikanischen Fachkräften errichtet.*

52
Innenhof des Furnierlagers III, Selenodolsk, Juni 1946: Im Hintergrund ein Palisadenzaun mit nur knapp sichtbarem Wachtturm. Szene während der Mittagspause. „Der Arno Gotthart stopft sich, so scheint mir, eine Pfeife aus seinem Tabakbeutel.“*

53
Innenhof des Furnierlagers III in Selenodolsk, Anfang Juni 1946: Sasse: „Ich hatte ein großes Spiegelglas entdeckt, das an einer Barackenwand lehnte. Im Sichtschutz von Arno Gotthart neben mir machte ich eine Aufnahme meines Spiegelbildes. Gotthart sind offenbar zum Schutz gegen Kopfläuse die Haare wieder abrasiert worden." Dies ist das einzige Foto, auf dem Sasse als Fotografierender und seine „Minox Riga 38" festgehalten sind.

54
Selenodolsk, August 1946: Das Foto bietet einen Blick vom „Spezialhospital“ Nr. 3656 über das tiefer gelegene Furnierlager (500 m entfernt) und über die Stadt Selenodolsk auf die Wolga und den Steilhang am Südufer. Sasse hatte sich an der Kippsäge verletzt und wurde für vier Wochen ins Hospital eingeliefert.

55
Im „Spezialhospital Selenodolsk 3656“. Sasse: „Wegen einer Gesichtsrose mußte ich isoliert werden. Ich trage die typische Hospitalkleidung.“ Ein Nesselhemd ist sichtbar, dessen Ausschnitt mit zwei Bändern zusammengebunden werden konnte. Die vielen Selbstportraits in diesen Tagen führt Sasse auf die Hoffnung zurück, als Dystrophiker nach Hause entlassen zu werden. Er wollte vorher den Rest seiner Filme verknipsen. Diese Hoffnung erwies sich als Illusion.

56
Im Isolator des Spezialhospitals Selenodolsk, August 1946: Sasse fotografierte einen Bettnachbarn aus Syke bei Bremen, „den ich einweihte und bat, er solle sich ein bißchen hochrichten." Auch er war Dystrophiker, hat aber ebenfalls die Gefangenschaft überstanden.*
Nach Friedhelm Ronig (vgl. S. 27, Anm. 9 und S. 33, Anm. 21 von Korte) handelt es sich um Hptm. Baumgart, Lehrersohn aus Kassel, mit dem Ronig auf einer Stube gelegen hat. Bei einem Ausbruchsversuch im Silikatlager in Kasan sei er erschossen worden.
Zu diesem Foto hat Frau Elisabeth Geißler, Wuppertal, der Ausstellung „Kennst Du Jelabuga?" ein Ölbild zur Verfügung gestellt, das ihr 1963 verstorbener Mann, Dr. Werner Niel, im Jahre 1960 in Erinnerung an seinen Aufenthalt im Spezialhospital Selenodolsk gemalt hat. (Besitz von Frau Niel; derzeit im Bestand der Ausstellung des Kulturgeschichtlichen Museums Osnabrück zwecks Wanderausstellung.)

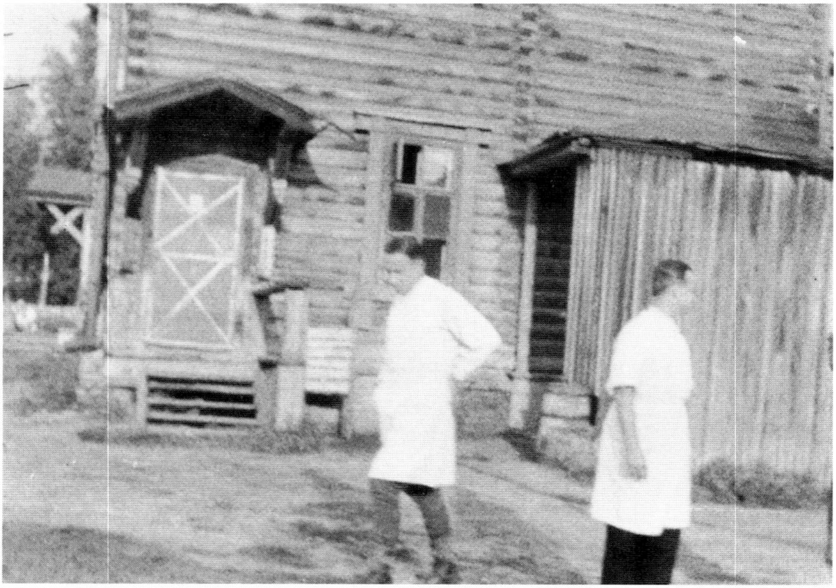

57
Spezialhospital Selenodolsk, August 1946: Links der Zahnarzt Dr. Lahmann, rechts der Chirurg Dr. Groß (s. Kommentar zu Abb. 58, S. 241 und Anm. 21, S. 33 des Aufsatzes von Korte) vor dem Eingang des Hospitals. Die offene Tür rechts führt zur Wäscherei, in der Sasse zeitweise gearbeitet hat. Sasse: „Dem Dr. Groß hatte ich von meiner Minox erzählt und ihm angeboten, die letzten Aufnahmen des Films, der sich in der Kamera befand, von ihm und seinem Kollegen zu machen; er würde dann den abgeknipsten Film irgendeinem Heimkehrer mit nach Deutschland geben." So geschah es, das Versteck war eine Prothese.

58
Spezialhospital Selenodolsk, August 1946: die beiden deutschen Lagerärzte Dr. Lahmann (links) und Dr. Groß (nach Darstellung von Friedhelm Ronig, Hans-Jürgen Otte und Christoph Schulz: ein jüngerer Arzt) in der Nähe des Hospitals. Sie wissen, daß sie von Sasse fotografiert werden. Am heimlichen Transfer der belichteten Filme waren sie aktiv beteiligt.
Überträger der drei ersten Negativfilme, die am 11. 8. 1946 von Selenodolsk mit dem ersten Heimkehrer-Transport aus dem Bereich Jelabuga/Kasau nach Westen gebracht wurden, war Ltn. d. Res. Heinrich Stöhr, Berlin, der ein amputiertes Bein und eine Bein-Prothese hatte (nach Horst Zank, Bonn, und Hans-Ludwig von Stockhausen, Treudelburg). Vgl. S. 33 Anm. 21 und 22 des Beitrages von Korte in diesem Band.

59
Spezialhospital Selenodolsk, August 1946: Der Mitgefangene Hochfeld hat, „in seiner Aufregung, die verständlich ist, den Apparat beim Knipsen zu hoch gerissen, so daß hier nur mein Kopf zu sehen ist, aber dafür etwas mehr von der Fassade des Hospitals. Man sieht, daß von den Fenstern der größte Teil mit Sperrholz vernagelt ist.“

60
Spezialhospital Selenodolsk, 11.08.46: Der erste Heimkehrertransport aus dem Bereich der Kriegsgefangenen-Lager Kasan/Jelabuga kommt tatsächlich zustande. Eine Krankenschwester (links im Bild) hat die überwiegend Kranken unter den Heimkehrern bzw. Dystrophiker bis zum Bahnhof Selenodolsk begleitet. Sasse kommt nicht mit, genausowenig wie der Kriegsgefangene in Nesselhemd- und hose rechts im Bild, der durch eine neue Liste oder durch Streichung von der vorher gültigen Liste wieder ausgemustert worden ist. Aber die drei ersten Filme zu je 50 Aufnahmen von Sasse werden nach Deutschland gebracht und bei seiner Mutter in Hamburg abgegeben. Sasse hatte erstmals Ärzte, den Chirurgen Dr. Groß und den Zahnarzt Dr. Lahmann, in das Geheimnis seiner Minox eingeweiht und ihnen angeboten, die letzten Aufnahmen des Films, der sich in der Kamera befand, von ihnen zu machen in der Hoffnung, sie würden dann den abgeknipsten Film einem Heimkehrer mit nach Deutschland geben, der für den schon angekündigten Heimattransport ausgewählt werden würde.
Die zur Entlassung Ausgewählten werden neu eingekleidet. Auf dem Foto ist die Einkleidung weitgehend abgeschlossen: Die übrigen Kriegsgefangenen haben ihre Wehrmachtsuniformen oder deren „Überbleib-

sel“ wieder aus ihren Säcken bekommen, d.h. die Offiziere hatten mit Beginn des Arbeitseinsatzes im Sommer 1945 ihre Uniformen in namentlich gekennzeichneten Säcken zur Aufbewahrung abgegeben und gegen eine Arbeits-Einheitskleidung aus Wehrmachtsbeständen oder von Verstorbenen eintauschen müssen. Erstere erhielten sie – sofern noch vorhanden – jetzt zurück.

Das genaue Datum des Transportes ist durch das Itinerar aus dem Nachlaß Dr. Albert Autmarings und zugleich durch Peter Wiegmanns „Erinnerungen“, S. 97/8 gesichert. Er schreibt (1950): „Gegen Anfang August bekamen wir Zuwachs. 160 Mann standen vor dem Tore... Die Russen erklärten uns bei der Abendzählung, daß dieser Zustand nicht lange anhalten werde, denn diese Kameraden seien zu einem Heimkehrertransport bestimmt, der in den nächsten Tagen abgehen und hier zusammengestellt werden sollte...“ Nach einer Ausführung über die Heimkehrparolen fährt er fort: „Zunächst sollten die Kranken und Schwachen fahren. Das war ein Grund, den wir einsehen und billigen konnten. Es waren ja tatsächlich nur solche Leute bei dem Transport, die einfach nicht mehr konnten. Abgemagert, mit brennenden Gesichtern, in denen glanzlose Augen standen, wankten sie am 11. August aus dem Lager, dem nahen Bahnhof zu... Dieser Transport war für das Jahr 1946 der einzige, der aus dieser Gegend in die Heimat ging. Dafür erlebten wir 10 Tage später eine Freude, die kein Kriegsgefangener in seinem ganzen Leben vergessen wird. Die erste Post war angekommen.“ *

61
Spezialhospital Selenodolsk, nach dem 11. 08. 46: Selbstportrait Sasse in der üblichen Arbeitskleidung. „Nach der Abfahrt des ersten Heimkehrertransportes, von dessen Liste ich gestrichen worden war, habe ich – wohl aus Trotz – eine Aufnahme von mir selbst gemacht.“ Bei aller Haltung ist das, was jetzt in ihm vorgeht, deutlich ablesbar.

62
Spezialhospital Selenodolsk, August 1946: „Der Heimkehrertransport ist inzwischen aus dem Spezialhospitallager abmarschiert. Diese Aufnahme zeigt die allmorgendliche Waschszene unter dem einzigen zur Verfügung stehenden Wasserbehälter, wo man aus den Rohren durch Hochdrücken des Stöpsels einen dünnen Wasserstrahl auf seine Hand rieseln lassen konnte…"

63
Spezialhospital Selenodolsk, August/September 1946: „Ich hatte mit einem Plenni zusammen den Auftrag, den Abfall aus der Abfallgrube rauszuschaufeln. Dabei entdeckten wir eine vollkommen heile ‚Oscar-Maier-Dose', die von den Amerikanern an die Russen als Verpflegungsbeihilfen geliefert worden waren (bis zu Beginn des Kalten Krieges). Diese Dose, die wir da aus dem Unrat herausgeholt hatten, machten wir dann in der Lagerstube in der Hoffnung auf, daß der Inhalt noch brauchbar sei. Aber das war leider nicht der Fall. Der war völlig verdorben."

64
Spezialhospital Selenodolsk, Aug./Sept. 1946: Die etwa 5 mal 7 qm große, weißgetünchte Latrine des Spezialhospitals. Kranke in Hospitalkleidung wärmen sich an der sonnenbeschienenen Wand, obwohl die Latrine „ein ganz infernalischer und gräßlich unsauberer Ort war". Links davon der ausgediente Brotwagen, der „jetzt nur noch benutzt (wurde), um die Toten zur Beerdigung auf den Friedhof zu fahren".*

65
Spezialhospital Selenodolsk, Aug./Sept. 1946: Das Steingebäude des Spezialhospitals. Im Vordergrund eine in den Boden eingelassene Badewanne voller Kies und daneben japanische Kriegsgefangene. Es ist die einzige Aufnahme von Sasses japanischen Stubenkameraden und guten Freunden. Einer liest eine Kriegsgefangenenzeitung. Daneben steht auf dem Holzbrett am Pfosten auf Russisch: „mjesto dlja kurenja“ (= Platz zum Rauchen). Im aus Holz gebauten Spezialhospital war das Rauchen verboten.*

66
Spezialhospital Selenodolsk, Aug./Sept. 1946: Holzbauten hinter dem Steingebäude des Spezialhospitals. Holzbude links: Proviantraum für das Hospital. Sasse hat sie in guter Erinnerung: Beim Hineintragen einer Schweinehälfte gelang es ihm in einem unbeobachteten Augenblick, die Leber herauszureißen und unter sein Hemd zu stopfen. Bald danach kehrte er in seine Unterkunft zurück und hat dort „die Leber kochen oder braten lassen, um sie zu verzehren. Das war aber das einzige Mal, daß mir so ein Glücksfall zuteil wurde."

67
Spezialhospital Selenodolsk, Aug./Sept. 1946: Man blickt auf den Lazaretthof des Spezialhospitals. Der U-förmig angelegte Holzbau ist eine ehemalige Schule, der Holzschuppen am seitlichen Eingang rechts die Wäscherei. Ganz links ist die Wäsche zum Trocknen aufgehängt bzw. ausgebreitet. Vgl. das offizielle russische Foto S. 272.

68
Spezialhospital Selenodolsk, September 1946: Sasse fotografierte hier das „Beerdigungskommando“ (wie grotesk solche Sprachregelungen sein können). Zehn bis zwölf Gefangene ziehen den ausgedienten Brotwagen zur Begräbnisstätte. Sasse leitete das Kommando und konnte so unbeobachtet fotografieren. *

69
Spezialhospital Selenodolsk, September 1946: Die gleiche Situation wie auf dem Foto 68. „Man sieht hier auf diesem Bild, wie die beiden Türen, die die Holzkiste öffneten, gesperrt waren durch die durch zwei Hebel laufende Holzstange, die den Wagen verschloß.“ Von welchen Stimmungen und Gedanken dieser Zug begleitet war, läßt sich unschwer erraten.

70
Die Begräbnisstätte des Spezialhospitals Selenodolsk, September 1946: Drei Kriegsgefangene schaufeln das Grab ihres toten Kameraden zu.

71
Begräbnisstätte des Spezialhospitals Selenodolsk, September 1946: Rechts sieht man mehrere Holzstäbe vor aufgehäuften kleinen Erdhügeln. Am Kopf der Stäbe je eine kleine Sperrholzplatte mit der Nummer des Grabes zur Identifizierung des Toten. Mehr nicht. Vorn in der Bildmitte der russische Posten, von den Gefangenen „Totenvogel" genannt, der für den Friedhof verantwortlich war. Das Besondere dieser Szene ist der beklemmende, spannungsgeladene Kontrast der Personen und ihrer Handlungen. *

72
Karzer des Spezialhospitals Selenodolsk, Oktober 1946: Klaus Sasse kauert im Karzer auf einem Tisch. Zum Schutz gegen die Kälte – ein Heizkörper ist zwar vorhanden, aber nicht in Betrieb – hat er seinen Lazarettmantel aus dünnem Nesselstoff um sich gehüllt. Unter dem Mantel trägt er nur Hemd und Hose aus dünnem Nesseltuch. Er war mit drei Tagen Karzer bestraft worden, weil er eine Handvoll Getreidekörner aus einem Sack entnommen hatte. Sasse ließ sich durch eine handtellergroße Öffnung in der Tür von einem Kameraden fotografieren.*

73
Auf der Wolgafähre bei Selenodolsk, Oktober 1946, bei frühem Wintereinbruch. Sasse und weitere Kriegsgefangene hatten den Auftrag, von einer Kolchose auf der gegenüberliegenden Wolgaseite Kartoffeln für das Spezialhospital zu holen. Hier haben sie sich um den Transportwagen gruppiert. Sie neigen ihre Köpfe, um sich vor dem eisigen Zugwind zu schützen. Auch die fahle Sonnenscheibe scheint nur Kälte zu verströmen.

74
Während der Rückfahrt (vom Kartoffelkommando) über die Wolga, Oktober 1946: Die Trans-Sibirien-Eisenbahnbrücke bei Selenodolsk. Sie war vom Furnierlager aus deutlich sichtbar. Ein sehr riskantes Foto, denn Brücken sind militärstrategische Objekte. Man hätte in diesem Fall leicht Spionageabsichten unterstellen können.*

75
Noch einmal die Wolgabrücke auf der Eisenbahnlinie Moskau–Kasan. Die Bildmitte durchschneiden zwei Ruder des Fährschiffes.

76
Teillager Selenodolsk, das „Ungarnlager", Winter 1946/47: „Hier sind etwas deutlicher zu erkennen rechts der Heinz Wehner, der ungefähr von meiner Größe war, links Jochen Mücke, ein Nachrichtenoffizier, der mit mir zusammen in die Gefangenschaft gekommen war. Vor dem Weg in der Nähe des Warenmagazins, wo Gefangene in seltenen Fällen Gelegenheit hatten, wenn sie Geld hatten, sich etwas zu essen zu kaufen."

77
Teillager Selenodolsk, das „Ungarnlager“, März 1947: Blick vom Dach einer Baracke auf die „Budka“ (Wachstube) am Eingang. Das einsetzende Tauwetter gefährdete wegen undichter Dächer die Unterkünfte. Deshalb mußte der Schnee von den Dächern gefegt werden. Im Bildmittelgrund die abmarschbereite, wartende Arbeitskolonne.*

78
Teillager Selenodolsk, das „Ungarnlager“, März 1947: „Man sieht die Gefangenenbaracken Nr. I und Nr. II und links dahinter das Lazarett des Lagers. Ich habe gute Erinnerungen an dieses Lazarett, in das ich durch Zufall geriet und in dem ich aus Quarantänegründen vier Wochen aushalten mußte, obwohl ich überhaupt nicht krank war. Da hab ich interessante Bücher lesen können.“

79
Teillager Selenodolsk, März 1947: im Ungarnlager. Blickrichtung zur Straße nach Selenodolsk. Kriegsgefangene schippen den Schnee vom Barackendach. Einer der drei sichtbaren Schornsteine raucht.*

80
Teillager Selenodolsk, das „Ungarnlager“, März 1947: die gleiche Situation wie auf dem Foto 79. Kleine Verschnaufpause. Auch Sasse gehörte hier zu den Schneeräumern. Die beiden Gefangenen rechts scheinen mit wattierten Hosen und Jacken bekleidet zu sein.

81
Stadt Selenodolsk, April oder Mai 1947, vom „Ungarnlager“ aus: „Der Schnee ist inzwischen abgetaut. Man sieht hier Gefangene damit beschäftigt, Holz ins Lager zu tragen. Die Straßen sind völlig vermatscht. Deswegen mußte das Holz auch auf diese Weise ins Lager getragen werden. Autos konnten gar nicht mehr fahren. Eine typische Straße in Selenodolsk. Links eine Reihe in russischer Art gebauter Häuser. Einzimmerig, aber mit sehr schöner, bunt und malerisch ausgearbeiteter Fassade.“

82
Stadt Selenodolsk, April oder Mai 1947: Kriegsgefangene der Gesundheitsstufe OK (= otdych kompania, als arbeitsunfähig ausgesondert) tragen Holzstämme vom Bahnhof zur Lagerküche. Die nach alter Tradition in Blockbauweise errichteten Holzhäuser vermitteln den Eindruck einer Dorfstraße. *

83
Stadt Selenodolsk, April oder Mai 1947: Gefangene beim Bau einer Werkhalle für die „Aluminiumfabrik", die in Wirklichkeit ein Rüstungsbetrieb war, in dem auch Kriegsgefangene arbeiten mußten. Sasse: „Vom Gefangenenlager, dem Ungarnlager, wurden Arbeitskommandos losgeschickt, um für die zu bauende Fabrikhalle die Fundamentgräben auszuschaufeln." Vgl. Sasses Erinnerungen, S. 111.

84
„Aluminium-Lager“ Selenodolsk, Mai 1947: „Das letzte Bild ist nochmal eine Portraitaufnahme von mir, mit freier Hand in einer Arbeitspause aufgenommen, aus dem Aluminiumlager. Typisch für das Bild ist der Schal. Von einem Kissenbezug der Lagerverwaltung hatte ich mir heimlich einen Streifen dieses russischen, buntbedruckten Nesselstoffes abgeschnitten. Ich säumte ihn und war sehr stolz darauf. Den beschädigten Kissenbezug nähte ich, so gut es ging, wieder zusammen.“

Die Stationen in Klaus Sasses Gefangenschaft

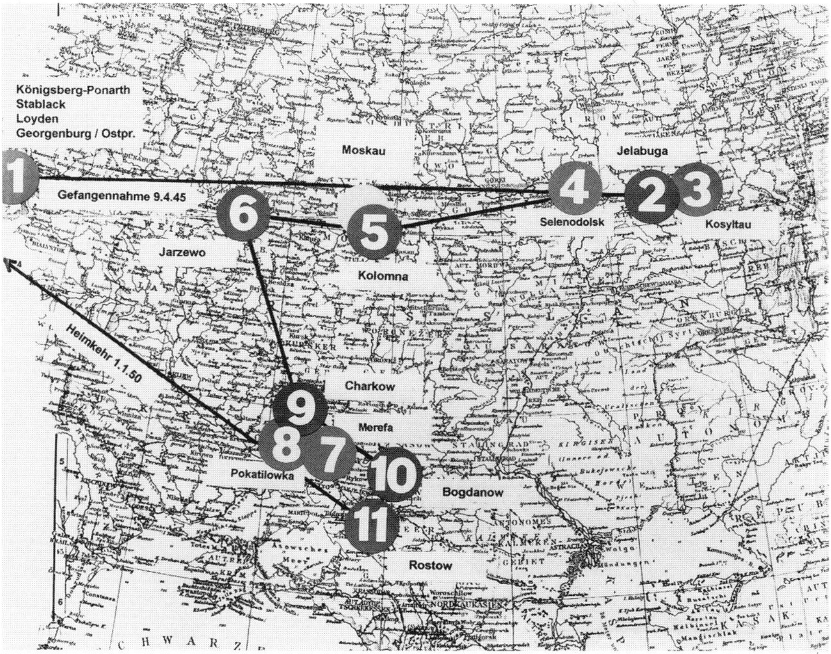

Gefangennahme in Königsberg/Ostpreußen am 9.4.45 (1). Juni 45 bis Sommer 45: Offizierslager Jelabuga, „Klosterlager" (2). Sommer 45 bis Herbst 45: Teillager Kosyltau, „Waldlager", östlich bei Jelabuga (3). Herbst 45 bis Mai 46: Rückkehr nach Jelabuga, „Bischofslager", „Kamalager" (2). Mai 46 bis August 46: „Furnierlager" Selenodolsk, Teillager von Jelabuga, westlich von Jelabuga, an der Wolga (4). August 46 bis September 46: „Spezialhospital" Selenodolsk (4). September 46 bis April/Mai 47: Selenodolsk, „Aluminiumlager" (4). Frühjahr 47 bis Sommer 47: Kolomna bei Moskau (5). Sommer 47 bis Frühjahr 48: Jarzewo, Straßenbau (6). Frühjahr 48 bis Herbst 48: Merefa (7). Herbst 48 bis Winter 48/49: Pokatilowka (8). Winter 49 bis August 49: Charkow, „Theater-Lager" und Lager „Hammer und Sichel", Arbeit für eine Dreschmaschinenfabrik (9). August 49 bis Anfang Dezember 49: Bogdanow am Donez, Arbeit in einem Steinbruch (10). Anfang bis Ende Dezember 49: Rostow, Arbeit für eine Dreschmaschinenfabrik (11). Kurz vor Weihnachten 49: Entlassung aus dem Lager Rostow in die Heimat. Ankunft in Westdeutschland: 1.1.50.

Fotos aus dem CChIDK

Das „Klosterlager“ (B-Lager), das ältere Lager in Jelabuga. Dieses russische Luftbild stammt aus dem Jahre 1943, vor der Errichtung der „Deutschlandhalle“ 1944 (mittleres Feld). Hier und im A-Lager, „Bischofslager“, waren bis zu 6000 Offiziere, u.a. Deutsche und Österreicher, untergebracht. Klaus Sasse lebte in beiden Lagern, vor und nach seinem Aufenthalt im Waldlager Kosyltau.
Foto entnommen: Stefan Karner. Im Archipel GUPVI. Kriegsgefangenschaft und Internierung in der Sowjetunion 1941–1956. München, Wien 1995

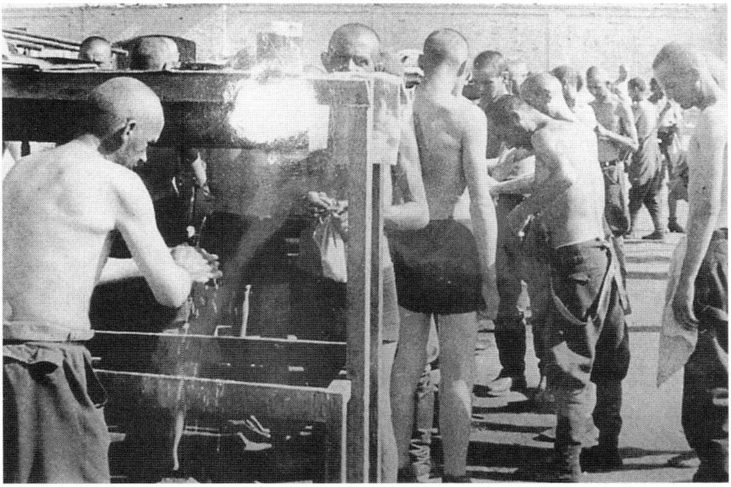

Kriegsgefangene an einer Wasserstelle auf dem Gelände des Lagers 97 in Jelabuga, Tatarische Republik. Foto entnommen: Karner, 1995

Vier kriegsgefangene Offiziere bedienen eine mechanische Wasserpumpe in Jelabuga. Foto entnommen: Karner, 1995

Beim Bettenbau in den Unterkunftsbaracken in Jelabuga. Foto entnommen: Karner, 1995

Herzeige-Lager 97, Jelabuga. Ein kriegsgefangener Offizier nimmt Bett- und Leibwäsche von der Leine. Foto entnommen: Karner, 1995

Letzte Seite der Akte Klaus Sasse im CChIDK:

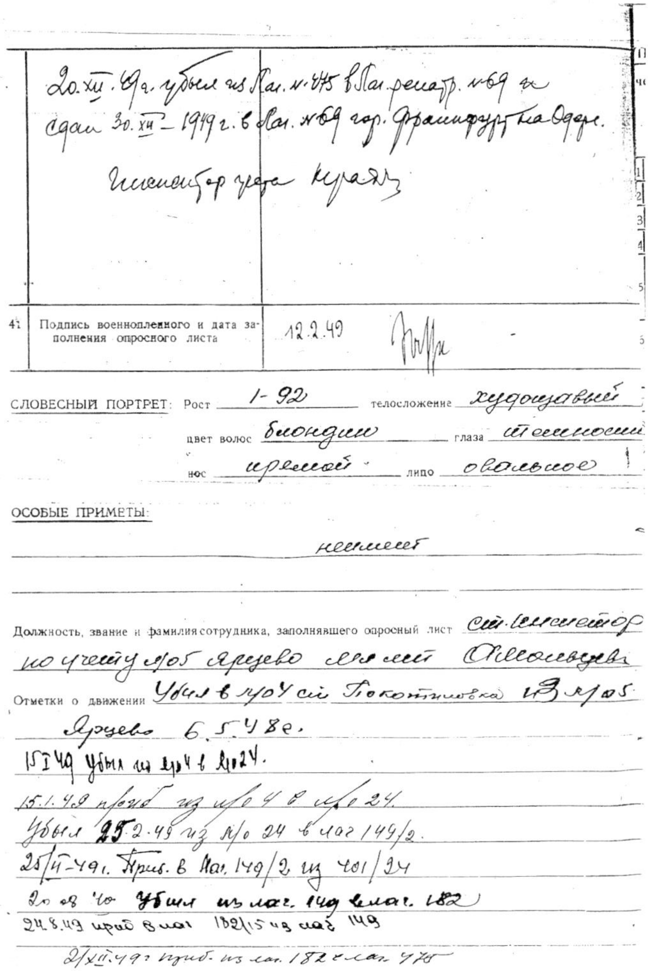
20.XII.49 г. убыл из Лаг. № 415 в Лаг. репатр. № 69 и сдан 30.XII-1949 г. в Лаг. № 69 гор. Франкфурт на Одере.

41 Подпись военнопленного и дата заполнения опросного листа 12.2.49

СЛОВЕСНЫЙ ПОРТРЕТ: Рост 1-92 телосложение худощавый

цвет волос блондин глаза темносиние

нос прямой лицо овальное

ОСОБЫЕ ПРИМЕТЫ:

нет

Должность, звание и фамилия сотрудника, заполнявшего опросный лист ст. инспектор по учету л/о 5 Ярцево

Отметки о движении Убыл в л/о 4 ст. Покотиловка из л/о 5 Ярцево 6.5.48 г.

Entlassungsakte für Klaus Sasse, von ihm am 12. 2. 49 im Lager Charkow unterschrieben. Die letzten eingetragenen Daten sind der 20. 12. 49 (Entlassung aus dem Lager Rostow) und der 30. 12. 49 (Entlassung aus dem Repatriierungslager Frankfurt a.d. Oder). U.a. ist hier eingetragen: „Größe 1.92. Körperbau: mager. Haarfarbe: blond. Augen: dunkelblau. Nase: gerade. Gesicht: oval. Besondere Merkmale: keine".

Anmerkungen zum Bildteil

Abb. 1: Vgl. Gerhard H. Niestrath, Und es hat sich doch gelohnt. Frankfurt/M. 1990, S. 142.
Abb. 8: Ohne Genehmigung Sasses veröffentlicht in: Gert Robel, Die deutschen Kriegsgefangenen in der Sowjetunion. Antifa (politische Umerziehung). München 1974, S. 32 (Zur Geschichte der deutschen Kriegsgefangenen des Zweiten Weltkrieges, Bd. VIII, hrsg. v. Erich Maschke). Mit Genehmigung Sasses, aber ohne Nennung seines Namens: Heinz Frieser, Krieg hinter Stacheldraht. 1981, S. 136.
Abb. 9: Veröffentlicht (seitenverkehrt) in: Eva Berthold, Kriegsgefangene im Osten. Bilder, Briefe, Berichte. Königstein 1981, S. 68.
Abb. 10: Nach Peter Wiegmann, Erinnerungen 1944–1948 (unveröffentlichtes Manuskript, Bielefeld 1950, S. 79) war Kudriaschow seit 1942 Lagerkommandant; er beschreibt ihn als „ungeschlachten Kerl". Foto zuerst veröffentlicht bei Robel, vgl. 8, S. 32, später bei Frieser, vgl. 8, S. 136, und Berthold, vgl. 9, S. 72.
Abb. 14: Über den Bau von „Onkel Dohms Hütte" berichtet ausführlich Kurt Tappert – vermutlich ein Pseudonym – in: Berthold, vgl. 9, S. 73.
Abb. 16: Jelabuga war nicht nur ein fast reines Offiziers- und Vorzeigelager. Es diente ebenso – wie einige Lager im Bereich Moskau – besonders stark der Erziehung der Kriegsgefangenen, wie es z.B. Abb. 18 deutlich macht: zur Arbeit als „Wiedergutmachung" und demgemäß zur Isolierung von „Faschisten" (Block VI), die nicht alle Propaganda-Aktionen mitmachten. „Gesprächsecken" waren kleine Reservate.
Abb. 17: Superintendent Zachau durfte zwar einen Trauergottesdienst abhalten, aber das Geleit der Kameraden für den Toten war nur bis zum Lagertor erlaubt.
Abb. 18: Vom „Lagermeeting" berichtet auch Wiegmann, vgl. 10, S. 82 f. Mit dem neurussischen Wort „meeting" sollte der Anschein erweckt werden, es handele sich um eine westliche, demokratische Verfahrensweise. Hier muß ergänzend betont werden, daß die Kriegsgefangenen ohne Offiziersrang schon während des Krieges bzw. vor dem „meeting" zum Arbeitseinsatz außerhalb der Lager verpflichtet worden waren. Foto veröffentlicht bei Werner Ratza, Die deutschen Kriegsgefangenen in der Sowjetunion. Der Faktor Arbeit. München 1973, S. 128 (Zur Geschichte der deutschen Kriegsgefangenen des Zweiten Weltkrieges, Bd. IV). Und: Berthold, vgl. 9, S. 69.
Abb. 21: Foto veröffentlicht bei Berthold, vgl. 9, S. 72.
Abb. 22: Foto veröffentlicht bei Berthold, vgl. 9, S. 73.
Abb. 27: Kurt Tappert ergänzt in Berthold, vgl. 9, S. 95: „Bei der Arbeit an den Holzflößen sind sehr viele ertrunken, denn die Stämme hatten noch alle ihre Rinden. Und wenn sie sich voll Wasser gesogen hatten, waren die Stämme glatt wie Seife. Man rutschte aus und fiel ins Wasser. Wir mußten alle arbeiten, auch die Offiziere. Stabsoffiziere allerdings, vom Oberstleutnant aufwärts, waren davon freigestellt – aber die hatten dann nichts zu essen. So haben alle gearbeitet."
Foto veröffentlicht bei Ratza, vgl. 18, S. 32.
Abb. 28: Veröffentlicht bei Frieser, vgl. 8, S. 136; Dietmar Sauermann und Renate

Brockpähler, „Eigentlich wollte ich ja alles vergessen..." – Erinnerungen an die Kriegsgefangenschaft 1942–1955. Münster 1992, S. 159, Abb. 27; Berthold, vgl. 9, S. 94 f.; Ratza, vgl. 18, S. 44.
Abb. 29: Veröffentlicht bei Ratza, vgl. 18, S. 48; Berthold, vgl. 9, S. 95.
Abb. 30: Veröffentlicht bei Ratza, vgl. 18, S. 48, und Sauermann/Brockpähler, vgl. 28, S. 159, Abb. 28.
Abb. 31: Die Entstehung des A-Lagers am Steilhang der Kama spätestens ab September 1943 läßt sich aufgrund der Äußerungen von Horst Zank, Stalingrad, Kessel und Gefangenschaft, Herford 1993, und Dietrich Goldbeck, Bielefeld, mündliche Mitteilung, zurückverfolgen. Im A-Lager befand sich auch der berüchtigte „Block VI", der Isolierblock, der 1945, also zur Zeit der frühen Gefangenschaft Sasses, bereits aufgelöst worden war.
Foto veröffentlicht bei Berthold, vgl. 9, S. 75.
Abb. 34: Veröffentlicht bei Hedwig Fleischhacker, Die deutschen Kriegsgefangenen in der Sowjetunion. Der Faktor Hunger. München 1965, S. 112 (Zur Geschichte der deutschen Kriegsgefangenen des Zweiten Weltkrieges, Bd. III).
Abb. 35: Vgl. die Aufnahmen von ehemaligen Jelabuganern anläßlich ihres Besuches im Jahre 1990 bei Zank, vgl. 31, S. 118 ff. Foto veröffentlicht bei Berthold, vgl. 9, S. 38.
Abb. 40: Foto veröffentlicht bei Fleischhacker, vgl. 34, S. 224.
Abb. 41: Der „Eichhorn-Transport", benannt nach dem deutschen Transportführer und späteren Lagerältesten im Furnierlager Selenodolsk Eichhorn. Nachdem die Kama infolge der Schneeschmelze wieder schiffbar geworden war, ging der Transport vom Anleger Jelabuga nach Kasan.
Foto veröffentlicht bei Berthold, vgl. 9, S. 96.
Abb. 49: Wiegmann, vgl. 10, beschreibt in seinen Erinnerungen S. 40 den Zwischenfall weiter: „Als Zureden nicht half, knallte er dem Wodkahelden seine Faust ins Gesicht und versetzte ihm einen Fußtritt in den Hintern, daß er der Länge nach in den Dreck sauste." Sasse kann sich an diese dramatische Wende nicht erinnern und hält diese Schilderung für übertrieben.
Abb. 50: Was bei Sasse nicht genannt ist, wird bei Wiegmann, vgl. 10, S. 85 in allen Einzelheiten dargestellt: Aufnahme ins Arbeitslager Selenodolsk, Beschreibung des Wolgatales u.a.m. Vgl. Sasses Erinnerungen S. 94.
Abb. 51: Wiegmann, vgl. 10, S. 87: „Eine der größten Sperrholzfabriken der ganzen SU"; im Jahre 1928 von amerikanischen Baumeistern und Ingenieuren errichtet. Ausführliche Darstellung einschließlich der Arbeitsunfälle an der Kreissäge: S. 93.
Foto veröffentlicht bei Berthold, vgl. 9, S. 102.
Abb. 52: Es könnte sich auch um ein selbstgefertigtes Messer handeln.
Abb. 56: Foto veröffentlicht bei Berthold, vgl. 9, S. 103, und Ratza, vgl. 18, S. 58, wo Ratza – unter der z. Zt. der Veröffentlichung von Erich Maschkes Sammelwerk vorgeschriebenen Anonymität der Berichte – folgendes aus Jelabuga publiziert hat (Bericht W-318-tb S. 3): „Es ist wohl bei einer ganzen Reihe von Kriegsgefangenen so gewesen, daß sie sich in einem Kreislauf bewegt haben zwischen Arbeitsunfähigkeit – Aufpäppeln – Arbeitsunfähigkeit, wobei sie sich wieder herunterwirtschafteten und

sehr schnell wieder arbeitsunfähig waren, bis sie eines Tages entweder zusammenklappten, lazarettreif waren oder nach Hause geschickt wurden oder starben."
Abb. 60: Veröffentlicht bei Ratza, vgl. 18, S. 256.
Abb. 64: Veröffentlicht bei Fleischhacker, vgl. 34, S. 336; Berthold, vgl. 9, S. 101. Vgl. Sasses Erinnerungen S. 99f.
Abb. 65: Interessant ist die Überlegung, daß wahrscheinlich von Jelabuga aus Japaner auch nach Selenodolsk verlegt worden sind, da Sasse erst dort engen Kontakt mit ihnen hatte. Selenodolsk wird demnach als Arbeitslager von Jelabuga einzuordnen sein. Andererseits wird Selenodolsk auf dem NKWD-Plan bei Stefan Karner, Im Archipel GUPVI, Wien 1995, Abb. 2.19, Jelabuga nebengeordnet und beide Lager werden Kasan untergeordnet.
Wiegmann, vgl. 10, beschreibt S. 65 ff. das Kommen der Japaner: „Über 2000 japanische Offiziere". Räumung des B-Lagers für die Japaner (S. 66). Vgl. Sasses Erinnerungen S. 98.
Abb. 67: Veröffentlicht bei Fleischhacker, vgl. 34, S. 336, und Berthold, vgl. 9, S. 100.
Abb. 68: Vgl. den „Totenwagen", gezeichnet von Alfred Retzlaff auf S. 129, und den Kommentar S. 21 in: Ernst Helmut Segschneider, Leben im Schatten des Todes. Alfred Retzlaffs Bilder einer Kriegsgefangenschaft in Rußland. Bramsche 1996. Foto veröffentlicht bei Frieser, vgl. 8, S. 136, und in: Minox-Freund 1, 1998, S. 6, mit Genehmigung Sasses. Vgl. Sasses Erinnerungen S. 102f.
Abb. 71: In Berthold, vgl. 9, S. 98, erläutert Kurt Tappert: „Bei dem großen Sterben in Jelabuga 1943 waren die Toten auf Schlitten und Wagen zu Massengräbern gefahren worden. Hier in Grüntal (Selenodolsk) hatten wir einen Friedhof..." Wiegmann, vgl. 10, S. 51: Im Winter wurde im Hauptlager Jelabuga ein Schlitten, im Sommer ein Jauchewagen benutzt. „Nur die Kräftigsten hielten die Arbeit im Beerdigungskommando aus." Der Friedhof lag „auf der Höhe von Jelabuga", und zwar damals schon für „über 2000". „Kein Kreuz und Stein bezeichnet ihre Ruhestätte. Unkraut und Gestrüpp verwischen die letzten Spuren."
Foto veröffentlicht bei Ratza, vgl. 18, S. 256, und bei Berthold, vgl. 9, S. 101. Vgl. Sasses Erinnerungen S. 101f.
Abb. 72: Der Karzer war ein umfunktioniertes Pissoir, dessen teilweise zerstörte Fensterscheiben man durch Sperrholzplatten ersetzt hatte. Die Bewachung erfolgte durch Kameraden, die vom russischen Tagesoffizier voll verantwortlich gemacht wurden. Gespräche mit den Bewachern waren üblich. Diese durften jedoch die Tür nicht öffnen, sondern gaben Brot und Wasser oder Suppe durch eine in der oberen Hälfte der Tür angebrachte handtellergroße Öffnung in den Karzer. Durch diese Öffnung – Sasse nennt sie „Türspion" – wurde auch die Aufnahme gemacht und zwar von seinem Kameraden Memmert, der den Apparat vor der Inhaftierung Sasses in Verwahrung genommen hatte. Ein sehr riskantes Foto, wenn man die Minox gefunden und den Film entwickelt hätte! Foto veröffentlicht bei Berthold, vgl. 9, S. 103. Vgl. Sasses Erinnerungen S. 105.
Abb. 74: Beschreibung dieser Brücke im Zusammenhang mit dem Wolgatal bei Wiegmann, vgl. 10, S. 85: „Es war Selenodolsk... Eine Menge Schornsteine und

Fabrikschlote ragten in den blauen Himmel. Endlich! Hier würden wir in eine richtige Industriestadt kommen.“ Aber die Hoffnungen der Kriegsgefangenen auf eine Verbesserung ihrer Lage wurden enttäuscht. Kurt Tappert in Berthold, vgl. 9, S. 101: „Von der Fähre aus wurde die Wolgabrücke bei Kasan fotografiert. Über diese Brücke sind wir auch mit dem Zug gefahren. Alle Züge, besonders die von Sibirien kommenden, hielten vor der Brücke. Wachmannschaften stiegen aus und durchsuchten den ganzen Zug. Sie sahen auch unter den Waggons nach, ob sich dort einer versteckt hatte. Diese Kontrollen fanden an allen Rayon-Grenzen statt.“ Der Bericht muß kritisch betrachtet werden. Foto veröffentlicht bei Berthold, vgl. 9, S. 103.
Abb. 77: Sasse hat hier eine typische Situation der Kriegsgefangenen fotografiert: die abmarschbereite, aber wartende Arbeitskolonne. Zwischen den Stacheldrähten ist der zwei bis drei Meter breite „Todesstreifen“ zu erkennen, bei dessen Betreten ohne Anruf geschossen werden konnte oder mußte. Der kleine Bretterverschlag war mit Feuerlöschgeräten behängt.
Foto veröffentlicht bei Berthold, vgl. 9, S. 99.
Abb. 79: Foto veröffentlicht bei Ratza, vgl. 18, S. 128.
Abb. 82: Foto veröffentlicht bei Fleischhacker, vgl. 34, S. 224, und Berthold, vgl. 9, S. 102. Vgl. Sasses Erinnerungen S. 114.

Zum Autor

Klaus Sasse wurde am 18. 02. 1921 im westfälischen Münster geboren. Nach seiner Schulzeit in Hamburg, die er 1939 mit dem Abitur beendete, wurde er im darauffolgenden Jahr zum Arbeitsdienst herangezogen. Von 1940 an diente er bis zum Ende des II. Weltkrieges in einer Nachrichtenkompanie der Wehrmacht. Am 9. April 1945 wurde er in Königsberg von sowjetischen Truppen gefangengenommen und in ein Arbeitslager gebracht. Fast fünf Jahre mußte Klaus Sasse unter härtesten Bedingungen in Jelabuga und anderen Lagern weiter um sein Leben kämpfen, bevor er am 1. 1. 1950 endlich in die Heimat zurückkehren konnte. Wieder in Hamburg angekommen, entschied er sich für das Studium der Romanistik und Anglistik, das er 1959 mit dem zweiten Staatsexamen beendete. Im Anschluß wurde er als Lektor an der Universität Hamburg angestellt, wo er 1967 promovierte und später als wissenschaftlicher Oberrat am Romanischen Seminar bis zu seiner Pensionierung 1986 arbeitete. 1997 begann er auf Anregung von Friedrich Korte und Ernst H. Segschneider, seine Erinnerungen an die Kriegsgefangenschaft unter Verwendung früherer Aufzeichnungen niederzuschreiben. Am 7. Juni 2003 verstarb Klaus Sasse in Hamburg.